民办高校政府干预问题研究

基于经济法视域的思考

吴安新 著

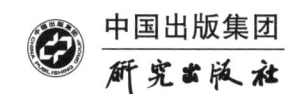

中国出版集团
研究出版社

图书在版编目(CIP)数据

民办高校政府干预问题研究：基于经济法视域的思考 / 吴安新著 . -- 北京：研究出版社，2021.12
　ISBN 978-7-5199-1158-4

Ⅰ.①民… Ⅱ.①吴… Ⅲ.①民办高校–研究–中国 Ⅳ.① G648.7

中国版本图书馆 CIP 数据核字 (2021) 第 277463 号

出 品 人：赵卜慧
责任编辑：张立明

民办高校政府干预问题研究
——基于经济法视域的思考
MINBAN GAOXIAO ZHENGFU GANYU WENTI YANJIU
—JIYU JINGJIFA SHIYU DE SIKAO

作　者	吴安新
出版发行	研究出版社
地　址	北京市朝阳区安定门外安华里 504 号 A 座（100011）
电　话	010-64217619　　64217612（发行中心）
网　址	www.yanjiuchubanshe.com
经　销	新华书店
印　刷	北京中科印刷有限公司
版　次	2022 年 1 月第 1 版　　2022 年 9 月第 2 次印刷
开　本	710 毫米 ×1000 毫米　1/16
印　张	13.75
字　数	226 千字
书　号	ISBN 978-7-5199-1158-4
定　价	58.00 元

版权所有，翻印必究；未经许可，不得转载

内容摘要

新中国成立以来的民办高校的发展历程，一再地告诉我们，政府干预在民办高校发展中起到的作用是非常关键的，甚至决定着其生死存亡。在新的时期，如何清楚地认识政府干预对于民办高校的作用尤为重要，文章认为民办高校与政府之间错综复杂的关系不能仅单纯依靠以国家权力本位为基础的行政法以及以个体权利本位为基础的民法来调整，需要从以社会本位为基础的经济法的视域，从整体视角和社会公共利益的立场，从市场与政府的关系视角出发来进行理解和审视。由于民办高校不同于公办院校，其"私"的性质较为突出，市场性行为特征比较显著，且在入世之后教育贸易成为一种不可阻挡的趋势，民办高校的市场化特性更加凸显，其也不像基础教育那样具有鲜明的公共产品属性可通过政府出资或购买服务来解决，其"准公共产品"的特性是，在实践中逐渐形成了特有的由市场主体自由提供高等教育服务的市场体系，由于市场主体的唯利性、盲目性和市场机制的滞后性、被动性，致使民办高等教育领域存在许多市场失灵现象，这种市场失灵的存在内在地要求政府进行干预，而且民办高校领域中因信息不对称而导致的信息不对称、民办高校的准公共产品的性质及公共利益的属性、民办高校各利益相关者主体特别是教育消费者的权利诉求等无不要求政府干预。

虽然，政府干预在理论上合法正当，但不容否认的是，任何改革都有可能被赋予某种天然的合法性，法律也有可能被政府所"俘虏"。那么势必要在合法正当证明之后，探讨经济法的范畴下政府干预的范围及其干预权行使应遵循的基本原则,并进而研究在限定的范围内,在基本原则的导引下,其干预的主要形态应是什么等具体的问题。文章提出了民办高校的政府干预应遵循的"六原则、三限度、三形态、一责任"的体系,即民办高校的政府干预需要遵循"适度干预原则、公平正义原则、成本收益原则、正当程序原则、利益均衡原则、最低风险原则"六项基本原则;政府干预的范围"止于法律规定、止于高校办学自主权、止于私权利益"三个根本限度;从政府干预的维度和手段将政府干预方式进行了"三分",即主要分为"直接的管制性干预、激励性干预、商谈性干预"三种具体形态;政府干预除应遵守相应的法定责任之外,还必须辅以政治责任以应对政府干预不当或过当问题。

对于民办高校政府干预问题是在历史经验的梳理与域外经验的考察中得以确证的,对私立高等教育进行必要的进入退出管制,给予适当的公共财政激励、必要的质量评估等已经成为国际上政府对民办高校干预的共性举措。结合我国实际,针对进入退出的管制性干预,文章提出要在市场准入规制方面细化主体资格条件,从教育消费可能出现的安全隐患消除、以学费的2%计提办学风险保证金等方面逐一细化,还应建立负面清单制度;在市场退出的"出口"管制方面,应设置"招生、办学质量、财务、办学条件、有无违法"的五标准的办学风险警示制度以进行风险预警,细化退出的程序,做好与破产法等法律的接口,从而更好地行使干预权。

在民办高校的政府激励性干预中,提出了国家公共财政资金应该给予民办高校经常性的补助,公共财政资金资助的比例应以"雪中送炭"为准则,根据财力、学校资源需求水平、办学的成本等进行综合核定,主张在国家和省级地方的政府预算中明确开列出具体的预算子项,切实加强对公共资金的财务审计,提高公共资金的使用效率,尝试委托专职的监管员或会计师监控公共资金的使用,以充分发挥激励性干预作用。对于民办高校的税收及土地政策优惠,主张不能让税收激励、土地优惠落空,即使其在性质上属于营利性的,仍应享有必要的税收优惠,毕竟税收优惠应主要针对产业,提出企业所得税按15%的税率进行征收,对于新设该类民办高校设定"免三减二"的五年优惠期。应该加大鼓励捐赠力度,简化捐赠程序。在土地优惠方面应逐步提高公共服务用地的比例,且通过严格的土地审计对土地的实际垄断者进行问责,防止教育用地出现"圈地"行为。

经济法视域下的政府干预也不是仅仅局限于权力性干预,秩序是通过协商确定的,而非通过服从赢得的,非权力性干预亦是经济法领域的重要形式。民办高校"私"的性质决定政府干预权的限度,特别是其基于私权拥有对信息的自治权,而信息的不对称将影响政府的决策、消费者的选择,政府设置商谈性干预机制就是要在利益相关者主体间构建起一个恰当的商谈程序,结合消费者及利益相关者的选择权,利用契约机制深度参与其中,通过干预者与被干预者的协商或者合作博弈共同制定干预标准,促使民办高校进行"宽口径"的信息公开,强化办学质量,推进自身发展。

目 录

引 言 / 1
    一、问题提出与研究目的 / 1
    二、研究的意义与价值 / 6
    三、基本概念廓清 / 8
    四、文献综述 / 12
    五、研究框架 / 22
    六、研究的创新 / 24

第一章 民办高校政府干预的正当性 / 26
    一、民办高校领域的市场失灵需要政府干预 / 28
    二、民办高校领域的信息偏在需要政府干预 / 33
    三、民办高校的公共利益属性需要政府干预 / 36
    四、"市民社会—政治国家"框架下的民办高校生存需要政府干预 / 39
    五、民办高校众多利益相关者的质量诉求需要政府干预 / 43
    六、政府对民办高校的控制失灵需要政府干预 / 47

第二章 民办高校政府干预的原则与限度 / 51
    一、民办高校政府干预的基本原则 / 52
    二、民办高校政府干预的限度 / 65

第三章 我国民办高校政府干预的历史经验 / 73
一、经济法视域下的民办高校政府干预命题应在历史中获取资源 / 73
二、晚晴时期政府对私立高校的干预 / 76
三、民国时期政府对私立高校的干预 / 83

第四章 民办高校政府干预的域外经验 / 99
一、马来西亚政府对私立高校的干预 / 100
二、我国台湾地区对私立高校的政府干预 / 105
三、美国政府对私立高等教育的干预 / 111

第五章 民办高校的管制性政府干预 / 117
一、民办高校政府干预的方式 / 117
二、民办高校的管制性干预 / 119
三、民办高校的市场准入规制 / 120
四、政府对于民办高校的退出管制 / 128

第六章 民办高校的激励性政府干预 / 140
一、国家公共财政的激励性政府干预 / 141
二、民办高校的税收、土地优惠等激励性政府干预 / 152

第七章 民办高校的商谈性政府干预 / 170
一、民办高校信息公开中的商谈性政府干预 / 171
二、民办高校质量评估中的商谈性政府干预 / 182

结语：以责任制约民办高校政府干预的任性 / 192

参考文献 / 197

后　记 / 208

引 言

一、问题提出与研究目的

(一) 问题提出

国运兴衰,系于教育;教育振兴,全民有责。

有这样一个趋势。根据《服务贸易总协定》的相关规定,除由各成员政府彻底资助的教育活动以外,凡收取学费、带有商业性的教育活动,均属教育服务贸易范畴。我国于2000年加入世界贸易组织(以下简称世贸组织),在教育领域,我国除军事、警察、政治和党校等特殊教育和义务教育之外,其他的教育类型都作出了有限开放市场的承诺。这意味着我国教育纳入世界范围内的服务贸易体系成为一种不可逆转的趋势,尽管我国在教育领域作出的开放市场的承诺是一种有限开放,但关于教育的贸易化问题,不管我们是否愿意承认,它都已进入我们的生活,成为不可改变的事实。按照协定精神,高等教育特别是民办高等教育俨然已是一种可以交易的服务产品,和其他商品一样可以出售和购买,这就打破了传统的国家是高等教育唯一提供者的观念,形成了一种新型的教育服务与消费关系,并需要进行有限市场的调节。世贸组织的规则对其成员是具有一定约束力的,高等教育作为服务贸易的重要组成,势必受到来自国际条约和法律要求强制执行的政治、法律和市场压力。

在我国公办高等教育领域,尽管存在着约25%的成本收费,但在其办学机构性质上属于事业单位,(事业单位的性质)这使其在实践中更多地依循行政法进行调整。民办高等教育实行准成本收费，且主要依托社会力量出资兴办，其作为服务贸易的经济属性更是明显。特别是《民办教育促进法》2016年及2018年的两次修正，明确了民办教育的分类管理，即民办教育分为营利性与非营利性民办学校两类，特别是《教育法》《高等教育法》取消了"不得以营利为目的"的规定，教育特别是高等教育的服务贸易属性及其市场化路径更加明确。由于之前的法律并没有对民办学校进行营利性与非营利性如此明确的分类，且在"不以营利为目的"的原则下创新了"合理回报"制度，但这一创新"又成为最富争议的创新"①。由于没有具体的细则，实际执行中乱象丛生，体现在法人属性方面，通常进行了一个民办非企业单位法人②的登记，这事实上是对民办学校法人属性界定不明的一个折衷之举，随着《民法典》关于三类法人的明确界定，民办高校特别是营利性高校的服务贸易属性、市场化趋势则明确无疑，也解决了以往的制度性困境。但在制度性困境解决之际，需要思考具有贸易属性的高等学校会不会出现市场失灵？尽管界定存在营利性高校，这是否又是一个完全竞争的市场？面对失灵，国家或政府又应如何来应对？行政法或者民法能否承担起民办高校领域中的市场准入、退场、信息失灵、财政激励与监管的问题呢？这些命题都需要得到理论上的回应。

有这样一组数据。我国大陆的民办高校是从1982年开始逐渐恢复的，历时30余年，民办高校已经成为高等教育的重要组成部分。从2003年起，民办教育正式纳入国家教育事业发展统计中来，从统计数据来看：在规模上，截至2020年5月，全国普通高等学校2688所，其中民办高校757所（含独立学院257），约占28%。截至2019年底，民办高校当年招生约占当年高校招生总数的21.8%，在校生人数约占21.4%。（这个统计中包含研究生招生数，因民办高校从2012年才开始招收研究生，数量还很少。若不统计研究生招生数，在校生占比还要高出2~3个百分点）从2009—2019年民办高校的基本数据可看出民办高校的迅速发展（见下表）。从办学质量上看，也逐渐获得政府和社会的认可，一是开始突破学位界限，不再局限于高职专科和本科层次，获得了研究生教育的资格（于2011年10月16日，教育部正式审批通过了首批5所民

---

① 董圣足等：《民办学校分类管理推进策略研究》，华东师范大学出版社2020年版，第8页。

② 1998年10月25日国务院公布《民办非企业单位登记管理暂行条例》，1999年12月民政部发布《民办非企业单位登记暂行办法》。

办高校①的研究生招生资格），而这种资格甚至是一些办学史较长的公办普通高校都不能达到的；二是在就业上，有的民办高校经过发展，跻身"全国毕业生就业50所典型经验高校"，尽管不能将就业率与毕业生质量画等号，但民办高校确实已经成长了起来。在一系列政策、法律的促进下，尤其是在国家下放对专科类层次学校的审批权之后，很多地方的民办高校迅速地发展起来，远远超过全国的平均数，以重庆的民办高校发展为例，其从2001年才开始起步，当年仅设置了4所②，截至2020年12月，重庆已有29所民办高校（本科有9所，高职有20所），约占重庆市普通高校总数的42.6%，在校生约30.7万，占比约25%，这些数据表明，民办高等教育的市场规模及活力都被激发了出来，而这个市场所关涉的利益必须引起足够的重视，即必须从社会整体利益的视角来思考民办高等教育市场环境的规范化、法治化。

我国民办高校数与招生人数表

年度	民办高校数（含独立学院）	当年招生人数（万人）	在校生人数（万人）	硕士生（在校生人数）	本科生（在校生万人）	专科生（在校生万人）
2019	757（257）	219.69	708.83	1865	439.03	269.80
2018	749（265）	183.94	649.60	1490	417.09	232.51
2017	746（265）	175.37	628.46	1223	401.68	226.77
2016	741（266）	173.86	616.20	715	389.59	226.61
2015	734（275）	177.97	610.90	509	383.33	227.52
2014	728（283）	172.96	587.15	408	374.83	212.28
2013	718（292）	160.19	557.52	335	361.64	195.85
2012	707（303）	160.28	533.18	155	341.23	191.94
2011	698（309）	153.73	505.07	—	311.82	193.25
2010	676（323）	146.74	476.68	—	280.99	195.70
2009	658（322）	136.41	446.14	—	252.48	193.66

注：数据根据教育部网站全国教育事业发展统计数据进行整理。

---

① 这5所民办高校包括北京城市学院、吉林华桥外国语学院、河北传媒学院、西京学院、黑龙江东方学院。

② 2001年，重庆巴渝职业技术学院（今重庆房地产职业学院）、重庆光彩职业学院（今重庆传媒职业学院）、重庆海联职业技术学院、重庆信息技术职业学院4所民办高校成立。

有这样一系列现实。尽管民办高校市场在《民办教育促进法》等法律政策的关照下焕发着活力并维护着举办者及消费者的利益，但是有这样一系列的现实不能因为其迅速发展、市场规模持续扩大而被遮蔽：一是民办高校的倒闭或者退场问题，"根据调查，就全国而言，从1997年至2005年间，倒闭的民办高校总数在500所左右。"① 自2008年适龄人口达到峰值后，开始逐年降低，随着生源危机的来临，民办高校的新生报到率也逐渐降低。生源危机是一个强烈的信号，对"以学养学"的民办高校来说，生源危机就是生存危机，尽管其中存在着一定的教育消费者因对民办高校有偏见而不愿选择的因素，但是对于进入者而言，倒闭是谁都不愿摊上的，大批的倒闭潮不仅仅是举办者的市场失败问题，还涉及已有资产的处理问题、消费者（主要是在校学生）的安置问题，还有潜在的民间资本进入的信心影响问题，在现代市场经济视域下，针对民办高校的"进入"与"退场"，是否已经形成了充分竞争的市场，需要给予回应。二是政府对民办高校的管控问题，从民办高等教育恢复之日起，与公办高等教育不同，其是游走在政府与市场的夹缝中觅求生存的空间。而市场的不完善很大程度上源于政策缺失，从新中国成立初的严格限制进入，到改革开放后的逐渐恢复，直到2002年《民办教育促进法》的实施，这一历程是艰辛的，有学者指出，"民办高等教育的发展是民间大胆开拓，教育主管部门'摸着石头过河'的结果。"② 事实上，这种"摸着石头过河"在本质上就是政府徘徊在管制与放松管制之间，虽然随着市场经济的逐渐深入发展，政府对市场的放松管制逐渐成了一种主流，但是在民办高等教育领域，还不像其他经济领域那样，虽然在推进放松管制，但总体上还是以管制为主，突出表现为实行直接的命令式的严格控制，很多问题参照公办高校的管理方式来处理。考虑民办高校市场的特殊性不够，如在招生、学历、学费等各个方面，政府的管制性的行政思维在民办高等教育市场化的大潮中需要进行批判性思考，尽管管制是一种有效率的干预手段，但市场真正需要的是政府多元调控手段的进入。三是资源配置的权责问题，民办高等教育发展能取得今天这种成就，与国家认识和尊重了市场有着很大的关系，特别是新修订的《民办教育促进法》更是推进分类管理。当然，这并不意味着相关法律的成熟和完备，从字面意义上看毕竟存

---

① 卢彩晨：《危机与转机：从民办高校倒闭看民办高等教育发展》，广东高等教育出版社2009年版，第48页。

② 陈桂生：《中国民办教育问题》，教育科学出版社2001年版，第13页。

在"促进"之意,并不意味着达到了资源的合理配置,也不意味着资源配置的手段就已合理适切。比如税收是一种资源分配工具,是对资源的重新分配手段,"我们可以证明,税收,取之于民,在国家中流转,仅仅从数量上,永远不可能对国家有害;当它们被征收的时间或者环境不合理时,或者它们被征收的方式不合理时,抑或它们被应用在不合理的事项上时,才会对国家有害。"① 但是新修订的《民办教育促进法》,以及《民办教育促进法实施条例》对于这方面的规定仍然是比较原则的。另外,法典的出台并不意味着与实际的执行和实施的效果相对等,法典的生命在于实施,从民办高校近十年来出现的很多问题和情况来看,如税收优惠、财政支持的含糊不清,进入退出管制的制度供给的合理性、对其性质的认定,都影响着国家干预的效能,这些都需要从经济法的视角去思考,来确认政府应有的干预权责和手段。

(二)研究目的

从日益扩大的民办学校学生规模、从业者人数以及发展转型的现实需要来看,民办高等教育市场需要一种稳定的、可预测的以及与此相关的秩序。教育是直接对人的服务,是塑造人的活动的服务,是关系人的发展的重要命题,其所追求的价值决定了不是单一的,也不能是单一的指向,教育的价值决定了教育市场及其主体的价值,也就意味着教育市场背后的利益具有复杂性和多样性,不能仅以经济利益来衡量,那么就需要对民办高校目前的生存秩序、市场运营的制度基础等进行有效梳理。

由于教育自身具有的公共产品的属性,政府承担着应然的职责与义务,这种职责和义务使然或主导下,政府的权力一直在这个领域发挥着作用,对于基础教育更是如此。基于这种权力的惯性,就必须考虑延伸到极具市场化或者已经属于服务贸易的民办高等教育领域的合理性,也就意味着需要明确政府干预权的范围以引导民办高校的有序运行。我们提倡对民办教育进行鼓励和促进,在促进民办高校的发展中更应该推进依法规范的合理性,没有恰当的规范,促进便打折扣,而且过度的促进也是一种教育资源分配的不公正,需要对现存的政府干预模式进行反思,这既是对莘莘学子利益的负责任回应,也是对捐资或

---

① [英]柯勒律治:《平信徒布道》(Lay Sermon),见《柯勒律治全集》,第6卷,第172页。转引自 David P. Calleo. (1966). *Coleridge and the Idea of the Modern State*. New Haven and London/Yale University Press. p. 14。

投资办学主体利益的负责任回应。

可以说，政府和市场是民办高校生存和发展的两大支柱。仅仅依靠市场自在自为的竞争，自发自主的运行，市场主体对利益最大化的诉求，将会造成经济利益成为衡量价值的唯一标准，当用"市场来衡量所有事物"时，就会导致市场的失灵与异化。的确，强调"个人对自我利益的追求不可能自发地导致自然的和谐，相反，他会导致所有人之间相互抗衡的争夺。"① 仅仅依靠政府，由于权力的扩张性，就可能出现任意的或过度的介入，导致市场的扭曲化。那么，就需要在政府与市场之间寻求一种合理的平衡，而这种平衡应是所有参与主体共有价值观的体现，表现为一种整体的共同利益，并在这种价值观、利益观下催生出制度共识。

梳理出的种种问题，需要在学理上得到回应，也正是基于问题视角，研究的目的才得以彰显，就是通过研究来探讨民办高校政府干预的现实基础、合法正当性论证，解决政府为什么干预的问题；通过探讨民办高校政府干预的原则与限度，解决政府干预的范围问题；探讨民办高校政府干预的形式，解决政府如何具体行使干预权的问题。故而，选择此题目，既是基于现实的问题判断，更是在于寻求解决之道。

二、研究的意义与价值

（一）理论意义

作为理论意义，笔者认为，民办高校的法律规制以及政府依法进行有效干预的研究尚处于摸索和起步阶段，处于着重引进和比较分析西方发达国家私立学校立法的学习和借鉴阶段，通过西方发达国家的立法理论和经验来指导分析我国民办高校的规范问题。在这种状况下，我国要进行理论的拿来主义与本土化的有效融合的思考。也意味民办高校的政府干预研究，无论是对民办高校从进入到退出这一全过程中的系列问题进行理论分析研究，还是对民办高校政府干预中的争议焦点都需进行理论剖析，从而为形成制度、制定法律提供理论积淀和基石，为现有的一些争论正本清源。另外，从理论上厘清一系列问题或者某几个焦点问题，特别是对我国民办高校身体力行者而言，尤其是出资人来

---

① David P. Calleo. (1966). *Coleridge and the Idea of the Modern State*. New Haven and London/Yale University Press，p. 25.

说，对其面临的困惑问题、法治规范问题，也是一个证明和回应。从理论上厘清一系列问题，更是对徘徊在集权与放权困惑中的政府部门的回应，以形成相应的法治规范来杜绝政府对市场的不当介入。即笔者希望通过问题导向的分析，对民办高校的政府干预真实世界中出现的一些问题给予理论回应。

（二）实践意义

研究的实践意义在于，政府干预是一个实践性很强的命题，其要求研究者不能局限于理论的考究，还必须提出切实有效的解决路径。

其一，有利于认清法治规制路径需要警惕的问题所在。由于我国民办高校发展历史相对较短，从新中国成立伊始的杜绝私立教育存在，到改革开放后开始萌芽，到逐步认可、鼓励发展、促进发展之路，民办高校的发展成也政府，阻碍也在政府，因此需要警惕政府在民办高校中的角色，将政府权力限制在必要的范围内。而且民办高校在性质上属于准公共产品，是一项公益性的事业，尽管有营利性高校，但不能因为其营利而抛却"培养人"的公益所在，要告诫研究者保持清醒的头脑，从社会整体利益观的视域下客观地分析和厘清楚民办高校所面对的各项困境背后的利益群体的利益需求，利益需求的满足程度将决定政府干预的合理性与正当性，以及政府干预法治化的进程和方向。

其二，为民办高校的政府干预提供一个较为明确的方向性建议。从根本上讲，民办高校的政府干预是要在整体上寻求一个推进民办高校合理发展的目标，寻找一个较佳的干预路径，寻求一个相对合理的法治规划。正如康德所言，"我们可以致力于制定一个更合理的教育规划，并把一种安排传给我们的后代，使他们能够逐步地将其实现。"① 按照这样一个既定的规划或制度规范行为，才能不仅有利于当下更有助于未来。而且，"恰当的制度安排是要为市场中和组织里的人际合作提供一套框架，并使这种合作较具可预见性和可信赖性。"② 那么就要整体思考、系统分析、统筹解决，从而给出合理的判断和解决路径，为国家以及地方层面制定法律和干预政策提供积极的借鉴。

---

① ［德］伊曼努尔·康德：《论教育学》，赵鹏，何兆武译，上海世纪出版集团上海人民出版社2005年版，第5页。

② ［德］柯武刚，史漫飞：《制度经济学：社会秩序与公共政策》，韩朝华译，商务印书馆2000年版，第24页。

三、基本概念廓清

梳理研究的基本概念有利于厘清研究的方向和范围，在本研究中主要有三个核心概念：民办高校、政府干预、经济法视域。可以说这三个概念界定了文章研究的主体、范围与方法。

（一）民办高校

民办高校，主要是指不是由国家出资或者主要不是由国家财政性教育经费出资，而是由社会资本出资兴办或主要由社会资本兴办的实施高等教育，具有颁发学历证书资格的学校。这里特别指出的是颁发学历证书资格，这是学校与教育培训机构的明显区别。在我国现行法律制度体系下，民办教育培训机构是按市场化运行模式进行的，其登记、管理机构等都有别于公办学校。学界通说也都认为实施高等非学历教育的培训机构不能纳入民办高校的范畴。本文没有聚焦于整个民办学校领域，主要是因为在义务教育阶段，我国在入世时没有进行市场开放的承诺，而且我国的义务教育执行的也是全免费的政策，并不符合教育服务贸易之范畴。另外，民办基础教育与民办高等教育在产品属性上有着较大的差异，"社会公共需要性质的教育的典型代表是基础教育，不能完全由市场提供，政府不承担基础教育的供给责任，会导致教育供给低于社会需求水平。政府供给基础教育，可避免市场的'嫌贫爱富'特性，保证基础教育的公平与效率。各国政府几乎承担了义务教育的责任，即提供不收费的教育，并将其视为保证未来收入分配公平的一种制度安排。"[①] 尽管我国的基础教育领域也存在民办性质且收费的学校，但政府通过购买服务的形式给予了支持，其市场化的特征并不明显，特别是随着国力的增强，国家对基础教育领域的供给会越发强化，故本文研究的选择没有指向民办基础教育。而对于高等教育领域，我国公办高等教育也在 20 世纪末开始如世界上许多国家一样，在教育政策上实施"成本分担"政策，即开始对受教育者进行收费，学界也开始将接受高等教育的受教育者界定为消费者，但是对于公办高等教育而言，执行的是

---

① 张菀洺：《教育公平：政府责任与财政制度》，社会科学文献出版社 2013 年版，第 211 页。

不超过生均成本的25%的学费标准①，这种低成本的收费是很难将之指称为完全意义上的消费者。教育界将之作为消费者来看待，其中很大程度上是为了呼吁大学的办学自主权，如果将之作为完全意义上的消费者，那么就意味着公办高等教育应进行产业化、市场化，但仅25%的成本负担也使得理由不是那么充分，反观民办高校，很长一段时间实行的都是准成本收费政策，新的《民办教育促进法》第38条提出，"民办学校收取费用的项目和标准根据办学成本、市场需求等因素确定"，对于营利性民办学校，其收费标准实行市场调节，由学校自主决定。在这种分类下，学费变成了准成本收费和市场调节并存，市场属性更加显著。在兴办资金来源方面，民办高校主要来源于社会资本，其市场化或者服务贸易的属性是鲜明的。

(二) 政府干预

政府干预，是指作为国家公权力主体的政府在法律的框架内对市场主体及其行为施以消极的（限制、禁止等）和积极的（引导、保护等）举措，以矫正和改善市场或自身出现的失灵问题。在经济学上，通常使用的是政府管制或规制这一术语，正如英国学者安东尼·奥格斯在《规制：法律形式与经济学理论》中指出："规制"基本上是一个政治经济学词汇。② 笔者并不是反对将经济学的概念直接移植到法学中来，而是指在移植的过程中要充分考虑到公众的接受程度，对于规制或管制，在经济学和法学界多数认为是一种限制和禁止行为，当然也有很多学者主张对其内涵进行拓展，如我国的张守文教授、日本的金泽良雄教授，他们均宅心仁厚地将之进行扩充解释，提出了该"词汇"的"促进保护"之义。仔细研究金泽良雄的拓展，其是将规制等同于干预来理解的，"在这里可将这种'国家的干预'换言为'规制'一词。"③ 事实上，其是将"规制"进行了扩大化的解释，"一般所谓'规制'，在最狭义上，可以理解为是由于对一定行为规定了一定的秩序，而起到了限制的作用，而在此，是广义地使用了'国家的干预'这一用语。所谓'干预'一词，一般涉

---

① 张菀洺:《教育公平：政府责任与财政制度》，社会科学文献出版社2013年版，第214页。

② [英] 安东尼·奥格斯:《规制：法律形式与经济学理论》，骆海英译，中国人民大学出版社2008年版，第1页。

③ [日] 金泽良雄:《经济法概论》，满达人译，甘肃人民出版社1985年版，第45页。

及消极的（权利限制）和积极的（促进保护）两个方面。"① 与其煞费苦心地进行转换，其实不如直接使用"干预"一词，而且金泽良雄使用"规制"一词还有对其国家一直以来使用"统制"一词进行回避的意思，即在日本，"历来都是倾向于将统制理解为国家对确定了某种方向所施加的权力干预"②，已经形成了独特的概念体系。尽管其也曾撰文将日本"统制"与德国林凯（lenkung）的"规制"概念进行了比较探讨，认为基本上是相通的，一则尊重已有的独特概念体系，二则认为林凯之"规制"理解的范围广泛些，便使用了。回过头来看我们国家，在深受计划经济体制影响的语境下，"管制"基本上被理解为公权力直接地进行强制性的限制或禁止，形成了一种行为控制之义，对于"规制"的理解亦如此。这一术语一旦在国内形成了通常的理解再转变较为困难，特别是对于渴求摆脱计划囹圄的民众来说，基于对这种术语的惯性认知和形成之观念，哪怕是术语的扩张性解释有多么合理，都很难驱走其内心对它的某种"惧怕"。经济法视域下的政府干预主要是指向市场经营主体的，必须要考虑其接受程度。使用一个中性的词汇可能会更好，"在汉语中，'干预'一词是中性的，它是指当某种组织、机制不能自行解决运行过程中产生的矛盾或障碍时，由外力介入加以解决的情形。"③ 当然，这并不意味着提出的"干预"是一个生造的术语。其实，现代政府对经济的"干预"已是被广泛认可并实际执行的事实，"在国际上，人们已经把国家意志在经济关系上的深入体现约定俗成为干预。"④ 政府规制也已经基本上被理解为微观层面的政府干预形式，⑤ 薛克鹏教授也指出："其认为规制是国家运用行政强制力，对经济主体的行为进行规范、限制或禁止等活动的总称。调控则是为了从总体上实现经济增长、充分就业、市场稳定和国际收支平衡等目标，运用财政工具和货币工具干预经济活动。前者是从微观上，针对经济主体的行为实施的直接干预；后者则是从宏观和总量上，运用经济工具，通过改变市场参数进行的间接干预，目的是影响经济主体的行为，使其符合整体经济的需要。规制和调控共同构成国家干预的两种具体形式。"⑥ 所以，笔者更倾向于将"规制"或者"管制"

---

① ［日］金泽良雄：《经济法概论》，满达人译，甘肃人民出版社1985年版，第45页。
② ［日］金泽良雄：《经济法概论》，满达人译，甘肃人民出版社1985年版，第46—47页。
③ 种明钊：《国家干预法治化研究》，法律出版社2009年版，第14页。
④ 李昌麒：《经济法》，中国人民大学出版社2011年版，第10页。
⑤ 张卫国：《跨国高等教育市场准入制度研究》，中国财政经济出版社2014年版，第30页。
⑥ 薛克鹏：《经济法基本范畴研究》，北京大学出版社2013年版，第119页。

作为"干预"的一种有机组成。

(三) 经济法视域

经济法视域,简单来说就是以经济法的思维和方法来审视民办高校的政府干预问题。经济法在本质上是国家干预之法,经济法意义上的政府干预是指政府作为国家的代言人,需要从国民经济整体利益之立场出发而实行的对市场主体及其行为的规制和调控,其出现是对国家权力—个体权利的国家—市民社会二元论的一种修正和完善,"在个人与国家各自的领域之间,已经形成了以社会为过渡体的一个独立存在于其他法域的独特法域。这恰恰属于经济法的领域。"[①] 德国法学家拉德布鲁赫也鲜明地指出,"当国家不再以纯私法的方式保障各种经济力量的自由放任,而是尝试着通过法律规范来把握社会学的运动规律时,经济法就诞生了——法律法规本身就是一种可能有效干预社会学运动的社会事实。"[②] 的确,奉行个体权利至上的民法调整下的经济关系,倡导的是市场的自由竞争,但随着社会的发展,这种依托民法建立起来的市场经济出现了失灵,到了仅仅依靠"无形的手"进行协调发展的地步。如金泽良雄所言,需要形成特定的"特权关系"来进行协调,即"是在一定的意图(政策目的)下,对市民法的平等关系或对建立这种关系的条件(前提),进行修改或破坏。这样产生的关系,从市民法的平等关系来看,可以是一种特权(有时是优惠)关系。"[③] 这种"特权关系"是以社会特定的需要为前提,比如对某种产业的促进等,这就是经济法的存在空间和理由,即经济法以社会本位作为其存在的基础。这种"特权关系"与行政法意义上的行政关系是有差异的,行政法指向的是行政机关与行政相对人的关系,这种关系体现的是国家权力中心,在根本上是为防止行政机关滥用权力或超越权力而设,规范和控制的核心在于行政机关的行为。而经济法的视域主要在于规范和控制的是市场主体的行为。尽管在规范政府的行为方面,经济法与行政法似乎存在一定的重叠,经济法意义上的"政府从事的经济活动直接关系的是社会公共利益,一般不存在侵犯行政相对人的利益问题,用行政法很难进行规范,因此,只有用经济法的方法进行规范。例如,对行政垄断、政府预算、政府采购和国有土地使用权出让等

---

① [日] 金泽良雄:《经济法概论》,满达人译,甘肃人民出版社1985年版,第30页。
② [德] 拉德布鲁赫:《法学导论》,米健译,商务印书馆2019年,第115页。
③ [日] 金泽良雄:《经济法概论》,满达人译,甘肃人民出版社1985年版,第51页。

行为。"① "就经济法而言,不仅要确保控制,而且要起指导作用,甚至建立政府当局与企业真正合作关系,以便根据总的利益协调企业的行动。除使用直接的积极行动手段(例如,在制定物价法规或规定专利"强制性许可"的条文方面),还越来越多地使用间接手段。从上面看,经济法的学问就是研究其协同作用可以取得规定结果的各种法律手段。有些手段是传统手段,比如利用有关税收的规定和利用补贴。另一些手段则来自行动必须遵守政府当局规定条件的条文结构。"② 所以,本研究的经济法视域,就是经济法方法下的政府为何对民办高校进行干预,即探讨经济法范畴下的政府干预民办高校的正当性、合法性;如何对民办高校进行干预,即研究民办高等教育领域干预的原则与限度,以及市场主体的市场准入与退出的管制,财政税收等激励形式、非权力性的商谈性干预等干预方式的深入论证。

四、文献综述

分析已有的文献能够厘清理论及实践中还未研究的以及研究尚不清晰的问题,从而找到需要研究的真问题,清晰现有研究的思路与框架,亦可为深入的研究提供好的借鉴。

(一)关于政府干预的正当性理由问题

学界一般认为,市场失灵是国家(政府)干预的主要理由。李昌麒先生指出,"经济法视野下的国家(政府)干预是针对市场失灵所实施的干预"。③ 斯蒂格利茨等西方经济学家均认为,政府干预的主要作用是弥补市场失灵。

但也有学者指出,"由于存在市场失灵,政府就必须干预"的观点是错误的。一是它忽视了当前政府对未来私人市场发展的影响。二是把市场失灵看作当前状况(包括政府推动的改变)所导致的静态结果而非动态结果。三是它仅从纯技术的角度来定义市场失灵。四是一旦政府干预经济、代替市场,往往会在其干预的部门或领域建立起自己的垄断……最近几十年来,社会公平问题

---

① 薛克鹏:《经济法基本范畴研究》,北京大学出版社2013年版,第54页。
② [法]阿莱克西·雅克曼,居伊·施朗斯:《经济法》,宇泉译,商务印书馆1997年版,第46页。
③ 李昌麒:《经济法》,中国人民大学出版社2011年版,第11页。

的重要性不断提升,已经被当作政府干预的理由之一。①

美国经济学家布雷耶通过研究,梳理了西方学界关于政府干预的正当性依据②,这些看法与我国的相关研究相通。他指出,通常而言,规制的正当性依据在于如下一种或多种:

其一,政府规制的正当性依据基于"自然垄断"的存在,这也是最传统和最持久的一个根据。除了以"增加产出"理念为基础的经济方面的正当化根据之外,人们还经常提出"收入转移""公正""权力"三个依据以支持对自然垄断的规制。

其二,对经济租或过度利润的控制。对其加以控制的理由不在于更有效地使用世界的资源,而在于更加公平地分配收入。首先,这些生产者所获得的额外利润并没有反映明智的投资决定,反映的只是单纯的运气;其次,这些利润所代表的从消费者向生产者或其股东的收入转移是一种逆向的转移;再次,所涉及的数额是巨大的,以至于政府应当进行干预,以保证由消费者而不是生产者来享有这种"意外之财"式的租所带来的利益。其力图避免生活必需品价格的急剧上涨所导致的某些负面效应——混乱与艰辛。这些艰辛可能源自价格上涨的突然性,而非租的存在本身。

其三,对溢出(外部性)的补偿。"外部性",简单来说就是真实的社会成本与不受规制的价格之间存在"溢出"成本(或收益)。为对外部性进行补偿,政府应当根据具体产品提出溢出理据,必须预设,干预的结果(包括干预本身的成本)将会更为接近通过协商获得的解决方案。干预在于减少配置的无效率,避免经济浪费。

其四,不充分的信息。信息是社会必须花费资源才能产生的一种物品。信息市场有时会因故无法良好运行:第一,生产与散布信息的激励有可能被歪曲;第二,交易中的一方当事人可能会处心积虑地通过传递虚假信息或遗漏关键性事实的方法来误导另一方当事人;第三,即使购买者找到了具有潜在竞争关系的销售者,他仍然可能无法评估这些销售者所提供的产品或服务的特性;第四,市场的竞争性或许不足以让供应方保证提供给消费者愿意购买的所有信

---

① [美]维托·坦茨:《政府与市场:变革中的政府职能》,王宇等译,商务印书馆2014年版,第3—4页。
② [美]史蒂芬·布雷耶:《规制及其改革》,李洪雷等译,北京大学出版社2008年版,第15—60页。

息。所以，信息在供需双方的不对等性，致使消费者获取的不充分性及高成本性，也就迫切地需要政府的干预，从而提高信息提供的可能性，并降低信息获取的成本。

其五，对过度竞争的控制。如果对一些行业的竞争不进行规制，将被证明是"过度的"。即当将价格确定在无法赢利的水准上，将会迫使一些企业离开该行业并最终导致非常昂贵的产品。"过度竞争"在当下被用来指称"自然垄断""需求的循环性质""掠夺式定价"。

其六，不平等的讨价还价能力。希望自由市场自身实现资源的合理配置的假设，依赖于各方利害关系人相对等的讨价还价能力的预设，但如果这种讨价还价能力的既定分配是"不平等的"，为了实现一种更好的均衡，政府的规制便有了正当性理由。

其七，合理化。政府干预的正当性有时候也是基于人们对某类企业发展的期待，但这种期待受制于社会或政治的因素而一直停留在太小的规模，或者不能充分地组织起来以有效率地生产其产品，从而为行政机关介入整个行业的"规划"提供了理由。

其八，道德风险。道德风险说到底就是：购买者以外的人为购买者的购买活动付费。而当伦理的或者其他制度上的约束，以及付费者的直接监督均不能控制购买活动时，政府规制就可能是必要的。

其九，父爱主义。这是建立在对消费者理性不信任的基础上，即认为市场主体会做出非理性的决定，认为需要政府规制，这种观点在许多政府决定中发挥着重要作用。

其十，稀缺。规制有时候以稀缺为其正当依据。一般条件下，稀缺可以不通过规制而通过价格机制进行缓解，但是因为稀缺可能导致蓄意地放弃市场而引发突然的供给性失灵，给使用者造成困难，使其丧失支付能力，需采取规制性分配。

应该说布雷耶将目前理论界所认为的政府干预经济的正当性进行了相当全面的梳理，基本上将学界的研究进行了全面的概括，深化了政府干预主要源于市场失灵的命题，即干预的正当化根据在于人们所宣称的市场在处理特定结构性问题上的无能。[1] 也回应了"由于存在市场失灵，政府就必须干预"的观点

---

[1] ［美］史蒂芬·布雷耶：《规制及其改革》，李洪雷等译，北京大学出版社2008年版，第15-53页。

是错误的论点，但需要反思的是，在布雷耶的梳理中政府干预正当性还在于社会公共利益的价值取向以修正国家—市民社会二元分化格局，但在总体上为研究极具经济属性的民办高校的政府干预问题提供了很好的理论借鉴。

(二) 关于政府干预民办高校的必要性及限度问题

关于民办高校的政府干预问题的相关研究主要集中于教育学界。

关于民办高校的政府干预的必要性，有一种观点是基于民办高校发展存在的诸多现实问题而立论的，他们认为，民办高校存在的市场生存困境、自身行为失范及其自身应有的公益性受到削弱等问题，需要政府对民办高校进行有力的监管。[1] 也有学者认为民办高校实际存在的诸多的政府管制出现了很多的负效应，这种权力导向下的直接管制需要重新审视。也有观点从推动我国高等教育改革、高等教育管理体制发展创新的视角进行研究，指出政府与民办高校存在"双轨"关系，即存在权力管制关系和支持性关系，这种新型的"双轨"关系迫切地需要对政府干预进行完善和发展。[2] 也有观点指出，是民办高等教育市场存在的市场失灵现象引发政府干预的必要性，民间资本兴办教育是一种"准市场制度"，市场失灵的存在以及民办高校领域存在的个体理性对集体理性的反叛需要政府的干预。[3] 也有学者更进一步提出政府管制民办高校的必要性在于民办高校的公益性和资本的寻利性、存在的市场失灵现象及信息不对称。[4]

关于民办高校政府干预的具体限度问题。有学者基于教育的内外部事务管理的视域指出，政府对教育的干预仅限于教育的外部事务。[5] 也有学者基于大学这一主体的自主权利的视角指出，凡是大学能自主决定的事务以及大学自主性发挥较好的领域，政府不能干涉；凡是涉及私人领域的事务，政府不能干

---

[1] 阮平南，赵琦："民办高等教育发展发展中的监管机制分析"，载《清华大学教育研究》2007年第1期。
[2] 盛正发，雷鸣强："管制与支持：政府与民办高校双轨关系研究"，载《现代教育科学》2008年第4期。
[3] 卜树春："政府规制下民办高等教育的发展路径分析"，载《现代教育管理》2009年第2期。
[4] 李青：《民办高校政府管制模式重构研究》，北京师范大学出版社2011年版，第41—46页。
[5] 张天麟："市场经济下交易的私事性与公共性"，载《天津市教科院学报》1995年第3期，第10页。

预；只有大学必需而做不到，社会需要而大学不能拒绝提供服务的领域，政府才有干预的必要。① E. Vance Randall 和 Cheng Biao 则从市场主体的积极性和长远发展的视角主张对私立学校进行极为有限的干预和管理，管理不能太琐碎，那会挫伤个人或团体为创建和运营私立学校而投入时间和金钱的积极性。少量的介入有助于私立学校的长远发展。② 当然，作为被干预者的实际主体对于干预的限度有着切身的感触，有出资人从接受诸多干预的实践角度提出：政府部门对民办学校应该多管还是少管？这很难界定，从管什么的角度讲，政府管三件事就够了。一管资质，就是什么样的条件、什么样的人员、什么样的机构可以办什么样的学校。二管方针，就是哪些类型的学校不能办，比如宗教类型的学校。三管财务审计，包括是不是有不允许进入民办教育的资金流了进来……有人提出政府要管办学质量，我倒觉得这些让市场去决定就可以了。③

对于民办高校，国家究竟该管什么，管到什么程度，历史证明，国家大包大揽办高等教育在财力、管理等各个方面都出现了很多问题，特别是财力不支问题已经成了近现代以来世界各国高等教育共同面临的问题，各国均不约而同将高等教育推向了市场，甚至在公立的高等教育方面也提出并实践了"成本分担"理论。高等教育的市场化，是不是意味着国家的退场，尤其是不需要政府负责出资的私立高校领域，完全交给市场，高等教育的公共产品性质使得国家有义务对之进行干预，故而，在这种状态下，国家的权力必须要调整，就如学界的观点一样，干预权必须限定于特定的范围内。

（三）关于民办高校的进入退出机制

关于民办高校的进入机制，一般而言，市场准入是政府对市场初始的干预，是对市场主体设置和运营的一种许可。这种准则的设置在于防范市场主体的投机性、随意性，但进入标准的高低与否关系到民办高校背后的社会资本的进入意愿程度。在我国现有的法律政策体系中，民办高校的市场准入采用设立审批制，从某种程度上，法律在当今时代代表着国家的意志和大多数人的利

---

① 朱新梅：《政府干预与大学公共性的实现：中国大学的公共性研究》，教育科学出版社2007年版，第26页。

② 转引自杨红霞：《民办中小学政府干预问题研究》，华中师范大学出版社2012年版，第13页。

③ 王介方："关于民办教育立法的建议"，载胡卫，丁笑炯：《聚焦民办教育立法》，教育科学出版社2001年版，第106页。

益。"民办学校的设置标准参照同级同类公办学校的设置标准执行"的法律规定,意味着民办高校在用地、师资、设施等办学要素方面的最低标准须与公办学校同等对待。当然法律在给民办高校设置进入门槛限制的同时也提供了诸多的优惠政策以鼓励其进入。有的学者主张应设置不同的进入标准:现在看来,公办、民办教育的起点不一样。公办学校搞了那么多年,各方面都发展得比较好,民办教育这几年才开始发展,必须采取必要的扶持措施,比如民办学校的设置应与公办学校区别对待。现在民办学校的设置标准越来越高,令许多民办学校难以承受。学校设置标准太高,投入太多,许多人看了以后都说学校各方面发展很好,实际上却由于高投入而必须承担很大的风险。① 还有的学者指出,在民办高校的市场中,进入管制的这种高标准导致了边际效用递减,降低了教育消费者的信赖感和教育服务的可及性,主张区别对待,单独设定准入标准,适当降低民办高校的准入门槛。②

关于民办高校"退场"问题,国外的研究较为完善,尤其是日本的视角比较开阔,有学者指出日本对于私立大学的倒闭研究已进入"后倒闭时代"③,即从倒闭本身延伸到如何重建问题。日本也已确立了对私立学校按经营状况区别对待的原则,设置不同的援助措施进行防范,规定了合并和转让的方式、破产的流程、师生的安置等。美国也形成了较为完善的法律机制,就私立学校退出时的信息公开、学生权利维护等进行了规定。④ 国内从立法到学界的研究还相对不足,在《民办教育促进法》中对民办学校重组与退出的规定从受理条件到清算程序等都未作出具体的规定,对民办学校重组与退出过程中的政府干预还没有深入的研究。在民办学校的倒闭能否适用《企业破产法》相关规定命题中,主要存在两种主张:一种观点主张谨慎对待,即认为在现行的破产法律框架下,法院在受理民办高校的重组、破产案件时应慎重,尤其是不主张突破现有法律对破产主体应限于企业法人的限制性规定。认为将企业法人的外延扩展到具有法人资格的事业单位或民办非企业法人,违背了我国《民法通则》

---

① 胡卫,丁笑炯:《聚焦民办教育立法》,教育科学出版社2001年版,第19页。
② 李青:《民办高校政府管制模式重构研究》,北京师范大学出版社2011年版,第130-131页。
③ 卢彩晨:《危机与转机:从民办高校倒闭看民办高等教育发展》,广东高等教育出版社2009年版。
④ 张林:"我国民办高校重组和退出机制的立法研究",上海交通大学2010年硕士论文,第2页。

关于法人分类制度的规定及破产法律规范的立法原意。与这种主张相异的是肯定论的主张。理由有三：其一，法人出现资不抵债时应该而且只有通过破产程序才能退出市场，民办学校的退出参照破产清算程序进行，实际上是符合法律对待法人终止的立法精神的。其二，按照《民办教育促进法》的立法精神及其相关规定，如第58条、第59条的规定，与《破产法》所规定的清算的内容和目的是一致的。包括清算还债的规定精神也是相同的，以责任财产为限，按法定顺序清偿。其三，参照破产清算程序符合国际、国内的立法趋势。所以主张，即使民办学校破产能力存有疑问，但在没有专门程序法的情况下，参照最相类似的程序既为法律许可，也是法律精神的要求。

（四）关于政府公共财政资助民办高校的研究

政府是否应该用公共财政资金来资助和扶持民办学校的发展呢？这个命题一直都是有争议的。支持者有之，反对者也不在少数。

1. 反对的立论

学者吴华、胡威经过梳理认为①，当前持反对意见的有三种观点：第一是"权利自动放弃论"，认为目前教育公共财政体制对民办教育并没有歧视，给予了教育消费者——学生平等开放的入学机会，是其主动放弃了本可在公办学校的权利，故而以保障学生权利为理由而给予公共财政资助的这个理由是不能成立的。第二是"财政资源不足论"，这种观点主要见于教育行政管理部门，就是因为公办教育资源不足，公共财政紧张，才诉诸市场化解决的办法，逐渐走教育市场化改革的路径，有限的公共财政资源对于公办教育尚且紧张，对于民办教育属于有心无力，不希望因财政援助而增添财政上的短缺与困难。第三是"非营利原则论"，认为对民办教育资助的前提是分类管理，教育公共财政不能去支持那些有公益之名行营利之实的民办学校，毕竟教育公共财政不能成为私人中饱私囊的帮手。除了这三种观点外，还曾经有一种基于意识形态的截然对立而反对的观点，但随着社会主义市场经济的推进，人们在意识形态中的禁锢逐渐消失，这个观点的声音也基本不常见了。学者朱鹏在其博士论文②中指出，很多人反对政府公共财政资助民办高校或者私校公助政策主要是因为私

---

① 吴华，胡威："公共财政为什么要资助民办教育？"载《北京大学教育评论》2012年第2期，第46-47页。
② 朱鹏："私校公助：澳门的视点与问题"，华东师范大学博士论文2009年，第46-47页。

立学校本身具有的"私利性",如牟利、教育分化等。如果政府的公共财政资助政策不当,这些私利性将可能被放大。他经过梳理指出私立学校主要存在四大"私利性":"私利性"之一,私立学校在本质上是趋利的,政府对私立学校的资助将会给私立学校的经营者带来更大的营利空间;"私利性"之二,政府对私立学校的资助会导致宗教势力的增长,从而违背世俗教育的性质;"私利性"之三,私立学校提供有差别的教育质量,政府对私立学校的资助势必会拉大教育质量的差异,造成教育的不公平;"私利性"之四,私立学校不利于公民素养的养成,政府对私立学校的资助势必会造成社会文化的隔离,不利于社会融合和公共价值观的传授。

2. 支持的立论

张铁明依托广东省民办教育的现实及政策走向的实证调研,提出支持民办教育的几大理由:一是天然权利,政府财政本来就应惠及民办学校。民办学校学生的家长群体也是社会财富和政府财政的直接贡献者,公共教育财政应该惠及民办学校及其学生的支出,这是政府应有的责任。二是良心反哺,政府财政应该支持民办学校。民办教育开展30多年来,弥补了政府举办教育的财政短缺和满足了国家现代化建设的需要,也满足了不同社会阶层群体的一般教育需求,为经济社会做出了巨大的财政贡献,在政府不断的经济发展与财力积累后,同时也应该积淀更深厚、更公正的为和谐社会发展而提供公共服务的行政"良心"。三是政治职责,教育的天然特性决定了政府应分担的义务。民办教育的贡献,其核心是解决了在我国经济社会高速发展中教育发展不相匹配、不相适应的问题,如增加了就业岗位、促进了社会稳定等,不支持民办学校是政治上的"短视"表现。四是危机忧患,民办教师的尊严丧失已成为迫切需要解决的难题。五是政府财政支持,可给举办者创建良好的成长环境使之信心回归,破解深层危机。①

方芳、王善迈等认为,一是基于民办高等教育服务的性质,即民办高等教育服务在本质上是具有正外部性的准公共产品,按照公共产品成本应由政府分担的性质,政府公共财政应予资助;二是民办高等教育已经不再是可有可无的存在,也不仅仅是一种补充,在我国政策与法律上都将其定位为高等教育的重要组成部分,基于其地位和作用政府公共财政理应给予关注;三是依据国外私

---

① 张铁明:《中国民办教育的财政贡献及政策建议》,暨南大学出版社2012年版,第19 - 74页。

立高等教育发展经验，财政支持是推动其可持续健康发展的重要组成部分，鉴于我国民办高校经费投入结构的突出问题，可通过政府公共财政来促进其健康发展。他们还提出，财政支持的前提应是民办高校的分类管理，① 对外办高校的分类支持遵循"共同而有区别"，以地方为主，中央支出责任适当加强，支持的政策框架分为直接资助和间接资助。②

朱鹏在其博士论文中也着力梳理了国内外支持公共财政资助私立高校的理论，他认为主要有三种理论在支撑着支持论，一是新自由主义经济理论，二是福利经济理论，三是教育公平理论。其还指出私立学校存在的"公利性"特征是私校公助的法理依据，认为私立学校主要具有五大"公利性"：私立学校协助政府承担了举办教育的义务；从成本分担角度看，私立学校的办学具有较强的公益性；私立学校的存在提供了多样化的教育选择机会，有效弥补了政府办学能力的不足；私立学校的举办缓解了教育财政能力的不足，降低了政府办学的成本，私立学校的积极性需要鼓励；私立学校为公立学校的改革提供了借鉴和参考，对于提高政府办学效率，激发公共教育体制的活力，具有启发和示范作用。③ 基于这五种"公利性"，政府应该对私立学校进行资助。他还进一步指出，私校公助政策不能仅仅理解为一种施惠，它更在于实现四种"平衡"：实现私立学校的公益性和非营利性的统一；实现私立学校自主性与政府调控的统一；建立私立学校和公立学校的合作关系；实现发展私立学校与政府办学的统一。④

姜华则不仅从国际对比的经验以及教育活动的外部性的补偿来证明财政应支持民办高等学校发展，而且从投资收益的角度来论证政府公共财政资助的合理性，他认为对于民办大学的投资收益率从毕业生、学科等方面来看均高对公办大学的投资收益率，政府公共财政应该给予支持。他也提出资助应针对非营利的民办高校。⑤

---

① 方芳，王善迈："我国公共财政支持民办高等教育研究"，载《北京师范大学学报》2011年第5期，第23-26页。
② 方芳，钟秉林：《我国民办高等教育财政支持制度研究》，北京师范大学出版社2016年版，第169页。
③ 朱鹏："私校公助：澳门的视点与问题"，华东师范大学博士论文2009年，第53-58页。
④ 朱鹏："私校公助：澳门的视点与问题"，华东师范大学博士论文2009年，第63-66页。
⑤ 姜华："政府对非营利性民办大学的财政援助"，载《民办教育研究》2007年第1期，第26-28页。

国外对民办学校的公共财政资助的合法性研究主要是从学校效率和政教关系两个方面开展的,尤其是教育私有化学校选择运动对政府政策的影响是深远的,其最早和最著名的研究有两个:一个是弗里德曼(Friedman)在1955年提出的自由教育市场和教育券理论,另一个是科尔曼(Coleman)在1982年所做的公私立学校效能比较研究,前者的研究提出自由的教育市场最有效率,应该允许学生根据自身的需求自主选择学校,政府应当改变教育经费的发放方式,以教育券的形式对学生进行资助,学生可以选择攻读公立学校,也可以选择攻读私立学校,在这种情况下,私立学校将会得到和公立学校同样多的办学经费。后者的研究从实证的角度对公私立学校学生的就学表现进行分析,得出了私立学校比公立学校的学生表现更为优异的结论,因此政府应该支持和鼓励私立学校的发展,其中包括经费支持。鉴于两位学者在各自研究领域内(教育经济学和教育社会学)的巨大声望,他们的研究引起了政府教育当局的高度重视,并对后续研究产生了深远影响。在实践中美国1972年修订的《高等教育法》明确规定,联邦政府不带附加条件地向公立、私立大学提供资助,所有家庭经济困难的学生均可申请联邦资助。①

(五) 关于民办高校的税收政策等优惠问题

对于民办高校的税收优惠问题,实质上是政府给予的一种激励性促进该行业发展的举措,在法律上也予以了明确。但在学界还是存在不同的观点,这种分歧产生的根源在于民办学校是否具有营利性的争论。有学者认为,现有的法律体制下,没有区分教育活动的营利性与非营利性,导致了国家税收和土地优惠政策的错位,主张非营利性学校享受税收优惠,营利性学校与企业一样照章纳税,不享有任何税收优惠。②还有学者认为,作为投资办学的民办学校,行营利之事实,而在法律上定为免税组织,违背了税收公平原则,是对同为纳税人的所有营利组织的不平等和不公平。③

有学者指出,在实践中民办学校虽然在法律上给予了很多优惠措施,但我国民办学校和公办学校税收待遇差别较大,并认为因为我国没有将民办学校进

---

① 转引自方芳,钟秉林:《我国民办高等教育财政支持制度研究》,北京师范大学出版社2016年版,第25页。
② 纪宝成:《中国高等教育散论》,中国人民大学出版社2012年版,第353页。
③ 邵金荣:《公益组织的认定与社会公平正义》,中国社会出版社2010年版,第113页。

行营利性与非营利性的区分，导致了目前我国民办学校税收政策出现两个极端：不该享受较多优惠的营利性学校享受较多优惠，应该享受较多优惠的非营利性学校没有享受到较多优惠，造成了实质上的不公平现象。

有学者认为，我国作为"公益性事业"的公办教育和民办教育在税收方面的优惠非常多。即使承认"民办教育机构"作为营利性学校存在，也并不是放纵个人借办学任意牟利，因为在容许"营利性学校"存在的同时，对这种学校国家可以"依法征税"，这类学校可以得到某种减、免税优惠，但得不到"公益性学校"同样的优惠待遇。

当然也有不少学者认为，民办教育事业作为公益事业，理应享受与公办学校同等的税收优惠政策，法律应该明确规定不得征收之税种，如企业所得税和营业税等，从而维护民办学校权益，并防止各地因税收政策失误而导致民办教育出现整体走弱的巨大风险。

2015年12月第十二届全国人大常委会第十八次会议对于《教育法律一揽子修正案（草案）》进行分组审议，其中就《民办教育促进法》关于分类管理的配套措施及税收、土地优惠等，很多代表发生了较大争议，《民办教育促进法》的修改就暂不交付审议。代表李光宇认为，当时的修改草案，等于客观上强迫所有的民办学校都走向非营利性办学。①

当然，对于民办学校是否享有税收优惠虽有争论，但学界较为普遍的观点是民办学校并没有完全享受到税收优惠政策的惠及，法律的规定在实践中并没有有效地落实，也致使应有的激励并未实现良好的效果。

五、研究框架

本研究主要设计了七章的内容进行研究，基本的框架是：

第一章主要聚焦于民办高校需要政府干预的必要性论证，从政府对民办高校的过度控制，从"市民社会—政治国家"理论框架下政府与民办高校关系，从民办高等教育领域存在的市场失灵现象，从民办高校领域中因信息不对称而导致的信息偏在，从民办高校的准公共产品的性质及关涉公共利益的属性，从民办高校利益相关者主体的内在质量诉求等多方面探讨民办高校需要政府干预，并论证了行政法在这些领域的不能，只有以经济法视域从社会整体切入方

---

① 董圣足等著：《民办学校分类管理推进策略研究》，华东师范大学出版社2020年版，第28页。

能解决。

第二章主要研讨民办高校政府干预的原则与限度。即政府对民办高校的干预行为应有合适的指引标准，应设定相应的边界，给予政府权力一定的约束。从关系的场域来看，民办高校政府干预存在需要遵循的六项基本原则、三项根本限度：民办高校的政府干预需要遵循适度干预原则、公平正义原则、成本收益原则、正当程序原则、利益均衡原则、最低风险原则；政府干预的范围止于法律规定、止于高校办学自主权、止于私权利益。

第三章与第四章则是从历史经验及域外经验的视角来剖析政府如何干预民办高校，历史经验主要聚焦于对清末、民国北洋政府、民国南京政府的梳理，域外经验则选取了以营利为主体的马来西亚、以非营利为主体的我国台湾地区以及兼而有之的美国，从分析中我们看出对民办高校进行必要的进入退出管制，给予适当的公共财政激励、必要的第三方质量评估等成为干预的共性。

第五章到第七章主要研讨的是民办高校政府干预的三种具体的形式，这三种具体的形式是按照政府干预的维度和手段进行划分的，也是经济法视域下政府干预所体现出的基本形态。其中第五章聚焦于国家对民办高校的进入退出的管制性干预。政府对民办高校的干预，首要的就是对"入口"和"出口"的管控。实质上这就是利用政府强势的公权力地位对市场主体的一次直接的干预，是一种自上而下的"管制性"干预。通过设置相关主体资格条件从而把好"入口"，比如，在防止办学的家族化倾向、关系消费者安全的隐患、办学风险保证金等方面均应进一步细化。在退出的"出口"方面，应建立五标准衡量的风险预警机制，细化退出的程序，做好与破产法等法律的接口，从而更好地行使干预权。

第六章则着力研讨民办高校激励性干预机制，提出了政府公共财政资金应该给予民办高校经常性的补助，政府公共财政资金资助的比例以"雪中送炭"为准则，根据政府的财力、学校资源需求水平、办学的成本等进行综合核定，而不宜在法律中明确予以规定，但应在国家和各省（市、自治区）的政府预算中开列出具体的子项，并通过强化财务审计，甚至委托专职的监管员或会计师监控公共资金的使用，以发挥出政府的激励性干预作用。税收和土地的优惠本质上也是公共财政的一种激励举措，对于民办高校的税收优惠，研究认为在免税主体资格方面，不能因为非营利组织的免税资格确定问题而出现差别待遇，让税收激励落空；对于民办高校下一步因分类管理出现的营利性高校，包括现在的有合理回报诉求的高校也应给予税收激励，税收优惠应是针对产业而非其他，提出企业所得税按15%的税率进行征收，对于新设该类民办高校设定"免三减二"的五年优惠期。除所得税外，其他方面税收可减半征收；关于鼓励捐赠方面，除提高税前减免的比例外，还应简化捐赠的程序，建立鼓励直接捐赠的机制等。在土地优惠方面则提出"四原则"：一是通过中央政府层面进行事权上的调控以给予地方政府激励，通过转移支付的比例调整来消解；二是土地的总体规划中，逐步提高公共服务用地的比例，且通过严格的土地审计对土地的实际垄断者进行问责来获取激励；三是减少用地者的土地浪费，民办高校用地应有相对完善的校园建设规划予以备案或审批；四是建立土地优惠的负激励或惩罚性激励制度，防止教育用地上的"圈地"，防止教育用途的随意变更。

第七章主要研究民办高校的商谈性干预机制。经济法视域下的政府干预也不仅仅局限于权力性干预，秩序是通过协商确定的，而非通过服从赢得的，非权力性干预亦是经济法领域的重要形式。民办高校"私"的性质决定政府干预权的限度，特别是其基于私权拥有对信息的自治权，而信息的不对称将影响到政府的决策、消费者的选择，政府设置商谈性干预机制就是要在各利益相关者间构建起一个恰当的商谈程序，通过消费者及利益相关者的选择权，利用契约机制来使民办高校进行更为"宽口径"的信息公开，还提出针对虚假宣传，除使用备案制度外，辅以信用制度与评议制度进行干预。对于利益相关者关注的办学质量问题，一是通过商谈机制引导利益相关者参与到民办高校的评估中来，二是强化质量评估的信息发布与反馈，三是建立质量契约保证机制。

结语部分则提出针对政府干预过程中出现的干预不当、干预过当等现象，单纯的法定责任可能往往因为各种因素而不能提供有效的制约，建议辅以政治责任承担以完善责任机制，使干预者失去行使政治权力的资格，并采取政治责任优先追究的原则以规范干预权的行使，从而避免不当干预。

六、研究的创新

（1）在经济法视域下对民办高校政府干预问题进行理论论证，从理论上进一步证明了在民办高校领域，特别是在分类管理下的民办高校领域，无论是营利性高校，还是非营利性高校，基于其具有的公益属性及市场竞争的不充分性等，以社会本位为基础的经济法思维方式与方法的介入，并提供适当的政府干预策略是必要的,是需要国家干预理论在民办高校领域的有益拓展。

（2）提出了民办高校政府干预所要遵循的六项基本原则、三项根本限度、三种具体干预形式,并强化一个责任的体系,即民办高校的国家干预需要遵循适度干预原则、公平正义原则、成本收益原则、正当程序原则、利益均衡原则、最低风险原则;国家干预的范围止于法律规定、止于高校办学自主权、止于私权利益;政府的干预形式主要有直接的管制性干预、激励性干预、商谈式干预;政府干预在对应的法定责任之外还应该辅以政治责任以规范干预权。这个体系的建构具有一定的创新性。

（3）在研究上突出了工具理性。研究深知干预权的行使需要在既定的法律框架之内,尤其是政府的开拓性、突破性举措都需要获得合法性论证,特别是在"法无许可不可为"的原则下,必须要设计出一些能为双方共同接受的具体规则并推动纳入法律的框架。在研究中,就民办高校进入退出的管制提出了以学费的2%计提办学风险防范基金、建立负面清单制度、设置办学风险警示的"招生、办学质量、财务、办学条件、有无违法"的五标准等;在激励性干预中,提出了公共财政应在每年的预算中明确开列对民办高校的经费支持这一子项,强化财务上的审计与监督,提高公共财政的使用率与透明度,在税收、土地优惠方面,不能因营利性或要求合理回报而使之享受不到特定的优惠,也应设置一个具体标准;在商谈性干预方面,设置一个商谈机制以推动民办高校的信息公开的"广度"和"深度",并以质量评估助推其质量提升等。设计的这些具体举措可为国家的有效干预提供一个有益借鉴。

第一章 民办高校政府干预的正当性

何为干预？"干预可以概括为介入、调节、协调、调控和管理的内容。与其他词相比，干预更能体现经济法的权力属性。人们已经把国家意志对经济关系的深入约定俗成为干预。"① 制度层面的干预主要有四个特征："存在一种基础关系；基础关系出现危机而不能自行解决；主要以公权力的形式；目的在于缓解或克服危机。"② 也就是说，干预的概念是 A 主体对 B 主体的一种力量，从而影响甚至决定 B 的行为，理解 A 对 B 的这种干预的前提是 A 和 B 必须存在一定的关系，必须放到关系的场域中去考证，去探究。从哲学上讲，整个世界总是反映为一定的关系，无论是在前工业社会、工业社会还是后工业社会，它们都反映出一定的关系，这种关系本质上是人与人、主体与主体、主体与客体的交互关系的反映。正是在不同的关系交往中，在相互的沟通中、相互的理解中，才产生了秩序，才产生了制度、国家等的需要。以此界定，不难理解政府干预，实质上就是对权利和责任的重新安排，对产权的重新调整与安排。政府通过修正或者控制生产者或消费者等主体的行为，从而实现其所希望的特定目的。的确，政府通过其手中之干预权"可以决定商品的价格，或者对生产什么及生产多少产生影响。在一些特殊的情况下，甚至能够决定由谁来生产商品或劳务以及如何来提供

---

① 李昌麒：《经济法——国家干预经济的基本法律形式》，四川人民出版社 1999 年版，第 209 页。
② 种明钊：《国家干预法治化研究》，法律出版社 2009 年版，第 14 – 15 页。

它们。"① 在丹尼尔·F. 史普博看来,这则是行政机构制定并执行的直接干预市场机制或间接改变企业和消费者供需决策的一般规则或特殊行为。② 所以,民办高校的政府干预的命题首先就要转化为对基础关系的考证,这种基础关系是否存在危机而自身不足以克服。可以说,二者关系的定位,是破题的关键所在,特别是政府与民办高校之间存在的错综复杂的关系更是构成了需要政府干预的现实基础。

另外,政府的干预行为需要获得被干预者的同意和认可,即还需要寻求进一步的合法正当性的确证,才能获得预期之效果。特别是"自1888年以来,社会生活的规约化、生活的商业化、官僚化、对自由个体的赞颂,以及政府与人民生活在各个层面上的交缠,都'像是一条河一样'不停而暴力地前进。在这样的转变之下,合法性议题也随之转移并强化了……就现在而言,大量的私人活动与社会实践必须由理性的方法加以调和,而这也无限地扩展了实践与规范需要被合法化的范围。"③ 可以说,在当代,合法性问题已然成为政府行政的最基本条件,一个政府的行为如果不具备合法性,很快就可能制度失效,丧失权威。那么什么是合法性呢?大卫·边沁则从三个层面来诠释"合法性"的概念:在规则层面,合法性指符合已经确立的规则;在正当性层面,合法性指规则可以被统治者与附属者所共享的信仰证明是正当的;在行动层面,合法性指附属者对他们卷入的特定权力关系有明示的同意。④ 也就意味着,合法性的获取本质上需要主体间的互动,需要相互间的认同与承认。无论这种承认和认同,是基于单向的强力,还是相互间的平等协商,只要在当时的语境下完成了他们彼此的期待,实践了彼此的信任,便具有了合法性。但是,在权利张扬的今天,在平等、民主精神充盈社会的今天,政府干预的合法性必须基于民意,必须考量其惯常的执政能力,必须获得事实上及价值上的多重认可,必须考虑干预行为本身合乎法律,合乎公众的利益需要,合乎现实的理性需要,才

---

① [美]小贾尔斯·伯吉斯:《管制与反垄断经济学》,冯金华译,上海财经大学出版社2003年版,第4页。
② [美]丹尼尔·F. 史普博:《管制与市场》,余晖等译,上海三联书店1999年版,第45页。
③ [美]威廉·康诺利:"合法性与现代性导论",载高鸿均:《清华法治论衡》第二辑,清华大学出版社2002年版,第79页。
④ [英]大卫·边沁:"通往社会科学的合法性",载高鸿均:《清华法治论衡》第二辑,清华大学出版社2002年版,第108页。

能获得其存在的正当性理由。比如尽管美国宪法赋予了政府可以"出于公众利益目的"行使干预权，或者说政府的干预权符合宪法规则，合乎"公众之利益"，但如果在现实世界特别是市场经济中的自由竞争的理性原则因国家的干预而受到了压制，则不能断言政府干预获得了合法性。

一、民办高校领域的市场失灵需要政府干预

自亚当·斯密的古典经济学自由竞争理论问世，其追求自身利益最大化的"经济人"的假设，在协调人的需求与资源的有效利用方面发挥着重要作用，作为西方经济学重要的道德假设，经过几代人的努力得以完善，树立了现代经济学对市场的信仰。"市场机制正是利用了'经济人'的自利特性而成为人类在社会经济领域中的一大发现，市场效率的获得在很大程度上直接导源于'经济人'最大化自身利益的贡献。"① 源于"经济人"假定的这个自由市场机制在很长一段时间主导了社会经济的发展，这个机制同时作用于供需双方，自动促使产品供需达到一种平衡，"市场机制是一种自我调节的自然秩序，价格制度可以用一种自动的方式把人们分散的经济活动组织起来，利己的润滑油会使社会经济活动的齿轮奇迹般地运转"②，倡导最少政府干预的市场经济在那个时代创造了长达一个世纪的西方经济奇迹。

但是，也正是因为这个遵循个体利益最大化的准则，给崇尚自由经济的市场经济带来巨大的灾难，自工业革命以后，经济危机、收入贫富差距加大、环境污染等伴随着物质水平的提升开始激化，特别是19世纪末20世纪初频繁爆发的周期性经济危机，市场机制对之束手无策，自身的力量已不能克服，也无力矫正其自身的缺陷，出现了"市场失灵"，也直接宣告了这个理论的局限性，"市场具有自我均衡的功能"的理论开始被质疑和修正。正如哈耶克所主张的那样，"经济人"从根本上是有限理性的人，而人的理性的限度，决定其个人目标与集体目标很难达成统一，也正因如此，作为单个的个体为实现自己的目标，而不惜牺牲集体利益，这就造成了个体理性对集体理性的反叛。特别是"不顾一切地以最大化的方式得到它"的行为在资源稀缺性的市场里，会衍生更多的机会主义的可能，并因道德风险增加了很多防御性的支持，加大了交易的成本，越来越多地呈现出一种市场非效率的负面作用。对于此，凯恩斯

---

① 种明钊：《国家干预法治化研究》，法律出版社2009年版，第3页。
② 卫志民：《政府干预的理论与政策选择》，北京大学出版社2008年版，第2页。

指出："我们正处于现代历史中一次最严重的经济灾害的阴影之下……陷入无边无际的泥淖中。"①

等待经济自行纠正的成本太高，另外渴求市场自救的预期在市场主体私利最大化追求的本性下的可测度不高。人们就急切地转而选择市场之外的其他组织形式的有效介入。西方的国家理论，尤其是社会契约理论认为，政府和社会为了绝大多数人的利益，天然地享有控制和干预群体和个人的社会政治生活的权力。② 也就是说，"政府的显著特征——拥有全体的社会成员和强制力使政府在纠正市场失灵方面具有某种明显的优势。"③ 克里菲尔德经过考证指出，"1945年后，在不同思潮……的共同作用下，政府对经济的干预呈爆炸式增长"。④ 而且，从理论上讲，市场机制功能的发挥需要有一个保证其运行的制度系统，确立起市场的竞争规则，防止企业垄断行为，建立其相对稳定的币值系统等，而这些的提供者，政府显然具有着无可比拟的优势。政府介入市场失灵还取决于政府设置的目的。⑤ 所以，市场失灵的出现提供了国家干预的基础，凯恩斯主义则成了国家干预的理论基础。

经济法之"需要国家干预说"的命题建立在两个理论前提之上：一是市场失灵。因有限理性的制约，市场存在失灵，而市场失灵无法通过市场自身的力量加以矫正，因而需要国家通过干预的方式以矫正市场失灵。二是公平的价值需要。由于市场自身无法实现利益分配的公平性，需要国家之手进行干预。⑥ 那么，民办高等教育领域是否存在市场失灵呢？这也是区别于公办高校的政府干预的关键所在。

讨论这个问题，首先就要看民办高校是否是市场的主体。教育具有公益性，属于公益事业的范畴是由来已久的共识，而市场失灵的概念，就意味着教育要和市场接轨。也许是世界发展太快，经济的全球化，科学技术的迅速发

---

① ［英］凯恩斯：《劝说集》，蔡受百译，商务印书馆1962年版，第104－105页。
② 董云川：《论中国大学与政府和社会的关系》，云南大学出版社2004年版，第56－58页。
③ ［美］约瑟夫·E. 斯蒂格利茨：《政府为什么干预经济——政府在市场经济中的角色》，中国物质出版社1998年版，第74页。
④ ［美］维托·坦茨：《政府与市场：变革中的政府职能》，王宇等译，商务印书馆2014年版，第98页。
⑤ 李昌麒："论市场经济、政府干预和经济法之间的内在联系"，载杨紫烜主编：《经济法研究》（第1卷），北京大学出版社2000年版，第68页。
⑥ 岳彩申："'需要国家干预说'的科学方法论解释：证伪范式的认知"，载单飞跃、卢代福等：《需要国家干预：经济法视域的解读》，法律出版社2005年版，第23页。

展,知识经济成为一种趋势,世界各国的教育不约而同地开始经历这场市场化的改革。尽管各国国情不同,改革的原因也不尽相同,但还是呈现出一些共同趋势:"教育的分权化、教育的私营化和教育的市场化。"① 世界贸易组织也毫不吝啬地将教育纳入服务贸易之中,更是将教育领域的市场行为推到前台。日内瓦 WTO 统计和信息系统局按服务的部门(行业),将教育服务(Educational services)归属于 12 类世界服务贸易中的第 5 类。依据 WTO 服务贸易总协定第 13 条之规定,除了由各国政府彻底资助的教学活动之外(核定例外领域),凡收取学费、带有商业性质的教学活动均属于教育贸易服务范畴。本世纪初,我国成了 WTO 的成员国,并签订了教育服务贸易减让表。这意味着我国高等教育的市场化、私营化进程势必加快。但是我国公办高等教育更多的是依托国家投资,即使收费也只是不超过 25% 的成本,很难将公办高校同经济法意义上的市场主体画等号。而我国的民办高校很长一段时期采取的都是准成本收费,而且在《民办教育促进法》修订后对民办高校的收费也明确了根据办学成本和市场需求等因素确定,营利性学校更是根据市场自主确定,可以说是在法律上确认了其市场主体的属性。从民办高校的资金来源上看,以社会资本的投入为主体,市场主体资格是鲜明的。

其次,从起源上看,大学本身也起源于经济属性十分显现的行会组织②,是社会经济规范需要的产物。近代以来,随着高等教育规模的扩大,政府的财政压力越来越大,这就意味着大学必须要到政府以外的地方寻找资金。其结果是将大学推向了竞争日趋激烈的市场之中。③ 从世界范围来看,特别是高等教育的大众化的提出,使得即使经济实力最雄厚的国家也开始面临着高等教育经费短缺的现实,有限的教育资源已经无法满足人们不断增长的对教育服务的需要,供需方面的不平衡,引入了市场机制,如英国、澳大利亚等国家高等教育的产业化趋势日趋明显,甚至在世界范围内开启了其高等教育的市场化之路。

最后,我国的民办大学本身就是市场经济的产物。其在改革开放后,随着计划经济向市场经济的转变成长,除分担国家办学的财政压力外,还在客观上

---

① 秦行音:"教育市场化的比较研究:中国和世界",《教育科学》2003 年第 5 期,第 53 页。

② 曲绍卫:《大学竞争力研究——基于新制度经济学分析框架》,教育科学出版社 2008 年版,第 30 页。

③ 朱新梅:《政府干预与大学公共性的实现:中国大学的公共性研究》,教育科学出版社 2007 年版,第 125 页。

担负起了开拓消费这一拉动经济发展的重要职能,拉动居民的投资教育的消费实质上就是一种具有市场属性的行为。而且,很多民间资本兴办教育实质上具有不同于公办院校的企业化运作的性质,走的是一条教育产业化的道路。无论承认与否,在现实中我国民办教育展现出来的是"投资办学"而不是"捐资办学",根据上海市教育科学研究院民办教育研究所课题组的《非营利性民办学校资产状况调查报告》显示:在高等教育领域,捐资投入仅占比2.58%,举办者原始投入与追加投入占比41.13%,政府投入占比4.88%,滚动积累形成的投入占比51.41%。民办高等教育市场特征鲜明,其发展过程中依循市场规律,资源的配置主要是通过市场而不是政府来实现,教育的价格基本上由民办高等教育的成本和民办高等教育市场的供求状况来决定。有学者指出:民办大学的发展是基于社会教育需求的,民办大学面向市场办学,因而与市场之间具有天然的亲和力。①

教育服务是一个市场,这是无法回避的事实。在市场中,就可能出现市场失灵。有权威机构进行广泛的调研,得出结论,"从我国实际情况来看,目前民办学校利用自筹资金来办学,捐资办学者为数不多,多数人是投资办学,大多数民办教育举办者希望拥有所投入部分的产权,并得到相应的回报。"②这也是我国立法设置"合理回报"条款的一个重要理由,以投资办学观点来看,其目的就是要获得一定的经济效益,或者说经济效益是投资的出发点和归结点。基于投资人的资本寻利动机,"经济人"利益最大化的根本追求,我们不可能渴求其将所投资的领域视为一种非竞争性的公共物品来思考,尽管这个领域具有公益性,但寻求"合理回报"的诉求也证明了其并不能摆脱营利的冲动。"民办高校公益性与资本的寻利性的矛盾突显了民办高等教育市场失灵的状况。"③ 当然,也有学者对于民办高校是否绝大多数是投资办学提出截然相反的观点,认为"号称投资举办民办学校实际上还是靠学费来办。"④ 林素川等曾对福建省"民办高校办学经费来源"进行专门调研,指出"学费收入已经成为民办教育最主要甚至唯一的经费来源,同样,也成为办学营利的主要来

---

① 朱新梅:《政府干预与大学公共性的实现:中国大学的公共性研究》,教育科学出版社2007年版,第239页。
② 关于《中华人民共和国民办教育促进法(草案)》的说明,载张春生:《中华人民共和国民办教育促进法释义》,法律出版社2003年版,第171页。
③ 李青:《民办高校政府管制模式重构研究》,北京师范大学出版社2011年版,第43页。
④ 邵金荣:《公益组织认定与社会公平正义》,中国社会出版社2010年版,第31页。

源甚至唯一来源……一些民办教育机构的投资者号称投资千万甚至上亿元,但真正投入办学的并不多,实际上只是预支了未来的学费收入。"① "投资办学"的市场动机,使得很多举办者在"合理回报"的借口下或者直接绕过该框架,通过租赁费、管理费等各种明目抽取资金。2016 年,新修订的《民办教育促进法》放开了对营利性民办学校的限制,也引发了民办高校的一波"上市潮",截至 2021 年 5 月有 19 家民办高等教育类公司港股上市涉及 71 所境内民办高校,而多数并未完成分类登记,已上市的民办高校绝大多数仍为非营利性,出现与上市公司属性不匹配,股东分红与办学结余不能分配矛盾的现象可见,在这个民办高校的市场中存在的混乱状态,需要政府的干预。

另外,竞争是市场的本性,在高等教育服务领域的竞争也是日趋激烈,我国民办高校更是面临着前所未有的严峻形势。在本质上,自由市场所要求之竞争应是公平、平等、有序的竞争,但在实际中存在着民办高校与公办高校严重分割的二元市场,民办高校领域一直在诟病这个,认为这是一个无法得到平等的国民待遇的竞争。尽管民办教育从学费上来看,民办高校收费较高,但从培养成本上来看,却是远远低于享受政府拨款的公办高校。营利与非营利分类之后,虽然目前尚在过渡期,但可以想见,营利性高校虽然可以进行市场化的收费,但在面对消费者方面,其相对于公办院校、非营利性高校并非是一个完全竞争的市场。民办高校,在进入门槛设置方面,初进者更多的导向是专科、高职起点,而现实是,还有一些实体是曾依托公办高校的独立学院,这部分实体从开办之初就具有颁发本科学历的资格,既享有公办体制的优势,又享有民办体制的灵活,虽然说国家一直再推动独立学院的转设,但到 2020 年,这部分实体仍然占据民办高校的三分之一,可以说民办教育内部也存在着竞争环境的不平等。民办高校很多沦为次要市场,在这个市场上竞争激烈,甚至存在无序竞争,出现市场失灵在所难免。为保证竞争的公平,政府理所应当承担此责任。

民办高校的负外部性问题的存在也是市场失灵的一个表现形式。外部性问题的存在使得商品的价格在社会成本与私人成本发生偏离时不能真正反映生产成本,出现经济市场上的浪费。尽管教育能够带来除受教育者本身之外的经济社会的正外部效益,但也具有较大的负外部性,即可能对其他经济主体产生消

---

① 全国人大教科文卫委员会编:《民办教育地方立法研讨会交流材料(上)》,转引自邵金荣:《公益组织认定与社会公平正义》,中国社会出版社 2010 年版,第 32 页。

极影响。民办高校的负外部性问题主要表现在：学费昂贵；诚信缺失；投入不足；就业渠道狭窄。但由于教育产品的特殊性，不能通过市场多次交易来解决。① 那么，为了避免学生受到欺骗，并促使民办高校对学生支付的学费负责，维护消费者权益，就有了政府对民办高校外部性问题进行干预的理由，干预在于减少配置的无效率，干预的结果（包括干预本身的成本）将会更为接近通过协商获得的解决方案。

二、民办高校领域的信息偏在需要政府干预

正如斯科特所言：一个不清晰的社会阻碍国家的有效干预。② 清晰性是干预的前提，民办高校的政府干预还源于国家对民办高校信息清楚认知的需要。传统经济学以完全竞争为理想模型，但在现实世界中，因为存在着大量的信息不对称现象，导致完全竞争模型不可能实现。以信息不对称理论为核心的信息经济学也应运而生。1996年诺贝尔经济学奖也毫不吝啬地颁给了在信息不对称领域做出开拓性贡献的威廉姆·维克瑞和詹姆斯·米尔利斯（也称莫里斯）。

的确，在现实的市场生活中，一个竞争性的市场如果想要运作良好，势必就要求买方掌握非常充分的信息，从而对相互竞争的产品加以评估。"他们必须确定可供选择产品的范围，并且能够理解所面对各种购买选择的特性。"③ 其实，信息不仅对买方重要，对于任何一个市场主体都是极其重要的，对于经营者而言，信息的充分性能使其在同类竞争中获得优势。信息在某种程度上几乎成了市场的主导，交易中的输赢往往取决于占有信息的多寡。李昌麒先生就精辟地指出，信息已成为主导经济人决策、支配三大杠杆（竞争、价格、供求构成市场运转的三大杠杆）转动的核心元素。④

同时，信息是社会必须花费一定的资源才能产生的一种物品。因为市场主体间禀赋等多方面的差异，信息在交易者之间的分布是不对称的，比如生产者对其产品所拥有的信息比起销售者、消费者而言，显然处于信息优势地位。也

---

① 李青：《民办高校政府管制模式重构研究》，北京师范大学出版社2011年版，第45页。
② ［美］詹姆斯·C.斯科特：《国家的视角：那些试图改善人类状况的项目是如何失败的》，王晓毅译，社会科学文献出版社2004年版，第100页。
③ ［美］史蒂芬·布雷耶：《规制及其改革》，李洪雷等译，北京大学出版社2008年版，第40页。
④ 李昌麒：《经济法理念研究》，法律出版社2009年版，第36页。

就是说，在市场活动中的各参与主体对市场交易信息的拥有程度是不对等的，经常存在一方相对于另一方的信息优势现象，也就是出现了所谓的信息不对称问题。"事实上，凡是存在市场交易的地方，都不同程度地存在信息不对称问题。"① 仔细追究，引起信息不对称问题的原因主要有三：一是社会分工和劳动分工造成不同市场交易者所拥有的知识的不对称性；二是存在信息搜寻成本；三是拥有信息优势的交易者对信息的垄断。② 美国经济学家布雷耶则认为，信息不对称的发生主要在于四个因素并进而导致了信息市场的无法运行：一是生产与散布信息的激励有可能被扭曲；二是交易中的一方当事人为误导另一方当事人，可能会处心积虑地传递虚假信息或遗漏关键性事实；三是即使购买者找到了具有潜在竞争关系的销售者，他仍然可能无法评估这些销售者所提供的产品或服务的特性；四是在供方这一边，市场的竞争性或许不足以保证销售者提供给消费者愿意购买的所有信息。③

信息的非对称性问题，从发生的时间来看，分为事前非对称和事后非对称。从内容来看，非对称信息可能是指某些参与人的行动（actions），称为隐藏行动（hidden action）；也可能是指某些参与人的知识（knowledge），即隐藏信息（hidden information）。在信息经济学中一般使用相对简单的"两分法"：一是隐藏信息（逆向选择）模型；二是隐藏行动（道德风险）模型。

那么再看一下，这两类信息不对称会引发什么后果？隐藏信息（逆向选择），阿克洛夫所设计的旧车市场模型一直都是逆向选择问题的经典案例，④该案例充分证明着，逆向选择所造成的最大恶果是"劣质产品驱逐优质产品"，劣质产品泛滥于市的现象。隐藏行动（道德风险），则是指在交易双方达成一项合同或契约之后，交易中的一方为追求自身利益最大化做出对另一方不利的行动，而另一方只能观测到结果却不能直接观测到行动本身，出现交易中的败德行为。这种行为的后果也是比较恶劣的，"从本质上讲，败德行为属于经济环境中的外生不确定性。它的存在将破坏市场均衡或导致市场均衡的低

---

① 王俊豪：《政府管制经济学导论》，商务印书馆2013年版，第351页。
② 王俊豪：《政府管制经济学导论》，商务印书馆2013年版，第350－353页。
③ ［美］史蒂芬·布雷耶：《规制及其改革》，李洪雷等译，北京大学出版社2008年版，第40－43页。
④ G. A. Akerlof Akerlof, "The Market for 'Lemons': Quality Uncertainty and the Market Mechanism", The $Quarterly\ Journal\ of\ Economics$ 1970, 84 (3): 488－500.

效率。"①

市场机制能否有效缓解这两种信息不对称引发的恶呢？利用市场机制缓解信息不对称之逆向选择的基本思路是通过信息传递和信息甄别，广告、产品三包、信息是基本方式。② 市场机制缓解道德风险，典型的则是由米尔利斯（莫里斯）教授开创，之后又由霍姆斯特姆等进一步发展，形成了 Mirrlees‑Holmstrom Approach，也就是说，在信息不对称的情况下，对当事人支付报酬应该以能够观察的结果为基础，毕竟信息的不对称使得一方当事人仅能观察到活动的结果，而不能做到或做不到观察活动本身，那么，在这样的条件下，政府干预应对弱势之当事人给予激励，即通过设计或推导出一个最优激励合同，从而诱使交易一方从自身利益出发选择对另一方最有利的行动，以达到双方共赢的局面。但是由于"虚假广告的大量存在使消费者对广告信息产生怀疑，从而降低广告传递优质产品信息的功能；对产品担保的承诺与实施之间的差异弱化了产品担保在信息传递方面的作用；假冒产品会造成信誉传递信息机制不能正常运作。"而且，激励合同在执行过程中委托人同样也存在道德风险，陷入为解决一个道德风险而又出现新的道德风险的境遇，再加上信息搜寻成本、完全合同的制定成本的高昂，单纯依靠市场机制缓解是不够的，这就为通过政府管制以解决信息不对称问题提供了客观必要性。③ 毕竟适当的强力干预，如强制性的信息公开、行政许可、质量标准准入等，可节约成本。当信息事实上确实需要，而且干预能够降低信息提供的成本时，对于政府帮助消费者获得必要的信息，几乎不存在争议。④

应该说，民办高校领域存在着较为严重的信息不对称问题。由于教育通常是"一次性交易"，很少有人选择消费了一次之后重复消费一次，从消费者的视角看，其更渴望对所报考、选择的学校有着清楚的认知，但事实上学生由于自身年龄、能力等因素，对高校的了解较为模糊。作为家长，如果其子女还处于大学生第一代的状态，那他们对于学校信息的了解更为淡薄，如果家庭进入了大学生第二代、第三代，也许掌握高校的信息会多些，受过高等教育的家庭

---

① 薛才玲，黄岱：《政府管制理论研究》，西南交通大学出版社 2012 年版，第 41 页。
② 王俊豪：《政府管制经济学导论》，商务印书馆 2013 年版，第 364 页。信息甄别最早是由斯蒂格尔茨和罗斯切尔德在《竞争性保险市场的均衡：论不完全信息经济学》中提出。
③ 王俊豪：《政府管制经济学导论》，商务印书馆 2013 年版，第 349 页。
④ ［美］史蒂芬·布雷耶：《规制及其改革》，李洪雷等译，北京大学出版社 2008 年版，第 40–43 页。

代际关系对高等教育信息的了解程度是不一样的，但对信息的要求是相同的，由于高等教育的消费者又是以分散的个体为基本特征，单兵作战的他们，准确全面地获知民办高校的市场信息难度是较大的，他们需要知道他们所选择的民办高校的法人属性、办学基本情况、大学章程、学科专业、办学质量、招生政策、收费标准、就业前景等。民办高校其作为信息优势方，尽管为了吸引更多的学生以扩大规模、获取更多的经济效益会公布一些有利于其招生的信息，但其近乎垄断性的地位决定了其信息公开的选择性。而且，由于高等教育存在鲜明的"时滞"问题，再加上教育只能通过产品的消费才能确定质量的优劣，在教育与就业市场相分割的情况下，更是加剧了这个交易中的信息不对称现象，那么信息优势方就有可能出现招生上的蒙骗行为、提供虚假信息行为等。对于消费者而言，如果说支付学费是其获得教育所必须为之的话，那么对于高昂的信息搜寻成本却是其力图避免的，因此渴求通过政府干预来对信息不对称中所可能发生的民办高校的道德风险进行控制。另外，民办高校"私"的性质决定了其不可能像公办高校那样，被政府进行强制性的信息公开，从世界范围来看，私立高校并不负有和公立高校一样的信息公开义务已成了一个基本的共识，在这种情形下，国家必须采取有别于公立高校的干预方式，才能使民办高校对其所掌握信息进行公开。

三、民办高校的公共利益属性需要政府干预

公共利益理论是国家干预合法性的一个重要理论，即政府从公共利益立场出发，代表公众对市场做出理性的计算，减少市场运作之风险，促进资源优化配置，增加社会福利，促进社会完善。这个理论"一直是政府规制最重要的理论。"[①]

那么，何为公共利益？公共利益之所以是公共利益，在于其提供的产品或消费属于公共物品。[②] 萨缪尔森则指出，"将该商品的效用扩展于他人的成本为零；无法排除他人参与分享"的产品称为公共产品，即从经济学的角度来讲，公共物品一般体现出三个明显特征：效用的不可分割性，消费的非竞争性，受益的非排他性。不可分割性指的是公共产品作为一个整体进行提供，不能分割给若干个单位。非竞争性指的是在公共产品既定的效用下，增加一个消

---

① 杨宏山："政府规制的理论发展述评"，载《学术界》2009年第4期，第249页。
② 闵维方：《高等教育运行机制研究》，人民教育出版社2002年版，第36页。

费者不会使该商品的供给者所承担的成本有所变化,消费者之间对公共产品的消费不存在竞争。非排他性指的是既有消费者在享有公共产品时,无法将其他消费者排除在该产品的受益范围之外,有可能是因为技术上的无法实现,或者排他要付出更高的成本。这些特性决定了市场不能成为其有效的提供主体,毕竟一个理性的经济人不会选择或者很少选择一个社会边际收益高于个体边际收益的领域,而且作为消费该物品的人所付之对价不会是按照社会的得益来支付,仅会按照个人的边际收益来支付。实际上,这就导致了公共产品的供应不足。具有公共利益的公共产品的提供者就落在了政府身上,或者政府通过干预的形式让市场主体去提供那些社会边际收益大于社会成本的物品或劳务。

在现实生活中,像国防这样的较为纯粹的公共产品并不多见,生活中常见的是具有一定公益性质的准公共产品,即"向社会成员共同提供的且在消费上具有竞争性、收益上不具有排他性的物品","那些社会共享的产品在效益上可以定价,从而可以在技术上实现排他的公共物品。"① 民办高等教育具有一定的"私"的性质,在个人消费和收益上存在竞争性和排他性,但是其所展现出来的社会效益即正外部效应具有非竞争性和非排他性,使之归属于准公共产品之范畴。

有学者从分析世界各国的政策实践入手,认为公共政策视野中的"公共利益"主要有三种形态:一是对大家都有好处的;二是有人获益但无人受损的;三是部分人群获益部分人群受损的。并进而指出民办教育的存在增加了教育资源,扩大了教育选择,提升了全社会的利益,实现了第一种形态;也没有人因为有人选择民办学校而利益受损,第二类公共利益也实现了;民办学校存在可能会使公办院校受损,但从长远来看,如果没有民办院校的分担,政府将投入更多的资源满足人们对教育的需求。② 尽管没有指出民办教育的形态,但民办高校的公共利益属性也彰显无疑。博登海默也指出,公共利益是客观存在的,公共利益的存在"意味着分配和行使个人利益时绝不可以超越外部界限,否则全体国民就会蒙受严重损害"。正是为了确保经济市场领域之私人利益不越界,维护公共利益的利他主义的假设下,国家干预被赋予了合法性。

同样是基于经济人的假设,市场具有一定的自利性,那么政府同样也有自

---

① 高培勇,崔军:《公共部门经济学》,中国人民大学出版社2001年版,第45,58页。
② 吴华,胡威:"公共财政为什么要资助民办教育",载《北京大学教育评论》2012年第2期,第47–49页。

身利益的追求，也有个人偏好，也摆脱不了经济人特性，政府及其工作人员也不可能是完全的利他主义者。从本质上看，政治领域中的人与经济领域中的人并没有什么区别，都存在着谋求自身利益最大化的考虑和诱惑。"为了保护我们的自由，政府是必要的……然而，由于权力集中在当权者的手中，它也是自由的威胁。"① 毕竟，"在政府中，一种不断重复的倾向是保住自己的权力范围，抗拒变革，建立各种独立王国，扩大自己的控制地盘，不管是否需要都要保住项目和计划。"② 的确，政府权力伴随着巨大的制度性利益，一些利益集团和产业就可以利用它获得更多的利益，衍生寻租活动，将政府俘获。寻租活动本身以及这种活动所引起的不同层次的寻租、避租、创租活动和防止滥用权力所耗费的资源远不是寻租活动的全部后果，寻租活动甚至严重破坏国家的经济秩序。而且寻租理论的"棘轮效应"也表明，寻租一旦被创造很难通过解除管制而取消，不论在民主还是在专制独裁的情况下都是如此。③ 英国的红旗法则就是一个政府被俘获的例子：在19世纪90年代，汽车工业在欧洲开始发展，法国最早，德国次之，而英国的汽车工业在一开始就因为受到"红旗法则"的制约而受到重创。该法律规定，靠自力驱动的车辆在公路上行驶的时速不能超过4英里，而且必须有人拿着红旗在前面开道。这条受铁路公司和公共马车公司怂恿被议会通过的，旨在排斥公共汽车加入竞争行列的法规于1896年被议会废除。④

另外，政府的干预除了政府及其工作人员的自利性外，其是否有足够的能力设计、实施科学的政策也是值得怀疑的，毕竟人的能力具有很大的局限性。另外，政府的干预政策来源于预测，但人常常不能把握所有正在发生的事情，决策者将不能估计他们所采取路线的全部意义。陷入沙克尔所指称的"人类困境"：为了确保采取某种行为后事情发展的结果，就必须了解这种行为的结果如何才能做出选择。但是一个人所选择行动的后果是受周围环境影响的。周围的环境包括现在选择的行动、将来他人选择的行动。因此，即使选择是有效的，但它仍是不可预测的，因而在某种程度上胜过能保证产生确定结果的选择

---

① ［美］弗里德曼著：《资本主义与自由》，张瑞玉译，商务印书馆1988年版，第25页。
② ［美］戴维·奥斯本：《改革政府：企业家精神如何改革着公营部门》，周敦仁译，上海译文出版社1998年版，第19页。
③ 崔卫平：《教育的经济学分析》，经济科学出版社2003年版，第299页。
④ ［美］托马斯·K.麦格劳：《现代资本主义——三次工业革命的成功者》（第二版），赵文书译，江苏人民出版社2000年版，第294页。

本身的力量。①

所以,"并非在任何时候自由放任的不足都是能够由政府的干涉弥补的,因为在任何特别的情况中,后者的不可避免的弊端都可能比私人的缺点显得更糟糕。"② 这也揭示了一个道理,政府的存在也不是万能的,其所暴露的弊端甚至比市场更为糟糕,当然,也并不意味着政府失灵发生后,又要返回去依赖市场,政府的失灵说明了需要政府更仔细考量自己的行为,更要坚定其公共利益维护的导向,以真正客观的公共利益来约束和矫正自己的行为。

四、"市民社会—政治国家"框架下的民办高校生存需要政府干预

民办高校由于是社会组织和个人出资兴办,拥有较大的自主权,这种权利从本质上是基于自身所拥有的"产权",而不受制于政府,超然于政府,享有相对独立的地位。这种相对独立的关系是建立在市民社会与政治国家二元对立的基石之上。

市民社会在西方是一个历史悠久的概念,它是与普遍利益、公共权力、政治国家相界分,强调个体(群体)权利、私人领域的概念。近代以来,基本社会结构图式便是市民社会与政治国家的并列存在。以马克思的观点来看,"从社会中产生但又居于社会之上并且日益同社会相异化的力量,就是国家。"③ 也就是说政治国家是脱胎于市民社会,并与市民社会逐渐脱离、异化,甚至对立的力量。"它一旦在市民社会基础上确立起来,便要反过来力图吞并市民社会。"④ 相对于市民社会强调个体的利益,而个体利益意味着利益的分散性,政治国家的利益集中以及拥有巨大的震慑力量,这些特质更有利于行政权力的扩张,所以,在很长的一段时期,市民社会与政治国家处于对立的局面,在利益争夺中完善着自身的领地。特别是近代以来,权利意识的张扬,让市民社会开始"为着自己的利益重新掌握自己的社会生活。"⑤ 甚至要致力达到让行政机关的权力终止于市民生活和市民活动,或者说凡是市民社会自身可以解决的,政府的权力就不要干预。

---

① Shackle G. S. (1974) "Decision: the human predicament" in *Annals of the American Academy of Political and Social Sciences*, 1974, 412: 1 – 10.
② [美] 查尔斯·沃尔沃:《市场或政府》,中国发展出版社1994年版,第15页。
③ 《马克思恩格斯选集》(第4卷),人民出版社1995年版,第310页。
④ 马长山:《法治进程中的民间治理》,法律出版社2006年版,第13页。
⑤ 马克思恩格斯选集(第二卷),人民出版社1972年版,第411页。

在"市民社会—政治国家"二元结构下,民办高校与政府是一种相对隔离关系,毕竟民办高校不属于国家机关,也不是国家出资兴办,在实践中"我国绝大部分民办高校被登记为民办非企业单位法人,也就是一种民间社会组织或非政府组织。"① 这种组织的性质就要求一种独立性,就如有民办高校的出资人指出,我不在乎什么合理回报,没有产权,任何合理回报都是虚假的。还有出资人认为,民办高校的产权若明晰,我们交税是理所当然的义务。产权归属的利益诉求,在根本上是要求的一种对合法财产的所有权,享有对该财产的支配权,是行为的选择权,从产权"谁投资、谁拥有、谁收益"的法则来讲,民办高校可以拥有更多的自主权,出资人渴求产权,在一定程度上意味着其渴求摆脱国家的任意干预的权利诉求。

市民社会—政治国家的分析框架下,特别是以市民社会为主体的理论视野下,政府与民办高校的关系发展可能发生相互对立的情况,或者根本不同政府发生关系。所以对于民办高校办学者而言,政府权力出现在其领域被认为纯粹属于"多余的干扰",希望政府不要"站在我的阳光下";而对于政府而言,也有种声音认为,民办高校是一种"烦恼"和"浪费"。当然,这是理论上的推论和现实中的牢骚,但也反映了一个基本的判断,在国家—社会的二元格局下,二者不发生联系是非常不容易的,而且在实践中,相互对立对两者而言,都不符合各自的利益诉求,毕竟历史实践也证明,高校与国家对立,相互不发生关系也是高校历史上最缺乏资源的时期。"实际上,失去政府控制和社会干预之后,大学未必会有一个良好的生存与发展状态。从文艺复兴直到19世纪中后期的英国古典大学的确享有极强的自治和自由,控制大学的传统力量——教会逐渐退出,政府和社会也很少对大学施加控制和干预,但这一时期却是英国古典大学极度衰退的时期,特别是在17—18世纪,人口迅速增长,但进入大学的学生却减少一倍。脱离了控制和干预的大学其实是处于极端恶劣的生存与发展状态。"正如哈罗德·帕金所指出的:自由和控制的矛盾始终是高等教育发展的中心主题之一。"就大学为了追求和传播知识需要自由而言,当种种控制力量软弱分散时,大学知识之花就开得绚丽多彩;就大学需要资源维持办学,并因此依赖富裕、强大的教会、国家和市场的支持而言,当种种控制力量强大时,大学在物质上就显得繁荣昌盛,但是这种力量可能——也的确常

---

① 周海涛:"民办学校与政府互动合作关系的基础和路径",载《北京大学教育评论》2012年第2期,第56页。

常——以各种有害于教学和研究自由的方式实行控制。因此便出现这种奇怪现象：当大学最自由时，它最缺乏资源；当它拥有最多资源时，却最不自由。"①

这个框架下，内在地要求各自的权责是明晰的，私立大学的产权身份应是清楚的，但在我国现有的法律框架下，民办高校的产权还有待进一步的明晰，民办高校所拥有的所谓的民办非企业单位是模糊不清的，正如学者所言，"我国所建立的民办非企业单位制度并非什么独创，不过是一个简陋型的财团法人制度。"② 这种含混或者说简陋，给双方都留下了空间，对政府而言，在产权不明晰的状况下可以进行有效的权力扩张，而对于民办高校而言，也有了逃避或规避税收、监管等的动机和空间。正是在市民社会—政治国家框架下产生的这种情况，需要国家以一种社会整体利益的视角进行有效的干预，正如金泽良雄所云，"经济法像一位和平的天使，一只手握着崇尚自由却柔弱哀怨的市民社会，另一只手握着强悍却孤立的政治国家，让它们和平共处，携手走向美好的未来。"③

在市民社会—政治国家的分析框架下，与市民社会理论相异的还有合作主义理论，用合作关系来解读社会结构的变革，将国家与社会中产生的各种形态视为一种合作关系。"合作主义，作为一个利益代表系统，是一个特指的观念、模式和制度安排类型，它的作用是将公民社会中的组织化利益联合到国家的决策结构中。"④ 在这种基于"国家—社会关系"框架下的合作理论的推论中，政府与民办高校的关系有二：一种是民办高校对政府的依赖关系，另一种则是与政府的博弈关系。还有一种是跳出"国家—社会"二元格局的合作理论，代表人物米格代尔，他们提出了一种"国家在社会中"的分析模式，试图超越"国家—社会"的二分思维，突破以任何一方的独立立场来解释矛盾冲突，旨在通过二者有机的"互动"，相互的"适应"来诠释社会结构的变化。的确，国家与社会在各自的发展中调适着自身，应对着这个利益多变的世界，以求多元主体的和谐共存，特别是在当代社会，经济的全球化，社会利益的多元化，使国家与社会已不是简单的二元"零和"对立状态，"全球时代中的国家

---

① [美]伯顿·克拉克：《高等教育新论——多学科的研究》，王承绪等译，浙江教育出版社1988年版，第24页。
② 苏力等：《规制与发展——第三部门的法律环境》，浙江人民出版社1999年版。
③ [日]金泽良雄：《经济法概论》，满达人译，甘肃人民出版社1995年版，第128页。
④ Schmitter P. C. *Still the centry of corporatism?* Pilippe C. Scchmitter and Gerhard Lebmbruch, eds., Trends toward corporatist intermediation, Beverly Hills Saage, 1979, 9 – 13.

已经被去掉了根。"① 国家对于社会，已不是一个自上而下的单一权力向度，而是上下合作的多元权力向度，不是直接的控制而是商谈协调，不可能再去固守僵化的权利与权力的二元对立模式，就如文森特·奥斯特罗姆所指出的："人们无须要求一个唯一的权力中心来控制其余部分。相反，在没有一个唯一的权力中心控制下，在潜在的否决范围内可以存在一种平衡，而在权力系统内也能保持一种法律秩序。只要将所有权力中心限制在一个可实施的宪法范围内操作，那么就能保持一个多中心的秩序。"② 这是将两者的关系从分离抗衡转化成谋求二者的良性互动，从而使它们在国家社会化、社会国家化、公共权力领域与私人权利领域交叉互渗的大趋势中找到各自的位置。民办高校需要政府提供资源和条件推动其发展，而且政府给予的支持不是"恩赐"，而是自身利益需要，更不能是一味的限制；政府作为政策的制定者也需要民办高校的多元参与，在二者的相互信任、理解和支持下，制定出更有执行力和可行度的政策，在政策性的偏差上能够相互理解，形成一种共生共荣之局面，在互动合作中寻求各自的进一步发展。从理论上言，"社会和国家双方通过合作而获益：一方面，社会中分散的利益按照功能分化的原则组织起来，有序地参与到政策形成的过程中去；另一方面，从这种制度化的参与机制中，国家获得了稳定的支持来源（合法性）和控制权。"③ 美国学者莱斯特·M. 萨拉蒙指出，政府与社会组织之间应为合作伙伴关系，非营利组织不是政府和市场的替代性满足机制，政府和非营利组织之间不是竞争者，而是一种合作伙伴关系。④ 特别是在强调有限政府的时代，尽管政府具有着非营利组织所没有的整合资源、筹集资金等方面的优势，但在服务的实际提供上非营利组织则比政府有着更多的优势，毕竟政府履行提供公共服务的职能，并不必然意味着由政府举办学校，重要的是要提高公共服务的提供效率。⑤ "小政府大社会"内在的要求政府与民办高校这种社会组织间应是一种相互依赖和合作的关系。

但是，我们的现实是民办高校领域仍然存在着更多的国家政府主导，存在

---

① [英] 马丁·阿尔布劳：《全球时代》，高湘泽等译，商务印书馆2001年版，第101页。
② [美] 文森特·奥斯特罗姆：《工艺与人工制品》，载迈克尔·麦金尼斯等：《多中心治道与发展》，毛寿龙译，上海三联书店2000年版，第496页。
③ 张静：《法团主义》，中国社会科学出版社2005年版，第47页。
④ [美] 莱斯特·M. 萨拉蒙：《公共服务中的伙伴——现代福利国家中政府与非营利组织的关系》，田凯译，商务印书馆2008年版，第105页。
⑤ 吴开华，安杨：《民办学校法律地位》，江苏教育出版社2011年版，第173页。

着大量的政府"家长式"角色，政府与民办高校的互动合作内在地要求政府现有角色的变迁，"特别是应与私营部门分享权力，组成伙伴关系。"① 只有结成平等的伙伴关系而不是上下的威权关系，才能够真正互动合作起来。当然并不是一味地强调政府的简政放权，强调民办高校的权利意识或主张，应该是相互的，即"问题不在于要强化政府还是强化 NGO，而是有必要同时强化两者。"② 这样展现的才不是"遵守规则的游戏"，而是构建起"关于规则的游戏"。当然，实现二者的互动仅仅依靠政府自身权力的自觉退场是一种天真，需要国家从与市场主体构建起良性的互动合作的视角入手进行干预。

五、民办高校众多利益相关者的质量诉求需要政府干预

对于消费者而言，获得高质量且安全的产品是其应有的权利。沙利度胺的案例，让自由放任的美国——也即号称憎恨政府干预，据说最青睐市场的国家——却最成功地运用了国家行政权力量保护了消费者的利益，以免消费者受到制药公司兜售危险药品的侵害，尽管这些药品在所有集权主义的欧洲国家中大受欢迎。③ 在市场经济条件下，市场的配置往往倾向于更具强势地位的资方或经营者，而劳方或消费者群体则比较弱势，如此配置则是使市场陷入失误抵御市场配置的不良后果，或者修正市场配置条件及其分配结果，就需要国家对之负责，对市场进行适当的干预，通过国家的力量，来形塑和调节弱势方与优势方的集体谈判或商谈。

对于高等教育服务而言，也是如此，但是高等教育服务所要求质量其实不单纯止于教育的消费者，还有涵盖教育消费者的利益相关者群体的质量诉求。

兴起于 20 世纪 60 年代的人力资本理论认为，通过教育可以改善劳动力的质量。一个人所受的教育程度越高，他此是往后是原文收入也就越多。在人力资本的形成途中，用于教育的支出即使不是唯一的途径，也是一条最主要的途径。④ 不仅如此，舒尔茨还进一步论证："教育总是创造出一种消费资本的形

---

① [瑞士] 弗朗索瓦-格扎维尔·梅丽安："治理问题与现代福利国家"，载俞可平：《治理与善治》，社会科学文献出版社 2000 年版，第 109 页。
② [美] 朱莉·费希尔：《NGO 与第三世界的政治发展》，邓国胜等译，社会科学文献出版社 2002 年版，第 198 页。
③ [美] 莫妮卡·普拉萨德：《过剩之地：美式富足与贫困悖论》，余晖译，上海人民出版社 2019 年版，第 27 页。
④ 崔卫国：《教育的经济学分析》，经济科学出版社 2003 年版，第 126-128 页。

式，所以，这种资本具有改善学生日后生活中的消费爱好和消费质量的特征。"① 教育所带来的正外部效应日益被人重视。而引入社会力量、社会资本办学是扩充高等教育最快和最便捷的途径之一，当然企业或社会资本也愿意进入，"一所成功的院校可以促进一个市镇产业的发展，从而提高该市镇的产业价值。成功的私立院校对于企业家也是有利可图的收入来源。通过学费和寄宿费用的征收可为企业带来一年的现金流动，这是其他投资很少能达到的。"② 在双方的合意下，民办高等教育迅速发展，事实证明也是如此，高等教育的大众化，其功不可没。社会资本特别是投资办学的不可避免的尽快逐利行为，往往使之忽视办学质量的提升。

在成本分担理论应用到高等教育后，教育支出迅速成了家庭和个人的主要支出。由于高等教育服务属于非重复购买消费品，例如，对本科教育，人们一生中一般只购买一次，而且高等教育服务的效果有很强的不可预知性，高等院校及教师既没有承诺，也没有类似"三包"的售后服务，目前的高等教育市场更没有类似其他产品的消费者协会等保障消费者权益的机构。③ 更是引发着人们对质量的担忧，特别是在高等教育大众化以及普及化的推动过程中，高校的办学质量日益受到严重的威胁。

在现代社会，高等教育俨然成为一个资本密集、技术密集、知识密集、人才密集和占地众多、社交频繁的大事业，高等教育对社会影响的不可替代性和对社会资源需求的极大依赖性，使得社会对大学教育的质量提出了更高的要求。潘懋元先生指出："教育质量，是高等教育发展的核心问题，也是高等教育大众化的生命线。"④

那么什么是质量呢？房剑森等学者指出，质量存在递进性，是从"合格"教育到"满意"教育的递进。并且他认为在 21 世纪，质量竞争本质上是"品牌竞争"。而好的品牌是基于社会的满足程度，所以，"高等教育质量体现为高等教育所提供的产品和服务满足社会和个人需要的程度、满足高等教育自身

---

① ［美］西奥多·W·舒尔茨：《论人力资本投资》，吴珠华等译，北京经济学院出版社 1990 年版，第 99 页。
② ［马来西亚］陈爱梅：《马来西亚私立高等教育：全球化、私营化、教育转型及市场化》，钟海清等译，广西师范大学出版社 2012 年版，第 90 页。
③ 陶美重：《高等教育消费研究》，华中师范大学出版社 2008 年版，第 65 页。
④ 潘懋元："高等教育大众化的教育质量"，载《江苏高教》2000 年第 1 期，第 6 页。

发展的程度。因此，社会需要及其得到满足的程度是高等教育质量检验的标准。"① 这个观点旗帜鲜明地表明高等教育服务质量便是满足消费该种服务群体和个体的程度。从这里也可以看出，"教育的发展更加依赖于外部的压力，而不再像往常那样以自身发展为内在动力。"② 那么民办高等教育的消费群体为何？所依赖的外部压力主体为谁？

利益相关者理论在这个方面进行了深入的探索。这个理论是组织理论领域在 20 世纪最后 20 年的一个重要创新，特别是在企业组织的管理领域产生了重要的变革性影响。这个理论发展了传统的组织目标假设，将传统企业组织理论一直强调的"组织利润最大化"或"股东利益至上"的观点，延伸为组织的所有利益相关者的利益最大化，即包含社会、政府和环境等在内的不同"利益相关者"的利益最大化。这个理论认识到了一个组织使命的完成和目标的实现与组织内外部的不同的利益相关者的付出有很大关系，这种关系决定了利益主体在发展中的话语权和利益索取权，而这两项权利的有效享有某种程度上影响着利益相关者付出的积极性。越来越多的证据证明，高校是一个典型的利益相关者组织。比如民办高校来看，投资的主体开始多元化，政府对之也有期待，用人单位、学生等都有着不同的期待，都渴望自身的利益得到很好的实现。无论承认与否，利益相关者一词已经成为生活中的一个关键术语。"我们不可能洞察全球经济中的不确定因素，但我们已真切感受到我们正在受到来自身外力量的冲击，而且我们是无法控制这些力量的，因而我们甚至感到自己像无根的浮萍，只有依靠自己。但是，与这种不安全感正好相反的是，利益相关哲学极力向我们描述了我们与这个社会之间存在着密切的联系，其目的向我们展示，团结起来的个人能够战胜那些单靠个人所无法左右的力量。"③

曾担任哈佛大学文理学院院长的罗索夫斯基按照对大学的重要性程度为标准将大学的利益相关者群体将之分成四大类。第一类为大学的"最重要的群体"，包括行政领导、教师和大学生。第二类为重要群体，包括董事、校友及捐赠者三类人。第三类群体是"部分拥有者"，主要是指政府（联邦政府、州

---

① 房剑森："高等教育质量观的发展与中国的选择"，载《现代大学教育》2002 年第 2 期，第 16 页。

② 联合国教科文组织：《为了 21 世纪的教育——问题与展望》，教育科学出版社 2002 年版，第 15 页。

③ [英] 加文·凯利等：《利害相关者资本主义》，欧阳英译，重庆出版社 2001 年版，第 12 页。

政府、地方政府），它向学校提供科研资助，向学生和大学提供奖学金和助学贷款等。第四类群体主要是普通民众，包括市民、社区和媒体等，尤其是自命为全体民众喉舌的新闻界。①

我国学者胡赤弟采用米切尔评分法对大学的利益相关者进行了划分，其认为高校的利益相关者主要分为三类，一类是权威利益相关者，该部分主要由教师、学生、出资人、政府（举办者）构成；第二是预期利益相关者，该部分由校友、捐献者、立法机构构成；第三是潜在利益相关者，是指市民、社区、企业界、银行、保险、媒体、服务商等主体。②

民办高校的利益相关者主体也不外乎这些，各种利益主体在这个特定的场所表达自身的利益诉求，进行着利益博弈，在相互的妥协中最大化地实现自身的利益要求。这种最大化的利益实现对各自的利益主体而言从本质上就是一种对质量的要求，这种质量诉求在利益相关者的利益驱动下越发的强烈，他们需要高校为他们供给高质量的产品或其他成果，而不仅仅只是供给的概念；这种质量要求也使得这些利益主体对高校为质量进行的各项努力给以最严厉的关注从而确保其利益不能受损。例如，在民办高校中的出资人，他希望办学的质量给之带来声誉，获得更多的生源和收益。在民办高校中设置党委，意味着执政党这个利益相关者，需要民办高校注重政治稳定，坚持社会主义的办学方向，保证学校的思想政治工作和德育工作。但是，由于民办高校的先天不足，生源批次一般都在最后，学费是公办高校的约两倍，却要与办学成本约是自己两倍的公办高校同场竞技办学质量。市场不相信眼泪，消费者"看不清"也不关心政府的拨款投入，他们看得见的是民办高校的高收费，他们诉求着高质量。毕竟"教育是不允许后悔和失败的事业，也是不能走回头路的事业，失败的代价不仅是巨大的而且是无法补偿的。"③

而这些质量诉求能否通过民办高校自身来很好的实现呢？尽管作为办学实体其也希望通过质量的提升吸引更多的生源，并让自身获得更好的竞争机会，但是经济人内在的利益最大化的属性又一再地使他以最短的时间收回成本并实现效益，而且其相对于消费者处于优势地位，这个时候就出现了为多招生源的

---

① ［美］罗索夫斯基：《美国校园文化——学生、教授、管理》，谢宗仙等译，山东人民出版社1996年版，第233－255页。
② 胡赤弟："高等教育中的利益相关者分析"，载《教育研究》2005年第3期，第42页。
③ 戴晓霞，莫家豪，谢安邦等：《高等教育市场化》，北京大学出版社2004年版，第62页。

虚假质量宣传，出现了降低办学条件等违规现象，使得利益相关者的基本的质量诉求无法得到满足，而国家对此不能视而不见，更不能让教育沦为某些主体单纯逐利的项目，需要应用恰当的手段干预之。

六、政府对民办高校的控制失灵需要政府干预

没有哪个国家的政府能够禁得住权力的诱惑，而且政府干预的程度很难做到精确，不仅受制于一些客观因素，还受制于许多主观判断。就每一个国家而言，有的政府干预会促进市场经济，而有些则会破坏市场经济。① 中国经济奇迹的发展，包括中国高等教育的快速发展，离不开中国政府奉行的积极干预主义，消解了西方奉行的"消极干预主义"下市场可能出现的种种弊端，但是对于政府行政力量的破坏性需要时刻警惕，毕竟积极的政府干预，除了被诟病"非市场性经济"之外，也会对市场产生一定的破坏性后果，在高等教育领域是深有体会的。

民办高校，虽然从办学主体方面看，其不是国家公共权力机构，从资金来源上来看，依靠的也不是政府的财政拨款。表面上看，其主要应是市场主体，与政府的联系远不如公办高校那么紧密，在主体关系上具有很强的独立性。但是在实践中，民办高校对政府的依存，政府对民办高校的影响，超出了理论上的界定。"从中国民办高等教育发展史来看，政府直接决定着民办高等教育的生死存亡。20世纪50年代中国私立大学的彻底消失到20世纪80年代民办高等教育的复兴无一不是政府作用的结果。"② 但是，也不能否认的是改革开放后民办高校的重新发展、兴盛，也是在政府的鼓励和支持下完成的，成也政府，败也政府。

新中国成立后，在政府与民办高校的关系中，政府始终处于主动地位，垂直的统辖关系似乎一直都没有从民办高校的成长中退场。从本质上说，是意识形态的建构之使然，对意识形态的理论认识从某种程度上决定着政府与民办高校关系的远近松紧。如果在意识形态中把之作为一种"敌对性"的阶级论调，那民办高校的地位则可想而知。1949年新中国刚一成立，那一代人带着对

---

① ［美］莫妮卡·普拉萨德：《过剩之地：美式富足与贫困悖论》，余晖译，上海人民出版社2019年版，第46页。
② 饶爱京："民办高等教育政策及其对民办高等教育发展的影响"，载《黑龙江高教研究》2006年第10期，第1页。

"共产主义"的理解来看待民办高校,那种追求放在今天的时代来看,是属于"理想真诚但理论尚待完善",带有着很强的"浪漫主义"色彩,在这种意识的关照下,在全国开展了对私有制的革命,在经济上对官僚资本主义企业实行没收、收归国有,在教育方面则进行"有计划、有步骤的改革旧的教育制度、教育内容和教学方法"。① 在 1949 年底召开的第一次全国教育工作会上,教育部第一任部长马叙伦指出,我们要实施的新民主主义教育,是民族的、科学的、大众的教育,是和旧教育是性质上完全相反的东西,是势不两立的。② 虽然钱俊瑞副部长在"总结报告"中则相对缓和的指出,对于国人办的私立学校,在目前条件下,一般应予维持,通过加强领导以逐步改变,对于一些极坏者则给予取缔和接管。还认为没有必要而随便命令停办或接管,是不妥当的。但在随后的整个全国的大气候下,在 1952 年进行的院系调整中,开始全面接收教会学校,对私立大学进行改造,这一时期中国的私立大学完成了国有化,民办高校消失殆尽。30 多年间,在计划经济的形态下,中国的高等教育在国家的全面控制下向前发展。

直到改革开放后,中国的私立大学才艰难再生。纵览民办高校改革开放后的发展历程也是充满荆棘的,"民办高等教育的发展是民间大胆开拓,教育主管部门谨慎地'摸着石头过河'的结果。"③ 也许是由于禁锢在计划经济体制的意识形态的时间太久,思想的解放落后于经济的变化,无论政府还是社会,对民办高校的认识还不够,出现了多余论、冲击论、营利论、怀疑论、过渡论等多种论调,甚至有人认为,搞民办大学就是教育领域的资产阶级自由化。也许是这些观点的充斥交织,使得政府不得不持谨慎态度,这种认识和态度直接影响着政府与民办高校的关系,这是其一。从萌芽再发时的置于边缘化,逐渐到补充论,再到今天成为社会主义教育的重要组成,虽然说理论逐渐成熟,但是在其地位边缘化时,正是民办高校的"入场难"之时,政府牢牢地控制着入场的资格与条件。补充论,建立在政府举办高等教育财力不举的现实基础之上,对民办高校存在着功利性的期待、认同上的犹豫,使得政府的行为仍是直接的控制与管理。边缘化以及补充论强调的"中心-边缘"的垂直结构,这个结构强调的是服从,是严格的排他性。组成论特别是重要组成论,意味着认

---

① 1949 年新政治协商会议通过的《共同纲领》。
② 《中国教育年鉴(1949—1981)》,中国大百科全书出版社 1984 年版,第 683 页。
③ 陈桂生:《中国民办教育问题》,教育科学出版社 2001 年版,第 13 页。

同上的建立，但是由于计划经济体制下管理的惯性使然，很容易忽视民办高校的特殊性，忽视其利益诉求的合理性及其自由自主的能力。其二则我们的高等教育一直在强化着培养合格的社会主义事业建设者和接班人，这种国家意识性决定了政府对高等教育的管控，民办高等教育作为高等教育的组成，也理应树立此目标。应该说这个根本目的是正确的，但在意识形态的强化下，在这个共同的目标导向下，意味着民办高校还是必须隶属政府所管辖的对象。其三是政府自认为是社会机体的中枢，代表着公共利益、国家利益，聚集着一个国家的财富资源，能够以低于任何组织的交易成本和顺利地制定或废除制度，垄断着国家最重要的暴力机关，具有着权力最大化的组织诉求，这种强权导致了它与民办高校的一种非对等关系的存在，这种非对等关系其基本的行为模式："命令－服从"的控制关系。基于民办高校与政府之间的种种现实情况，有学者将二者关系概括为"国家主导的公共—从属型"关系。

这种事实上延续着的至上而下的决定与被决定、控制与被控制、领导与被领导的关系，是不是一种行政关系呢？如果是，那么行政法能否进行充分调整呢？答案是否定的。"从社会发展和行政法的实际演进来看，行政法已演化为政府的组织人事和行政救济法，它主要调整的是政府的组织人事和行政救济所涉及的社会关系。"① 其出发点更多考虑的是政治统治利益，行政权的扩张已经超越了行政本来的意义，人们不得已才提出了控权，"19 世纪的行政法仅仅在于维持社会秩序，是一种秩序行政法或'警察行政法'，行政法主体为相对人所提供的某种'好处'或者'福利'，只是对相对人的'恩赐'而不是相对人的权利。这样的行政法是一种'保育行政法'。在 20 世纪，提供'从摇篮到坟墓'的服务，给相对人以'生存照顾'是行政主体的职责，享受服务，得到'福利'是相对人的权利，因而行政法被视为一种福利行政法、服务行政法或给付行政法。"② 如果说，在一切都由政府提供包办的体制下，还存在行政法的根基，但在政府逐渐退出计划体制走向市场机制的场景下，对民办高校更应该强调"放权"，而政府的这种"集权"与"放权"的控制欲纠结需要站在社会整体的立场来应对与矫正。

制度经济学的经验告诉我们，在任何一次制度变迁过程中，路径依赖始终是一种难以消弭的现象，这就犹如物理学上的惯性，一旦进入某种路径就有延

---

① 李昌麒：《经济法》，中国人民大学出版社 2011 年版，第 10 页。
② 张世明：《经济法学理论演变研究》，中国民主法制出版社 2009 年版，第 65－66 页。

续下去的冲动。① 这种路径依赖本质上是一种既得利益的不愿放弃作祟，其要维护自己的利益冲动是形成"集权"与"放权"纠结的根源。在这种纠结下，也容易形成少数利益集团的寻租而形成俘获政府的局面。这些都需要国家从经济法的视域推动甚至来引导制度的变迁，需要对政府权力的边界和方式进行合理界定，也需要国家设计一定的机制来防范因不当配置和干预带来的不良后果。

---

① 陈鹏飞："政府干预市场的路径及其实践保障"，载单飞跃、卢代富等：《需要国家干预：经济法视域的解读》，法律出版社2005年版，第143页。

第二章　民办高校政府干预的原则与限度

"众所周知，在现代社会中，政府必须发挥作用，现代社会需要政府。"① 现代社会民办高校的成长与发展需要政府干预，政府干预合法正当性的论证也证明着这一命题。但正如学者所言，"任何心血来潮的改革，朝令夕改的改革，机械照搬的改革，伤筋动骨的改革，都有可能被赋予某种天然的合法性，即使它们并不能被基于常识来理解，甚至正因为它们不能被基于常识来理解。"② 故而，对民办高校的政府干预问题虽进行了合法正当性的论证，并不意味着政府作为国家的代言人所进行的干预可以不受约束，从关系场域进行的论证，实质上就内含一定的约束。但问题是，政府的权力对于其他主体而言，具有优越的强势地位，政府的干预需要被约束，不然权力就有滥用之可能。事实上，约束过多的政府权力或者没有约束的政府权力，而衍生的干预行为容易走向两个极端，"一个极端是'中央计划经济'，即自称代表国家利益的政府代替社会公众做出了所有的经济决定；另一个极端是'自由放任主义'，即政府的作用仅限于去做那些市场无法做到的，社会又不可或缺的事情。"③ 一个良善的干预必须要在两个极端中找到平衡，必须要在政府的权力与民办高校的实际需要中找到平衡点。

---

① ［美］维托·坦茨：《政府与市场：变革中的政府职能》，王宇等译，商务印书馆2014年版，第1页。
② 刘东："保护大学生态"，载《书城》2003年第8期。
③ ［美］维托·坦茨：《政府与市场：变革中的政府职能》，王宇等译，商务印书馆2014年版，第2页。

正当性的证明从本质上在于论证干预的必要性，经济法视野的政府干预精义之"需要"不仅仅是必要性，还意味着对政府干预不是随意的干预，更不能放任干预，是一种有限的以"适度""均衡"为指向的干预。"'需要'是一个限度，也是一种程度，是国家干预经济的预设条件。"①即表明了"需要"具有鲜明的限定性，对民办高校"需要"政府干预而言，"需要"就意味着要为干预行为的设定指引标准和基本边界，明确基本框架与制约条件，这实质上就是要进一步论证政府干预的原则与限度。

一、民办高校政府干预的基本原则

在日常生活中，原则一般表现出两层意思：一是意为"大体上"或总的方面，比如人们常说原则上同意，表达的多是一种委婉的妥协之意。二是说话或行事合乎了特定的法则或标准，比如坚持了原则；这个含义多引申为统率和处理事物所依据的原理和准则，甚至被当作指导行动的"最高准则"或"标准"。比如张文显就将法律原则界定为"作为众多法律规则之基础或本源的综合性、稳定性的原理和准则。"②弗里德曼也认为，"原则是超级规则，是制造其他规则的规则，是规则模式的模型。"③ 在德沃金那里，原则具有广泛性，具体的规则是原则之例证或体现；原则具有可欲性，因为原则可清楚的指向某种意向、目标、权利或价值，给具体规则以正当性理由，是值得坚持的事物；原则具有非终局性，其给出某种决定具有优先性之理由，使之纳入决策者的决策考量中，不像规则那样"全有或全无"方式的运用。可见，原则在整个社会秩序建构中的重要地位，尽管有些原则如拉伦茨所言，具有开放式的特点，不像"法条形式"原则那样如规则般可直接适用，其"优先性"的价值还需要原则的"具体化"得以实现，当然这种"优先性"的指引作用并不会因为其具体化与否而有所减损。也就是说，原则就是找到指引主体合理行为的原理和法则，所抽象出来的原则除了可直接的"具体化"应用外，应能有效地应对社会变化，增强干预权力本身的活力与适应力④，从而放大干预的整体调控

---

① 单飞跃，卢代富，等：《需要国家干预：经济法视域的解读》，法律出版社2005年版，第6页。
② 张文显：《法理学》（第三版），法律出版社2007年版，第121页。
③ [美]弗里德曼：《法律制度》，李琼英等译，中国政法大学出版社1994年版，第27页。
④ 这里的活力和适应力并不意味着给政府权力的扩张提供合法性，而是指基于原则的适格，使干预权结构具有一定的稳定性及可调适性，使之在限定的"度"中，能够更好地行使

功能。那么,在政府与民办高校的交互关系中,可以抽象出哪些指引性的原则呢?笔者认为,这些原则,不能仅仅拘泥于先验主义的思考与论证,还要依托"着眼于现实"的经验与比较。毕竟,即使先验的制度思考多么完美,如果对实际发生的事情始终无动于衷,那么这种理论是不可靠的。①

由于一般认为,每当出现市场失灵或者预期将要出现市场失灵时,则需要政府予以干预。这也意味着政府干预的原则一般都是基于与市场的关系进行论证的,那么,我们先来分析几种政府干预市场的基本原则。世界银行1991年《世界发展报告》提出了对市场进行干预时应以友善为基本原则:主张一般不进行主动干预,干预应有证据证明能够产生明显的良好效果,而且政府的干预应持续地置于国际和国内市场的制约之下,如果市场显示干预有误,则应取消干预;最后政府干预除了要置于制度的规范约束下之外,还应该公开化。②里奇则在《国家干预的原则》提出三条原则:第一,对于该行为的干预是否以共同利益为目的(目的)?第二,拟采用的干预手段能否达到此目的(手段)?第三,运用该手段进行干预而付出的代价是否小于不干预所造成的损失(代价)?③从这两种观点中,我们看到无论是世界银行还是里奇将原则的设计均不约而同的"着眼于现实"进行考量,即要求干预必须要有好的效果,不然还不如不去干预;并且不能脱离市场需接受市场之制约;干预还必须进行目的性的考证,只有此才能衡量手段之代价的效益。那么基于民办高校这一市场的"现实",结合先验主义给出的相关理论,民办高校的政府干预应给出怎样的原则性框架呢?

(一)适度干预原则

适度干预,说到底就是政府干预要达致一个合理的度,既不能过度,也不应不足。李昌麒先生指出,适度干预是指国家在经济自主与国家统制的边界条件或者临界点上所作的一种介入状态。④ 种明钊先生指出,"干预需求导致干预供给,国家的干预供给只有与市场的干预需求相一致,才有可能实现国家干

---

① [印度]阿马蒂亚·森:《正义的理念》,王磊、李航译,中国人民出版社2012年版,第76页。

② World Bank: *World Development Report* 1991: *The Challenge of Development*, World Bank Publications Department, Washington D. C.

③ 邹永贤,俞可平等:《现代西方国家学说》,福建人民出版社1993年版,第106-124页。

④ 李昌麒:《经济法学》,中国政法大学出版社2002年版,第60页。

预的目的，满足市场的干预需求。"① 这意味着市场对国家干预有量的要求，而这个量便是国家干预需要把控的"度"。有学者指出，适度干预反映了对市场理性的尊重，体现了对政府完全理性假设的否定，即是在尊重经济自主的前提下的政府合理谨慎的干预。有的学者甚至直接将适度干预作为了国家干预的首要原则。的确，无论是作为个体还是集体的决策都表现出的一种"有限理性"，构建在"理性人"假定基础上的制度、标准不得不面对因"理性"的有限性而带来的缺陷，需要以此为出发或逻辑起点来弥补或矫正非理性行动，这也就引发了国家干预的合理的"度"的命题，因而笔者赞成将"适度干预"作为国家实行干预的首要的善或原则，如果一项干预决策没有经过"度"的论证而进行了设计或实行，那么就会导致两种干预状态：一则干预过度，走向"中央计划经济"的全能政府之路；二则干预不足，则放任了"自由放任主义"。特别是"如果政府干预选择的时间、范围、方式不当或干预力度不足，就不能弥补和纠正'市场失灵'；而如果政府干预的范围和力度超过了维持市场机制正常运行的合理需要，或干预方式失当，不仅不能纠正市场失灵，反而会抑制市场机制的正常运作。"② 从根本上言，这就是政府干预供给与市场干预需求发生严重偏离，而不能实现适度干预之目标。可能有学者会说，这个"适度"会随着经济的变迁在具体范围上有所变迁，在不同的时期这种"度"的范围或标准可能有所不同，毕竟市场主体的干预需求是一个变化的事物。比如对于民办高校在不同的发展阶段对政府的制度诉求、干预需求是不同的，在计划经济时代，其主要的诉求在于许可；发展到一定程度，其诉求则主要偏向了自治。其实，这也更反证了我们所提出的这个原则的必要性，国家的干预供给因时因势的变化，更多的来自于实际生活的证成，要以需求为引导，而不仅仅是依托先验的理论证立，供给与实际需求的契合方是"度"基本要求。特别是对于民办高校而言，这个原则非常重要，毕竟民办高校市场不像其他经济领域那样，有着相对成熟的发展程度，或者说已经度过了摸索阶段走在了市场经济的"平坦"大道上，而民办高校目前还在"探索"自己的市场化之路，教育领域的特殊性，一再的被诟病为"计划经济"的最后堡垒便足见其路艰难，《民办教育促进法》虽然从法律上确定了分类管理之路，但如何更好地引

---

① 种明钊：《国家干预法治化研究》，法律出版社 2009 年版，第 25 页。
② 任俊英："金融危机中政府干预行为启示"，载《河南师范大学学报（哲学社会科学版）》2009 年第 5 期，第 107 页。

导存量学校的理性选择,不同省份对于分类的意见及给予的"过渡期"也是存在一定差异的,并未展现出法律修订的良好预期。"民办教育分类政策的模糊点、冲突点,影响了地方教育行政主管人员、民办学校举办者及管理者等核心利益相关者的改革预期"①,所以,初始的"探索"更需要把握好"度",超过一定的"度",不仅可能引发已有利益获得者的反对,甚至会阻碍或滞后发展进程;而达不到"度"的要求,则不足以推动这个行业的快速发展。

当然,不能否认,"度"的达成具有一定的理想化色彩。笔者认为,在某种程度上,适度干预原则事实上属于拉伦茨所言的"开放式原则"②,干预的规范性特质需要通过将该原则进行进一步的"具体化",不然,就不能作为其他法律规定的解释或补充的基础,更无法适用。作为"原则",一般不能直接适用于个案并且以之为基准进行裁判,而"必须要先以构成要件加以确定,使之规范化,并借助于法律或司法裁判的具体化才能成为裁判的基准。"③所以,要真正实现适度干预,首先,就需要对干预需求进行剖析,矫正干预需求中存在的人为扭曲情形,从而使矫正后的干预需求成为或者接近客观真实的干预需求;其次,干预者还应有效率意识,特别是要运用成本—收益分析的工具,进行分析是否确定进行干预,是否比不干预更有效益;最后,国家干预应该限定在政府力所能及的范围之内。④ 也有学者指出,政府监管的适度性,或者说要实现适度要求,应当遵守三项基本原则:一是将政府监管严格限制在市场失灵的领域;二是将政府监管限定在对市场缺陷干预能起积极作用的领域;三是政府监管应当限定在监管能产生效益的范围内。⑤ 也就是说,作为首要原则之"适度原则"还需要一些其他原则的补充与辅助。

(二) 公平正义原则

所谓公平正义,即指政府利用公权力进行干预时应坚持以一种公正无偏私的准则,是衡量和调适社会利益关系的价值评判尺码。正如亚里士多德:在各

---

① 周海涛:《民办教育分类管理政策实施跟踪与评估研究》,经济科学出版社 2019 年版,第 53 页。
② [德] 卡尔·拉伦茨:《法学方法论》,陈爱娥译,商务印书馆 2003 年版,第 353 页。
③ 黄茂荣:《法学方法与现代民法》,中国政法大学出版社 2001 年版,第 509 页。
④ 种明钊:《国家干预法治化研究》,法律出版社 2009 年版,第 25 页。
⑤ 李东方:"政府监管的缺陷与证券监管的适度性分析",载《现代法学》2002 年第 4 期,第 153 – 157 页。

种德性中,人们认为公正是最重要的。① 而且,"公平不仅仅是道德规范,他还是有力的管理工具。没有它,组织的风纪和努力投入的倾向都将减弱甚至崩溃。"② 所以,在各种社会关系存续与发展中,公正的位阶也是最重要的,公正影响着人们的行为模式,塑造着人们的价值判断,勾勒着组织的存在形态,反映着人们之间分配关系的合理状态。在一个公正的社会中,人们各得其所;而在不公正的社会中,人们无所适从。一个有公正感的社会是国家和人民一直追求的目标,制度及规则的设计都应以之为基础。正如西塞罗认为,法律规则只是人类公平的一种表达,而公平的真正所在是人类的本性。③ 亚里士多德也鲜明地指出,"由正义衍生的礼法,可凭依判断人间的是非曲直,正义恰正是树立社会秩序的基础。"④ 罗尔斯则对公正的价值进行有力的论证,认为"公正是社会制度的首要善,正如真理是思想体系的首要善一样。一种理论,无论多么高尚和简洁,只要它不真实,就必须拒绝或修正;同样,某些法律和制度,无论怎样高效和得当,只要它们不公正,就必须改造或废除。"⑤ 曾获诺贝尔经济学奖的阿马蒂亚·森指出,"事实上,我们应该认识到,追求公正在一定程度上意味着行为模式的逐步形成。"⑥ 其还进一步给出论断:"公正是极为重要的一种思想,它在过去推动了人类的进步,将来也必将继续如此。"⑦ 正是在对公正的不懈追求下,社会才有了持续进步的动力。

那么,公正的内容是什么,或者说以什么来确定公平正义?古罗马法学家乌尔比安认为,正义就是给予每个人他应得的部分的这种坚定而恒久的愿望。当代法学家博登海默认为,"正义所关注的是如何使一个群体的秩序或社会的制度适合于实现其基本目的的任务⋯⋯满足个人的合理需要和要求,并与此同时促进生产进步和社会内聚性的程度——这是维持文明社会生活方式所必

---

① 苗力田:《亚里士多德全集》(第八卷),中国人民大学出版社1997年版,第96页。
② [美] 斯蒂芬·霍尔姆斯:《权利的成本——为什么自由依赖于税》,北京大学出版社2005年版,第155页。
③ 李昌麒:《经济法理念研究》,法律出版社2009年版,第124页。
④ [古希腊] 亚里士多德:《政治学》,吴寿彭译,商务印书馆1996年版,第9页。
⑤ John Rawls, *A Theory of Justice* (*Revised Edition*), Cambridge, Massachusetts: The Belknap Press of Harvard University Press 2000, p. 3.
⑥ [印度] 阿马蒂亚·森:《正义的理念》,王磊、李航译,中国人民出版社2012年版,第61页。
⑦ [印度] 阿马蒂亚·森:《正义的理念》,王磊、李航译,中国人民出版社2012年版,第61页。

需的——就是正义的目标。"也就是说，在特定的社会状态下，满足社会主体合理的利益需求，使之得其应得为公正。从"质"和"量"的层面讲，在"质"上，公正在于维护主体正当之利益，从"量"上，公正就是在社会关系场域中维护主体身份"相称"的所得利益，公正是相称的正当关系。但公正并意味着追求形式上的绝对公平，尽管很多学者在逻辑上试图证明存在着绝对的公平，但是在实际生活中那只是一种理想的追求。所以，国家干预所要依托的公平正义原则不能拘泥于一种形式上的绝对公平，更应该指向实质公平，强调和谐的社会公平观：分配公平、结果公平、代际公平。实行"有差别的公平"，即对那些"受惠最少者"予以更多的机会和利益，以使他们不至于因为偶然的出身和禀赋而丧失原初状态下的基本权利。①

民办教育领域，也许是受"公平与效率"的关系的影响，很多观点将"效率优先，兼顾公平"作为了政府干预的一种信条。其实，在笔者看来，在经济领域，为了尽快的向市场经济的转轨，实现共同富裕，允许一部分人先富的"效率优先"的做法有着其进步意义。但在以培养人、塑造人为核心内容的教育领域，民办高校却是"在一个不平衡的制度环境中发展起来的，在宏观的政策环境上、微观的制度供给上和思想认识上，都存在着鼓励和规范、限制与整合、清晰规范与模糊规范并存等不平衡问题。"② 在这种实际上的制度供给的不平衡使得"兼顾公平"往往成了"丧失公平"，特别是在今天的民办高等教育领域，存在的种种不公越发明显，如民办高校内部的公助之名民办之实的借壳的独立学院与民办高校的不公平竞争问题，民办高校的师生与公办高校师生的不公平待遇的问题等，这些并不能在"效率优先"的指挥棒下"隐藏"，当公众提出"教育领域的不公为最大的不公"时，国家的干预则更应该树立公正的干预原则，通过理智的审思对不公正进行批判性考察，着力于减少现实中不公正，毕竟公正乃是效率的基础，"个人权利的重要性是至上的；出于成本的考量是第二位的"③。

---

① 李昌麒：《经济法理念研究》，法律出版社 2009 年版，第 134 页。
② 李青：《民办高校政府管制模式重构研究》，北京师范大学出版社 2011 年版，第 55 页。
③ [美] 罗森布鲁姆，奥利里：《公共管理与法律》，张梦中等译，中山大学出版社 2007 年版，第 17 页。

(三) 成本效益原则

"在一个资源有限的世界中，效益是一个公认的价值。"① 在资源稀缺世界中的国家干预必须坚持成本效益原则，这也是政府获得正当性的一个证据。斯蒂格利茨从成本—收益的角度对学界有关"解除监管"的观点进行了有力的驳斥。他认为，政府监管的收益超过监管的成本：一个基本的事实是，人们的福利水平在有政府监管的情况下比没有政府监管的情况下，不知要超出多少。因此，纯粹的自由放任主张是一种谬误和无知。② 故而，国家（政府）的干预应树立效用最大化的意识，凡进行之决策均应有效率上的考量来进一步证成自身的合理性与正当性。效用的最大化实质上蕴含着一种量入为出的计算理性，其实，人类任何活动都离不开这种计算理性。计算理性意味着，人们在实际生活中为实现特定的目标，总是会设想出或者提出若干种方案，并对这些方案根据自己的实际或偏好等进行计算，对每种方案的成本和收益进行比较，在比较中找出一个成本最小而效用最优的决策。在贝克尔那里，其坚持认为各种人的各种活动的目的只有一个，那就是追求效用最大。人类的一切活动都蕴含着效用最大化动机，都可以运用经济分析加以研究和分析。③ 对于政府干预也是如此，政府干预在本质上就是为了公益之目的，利用公权对资源进行分配与再分配，对私权进行干预。研究公共行政的目的，说到底就如同威尔逊所指出的那样："一是研究政府应如何适当而成功地运作；其二是政府如何能在花费最少的金钱与资源的条件下，以最有效率的方式来从事各种活动。"④ 一般来说，任何一种解决问题的办法都需要花费成本的，无论选择哪种办法，都取决于成本之间的比较以及成本与收益的比较。从这个意义上说，国家干预并不是绝对的有益，也不是绝对的无益，一切都取决于具体条件下的损益分析。⑤

经济学上的"成本—效益分析"方法的概念最早是19世纪的法国经济学家朱乐斯·帕帕特提出的，定义为"社会的改良"。其后，经济学家帕累托重

---

① 沈宗灵：《现代西方法理学》，北京大学出版社2000年版，第400页。
② ［美］斯蒂格利茨：《政府为什么干预经济》，中国物资出版社1998年版，第79–91页。
③ ［美］加里·S. 贝克尔：《人类行为的经济分析》，王业宇等译，上海三联书店2011年版，译者的话。
④ 转引自［美］戴维·H. 罗森布鲁姆，罗伯特·S. 克拉夫丘克：《公共行政学：管理、政治和法律的途径》，张成福等校译，中国人民大学出版社2002年版，第18页。
⑤ 樊纲：《市场机制与经济效率》，上海三联书店1995年版，第146页。

新界定，发展出帕累托最优和帕累托改进理论，再后来福利经济学提出了著名的卡尔多—希克斯改进准则。政府干预的最佳程度，即成本小于收益可称为"经济干预"。这种分析方法越来越多的被应用，1978年卡特签署的第12044号行政命令中指出，衡量管制的改革，唯一的选择就是最少负担管制，采用的就是成本与收益的分析方法。1981年里根所签署的12291号行政命令中则指出，除非管制对社会的潜在收益超过社会的潜在成本，否则将不实施管制。1993年克林顿签署的12866号行政命令中规定行政机构提出的每一项规则，必须提交实证性的管制成本与收益的经济分析报告。在《2000年管制改进法》中以法案的形式对政府管制的成本—收益分析进行了具体的规定。① 其只有实现资源的最优化配置，使每一项决策规则满足主体需要并获得最大化的效用方能获得公众的认可。这些无不说明，人们希冀以最少的投入获得最大的收益，是一种类似趋利避害的本性使然。

从本质上说，经济分析是展望式的、向前看的。② 即是在事前进行的一种分析判断，是以一种前瞻性的视角考量某项制度或决策对于将来的作用，以求在将来应用中获得效益的最大化。包括理查德·波斯纳在内的芝加哥学派一直致力于将公平与将来的效用这两者结合到一起。波斯纳提出，"对财富最大化进行预测的一项制度，可以根据受其影响的当事人的同意而被正当化。"③ 其试图将效率作为公平的一种延伸，甚至将效率也视为一种公平，"迟来的正义不是正义"也说明着效率之于正义的重要作用。在政府对民办高校的任何决策的变化都需要进行成本—效益的分析，特别是在推进这一行业在市场中进行最优化的资源配置时，要在公平的基础上实现干预效益的最大化。故而，应"把经济分析作为公权干预私权的制度的形成过程中的必经程序。"④ 即对民办高校进行政府干预之时，必须如弗里德曼所言要"表陈利弊，比较权衡。"⑤ 如此，若收益大于成本，方可进行干预，反之则不应进行干预。

---

① 卫志民：《政府干预的理论与政策选择》，北京大学出版社2006年版，第362 – 366页。
② [美]乔迪·S. 克劳斯，史蒂文·D. 沃特：《公司法和商法的法理基础》，金海军译，北京大学出版社2006年版，第73页。
③ Richard A. Posner, The Ethical and Political Basis of the Efficiency Norm in Common Law Adjudication, 8 *Hofstra L. Rev.* 487, (1980).
④ 李昌麒：《经济法理念研究》，法律出版社2009年版，第220页。
⑤ [美]米尔顿·弗里德曼：《自由选择》，机械工业出版社2008年版。

（四）正当程序原则

"正义不仅要实现，还应当以看得见的方式实现。"这句法谚道出了程序的重要性，正义的实现不仅仅是结果的公正，需要"看的见"的公正。正当程序具有一种"结果正当化"的能力，即使经过了正当程序产生的结果对于参与人不利，参与人也更有可能接受而不是抵制这一结果。① "程序正义"原则所表达出的理念，即是对人的主体性的认知与尊重，也正因此，人们对程序的"正当性"的关注才会经久不衰。②

关于正当程序，其首次以法令的形式进行表达，还要追溯到1354年的《自由令》，正是在该部法令中提出的对人或者财产的限制，均应经过法律的正当程序进行答辩的思想。③ 也正是从那时起，该原则逐步被吸纳进各国法令。美国1791年宪法第5修正案即是对正当程序进行了规定："……非经正当法律程序，不得剥夺任何人（的）生命、自由或财产……"④ 法令一方面认可了公民的基本权利，对人的主体性给予了充分的关照和尊重；另一方面对政府权力的扩张也给予了一种程序性的许可⑤，也就是说政府公权力介入私权利领域需要经由正当程序的一个考量。从这里就可以看出，程序在公权力与私权利之间架起了一个桥梁。也正基于此，在罗伊案中，联邦最高法院大法官哈兰在判决中如此写道：正当程序旨在维持个人自由和有组织社会需求这两者之间的平衡，这也是国家努力造就的以尊重个人自由为公理的一种平衡。在贝勒斯看来，法律程序具有"发现事实真相"和"解决问题"这两大功能：第一，"发现事实真相"就要通过一定的方式、步骤、时间和顺序来剖析事实发现真相并做出合适的裁判从而避免因裁判错误而导致多余的成本支出。第二，"解决

---

① 转引自丁建峰："后果评估与程序公正"，载《财经问题研究》2013年第5期，第4页。
② 李龙，徐亚文："正当程序与宪法权威"，载《武汉大学学报》2000年第5期，第633页。
③ 李龙，徐亚文："正当程序与宪法权威"，载《武汉大学学报》2000年第5期，第631页。
④ ［美］E. 盖尔霍恩：《行政法和行政程序概要》，中国社会科学出版社1996年版，第255页。
⑤ 在这里，笔者不是将之认为是一种约束或限制，毕竟如果是在自由主义至上的视角下，政府的公权力是无权干涉公民私权利的。

问题"就要通过合理的程序性规范使争议最小化甚至避免争议。①

不能否认的是,在我国的政府干预中,更多的关注的是结果正当,而对于程序公正没有给予充分的关注。这或许如韦伯对中国民众及中国法律所分析的那样:中国人更倾向于寻求实际的公道而不是形式上的法律。也可能正因为此,我国许多领域的政府干预出现了重结果轻程序的状况,但事实上这种危害是非常大的。针对于此,经济学家倾向于把独立于结果内在价值的过程或程序,放到价值序列的最高位置。② 有的学者甚至将程序之治视为法治区分于人治的最主要标志。的确,在我们这个一直倡导实体正义的国家,在公权力介入私权利的领域时,特别是运用许可等强制性管制手段时,由于许可对于受管制主体而言涉及其谋生之根本,如果没有一个正当的程序让之通过"看得见的方式"进行辩解,那么他们很难相信实体上的公正。所以,适当的程序时常会比实际目标有关的实体原则更为重要。③ 毕竟,提出正当程序原则的目的便是"专注于政府政策执行的方法和程序,保证政府施加管制或惩罚的过程的公正性。"④ 在对民办高校行使政府干预的种种策略或规则时,必须经过事先告知,说明理由,听取陈述、申辩等基本的程序,对政府权力的行使施加最基本的程序性要求的根本,就是促使"政府权力的行使过程必须满足某种最低限度的公平。"⑤

(五) 利益均衡原则

"人们奋斗所争取的一切,都同他们的利益有关""天下熙熙,皆为利来;天下攘攘,皆为利往。"马克思与司马迁的论断道出了生活的本质、社会制度的实质。的确,作为理性的经济人,对利益的最大化追求,对效率的追求是其天性,亚当·斯密在其《国富论》中对理性人假设中明确指出,追求利益的最大化是理性的基本内容。大法官卡多佐也指出,"理性人的注意标准的确定

---

① [美] 迈克尔·贝勒斯:《程序正义:向个人的分配》,邓海平译,高等教育出版社 2005 年版,第 140 页。
② 转引自丁建峰:"后果评估与程序公正",载《财经问题研究》2013 年第 5 期,第 4 页。
③ 杨寅:《中国行政程序法治化——法理学与法文化的分析》,中国政法大学出版社 2001 年版,第 40 页。
④ 《美国法律辞典》,贺卫方等译,中国政法大学出版社 1998 年版,第 15 页。
⑤ 王锡锌,傅静:"对正当法律程序需求、学说与革命的一种分析",载《法商研究》2001 年第 3 期,第 87 页。

取决于相关利益的价值。"① 社会是理性人的组织,是由不同的关系构成的一种存在形式。而"在任何社会关系中,各方主体都不可避免为扩张自己的利益需求而与其他主体发生利益冲突,这种利益冲突会引发利益体系的不平衡状态,利益体系的不平衡最终会导致利益体系发生崩溃的后果。"② 这也就意味着在社会关系的处理中特别是在政府干预的行为模式中要建立均衡性思维范式,毕竟政府干预从根本上是对利益的调整,是对基于有限理性而导致的失衡状态进行的矫正。"利益的均衡性是弥补与矫正集体有限理性的最恰当的途径,是社会利益关系正常与合理存在的最基本的状态。"③ 这事实上就意味着经济法意义上的利益均衡不是搞利益均等或利益平均,而是在社会容忍的限度内,使相关各方的利益在共存和相容的基础上达到合理的优化状态。在民办高校市场领域,存在着诸多的利益相关主体,这些利益相关主体都有着各自的利益诉求,每个主体都希冀自己利益的最大化的获得,如果在资源分配时如果没有均衡的思维,市场的失灵就成为必然。

将"均衡"作为经济利益分配的价值目标,具有三大优点:第一,具有相对事实性与客观性;第二,均衡更注重利益结构的合理性;第三,均衡内在的要求经济利益达到整体协调与和谐。④ 而且,尽管公平与效率的价值在经济领域得到了广泛的认同,但"在宏观经济的调控中,利益分配可能并不主要考虑公平的目标,而且公平是一种主观性非常强的标准,在某些情况下,以公平为目标进行利益分配时,可能很难取得共识,也很难把握。……在有些情况下,利益的分配同样不会或不主要考虑效率的要求。……因此,在一些情况下,经济法利益分配的目标既不是公平也不是效率,而是两种目标以外的其他目标,即利益的均衡性。"⑤ 也就意味着利益均衡在某种程度上超越了公平与效率的局限,也正是基于此,"均衡性是经济法的第二个思维范式"⑥ 的论断体现出了正当性及科学性。所以,在政府的各种形式的干预中,以均衡性的思

---

① [美]本杰明·N.卡多佐:《法律的成长法律科学的悖论》,董炯、彭冰译,中国法制出版社2002年版,第140页。
② 王霞:《税收优惠法律制度研究:以法律的规范性与正当性为视角》,法律出版社2012年版,第64页。
③ 岳彩申:《论经济法的形式理性》,法律出版社2004年版,第107页。
④ 岳彩申:《论经济法的形式理性》,法律出版社2004年版,第108页。
⑤ 岳彩申:《论经济法的形式理性》,法律出版社2004年版,第107页。
⑥ 岳彩申:《论经济法的形式理性》,法律出版社2004年版,第65页。

维关注不同利益主体的所有正当利益,以均衡性的方法强化利益主体的多元参与,以均衡性的原则来处理利益冲突及利益失衡现象,从而使私权利益与公共利益在合适的干预形式的关照下达成和谐共存。

(六) 最低风险原则

当且仅当一个人的行为具有产生坏结果之可能(无论这种可能性多么微小)时,我们才可称之为冒险。由于每一种行为都具有这种可能性,因此我们做的每一件事情都具有风险。① 虽然人们在变化的社会生活中往往乐于按照既定的规则或者说按照通常的生活轨迹进行行为,就如在法律中人们乐于追寻先例一样,也许是人天生就具有某种保守主义的倾向,具有寻求安全的本能,也许是人们不愿意让生活中充满风险、挑战并承受与之带来的失败,"个人为了规避风险,就可能不愿意承担失败的风险。"② 毕竟在既定的规则下,在历史的经验中生存可以减少不确定性,不确定性之减少就不容易失败。尽管人们设计了很多生活的规则,但是社会生活不是人为设计出来的,其每一次前进与发展,都是一个探索未知的,应对未知的过程,尽管规则具有一定的预测功能,具有一定的抵御风险的效能。但,任何程度的预测都不可能使我们预先知道全部的效果。所以,尽管人类的计算理性促使人们在应对不确定时可进行经济分析,考量决策的效率原则,并预测行为之结果。可是,寻求安全的天性,使得"规避风险的个人可能不会事前同意效率原则,因为他们担心,当新的法律规则被宣布与该原则相一致时,他们有时可能会受到更大的损失。"③ 也就是说成本—效益的经济分析并不能打消其关于失败之风险的忧患,毕竟理性的计算和预测可能在层出不迭的不确定因素中而消弭其作用,冲淡其功用。"政策的制定者和规制者必须认真对待低概率风险。"④

当今这个快速变迁的社会,不管人类愿意与否,风险已是如此普遍,具有

---

① [英] 珍妮·斯蒂尔:《风险与法律理论》,韩永强译,中国政法大学出版社2012年版,总编序。
② [美] 乔迪·S. 克劳斯,史蒂文·D. 沃特:《公司法和商法的法理基础》,金海军译,北京大学出版社2006年版,第93页。
③ [美] 乔迪·S. 克劳斯,史蒂文·D. 沃特:《公司法和商法的法理基础》,金海军译,北京大学出版社2006年版,第93页。
④ [美] 凯斯·R. 桑斯坦:《最差的情形》,刘坤轮译,中国人民大学出版社2010年版,第21页。

着普世重要性，而且它是真正的"平等主义者"，不会放过任何人。人类必须去接受它，可"即使人们接受风险，其也很难准备好接受风险的实际发生……其勉强说'行/可以'的同时还有一个圆润低沉的声音说'不行/不可以'。"① 可见，如果不处理好风险的应对问题，积极地将风险作为一种处理问题和开始致力于解决问题的方法和原则，它在人类的冒险与保守两种矛盾取向中就可能起到阻碍作用。这种矛盾取向上的犹豫不决，也致使在政府干预机制的风险认识上还是一个没有得到重视的问题，或者说我们在制度设计上过多的依赖和相信着成本—效益经济分析原则的功用。但是在当代社会，由于风险发生的时空界限处于变化之中，因此很难对风险加以度量，而且由于风险所引发的结果多样，很难用常规标准加以把握。另外对成本—效益分析这种效用最大化的依赖，还可能形成一种制度性风险，甚至缔造一种有组织的不负责任，不但没能防范风险，还制造着新的风险。

在对民办高校行使政府干预权时，由于塑造人的活动不同于其他行业，"一次性"消费的特征比较显著，在干预时要关注"风险"，只有将风险降到最低才获得更好的效果，为干预行为获得更广的空间。贝克在其《风险社会》中提出：财富分配以及不平等的改善与合法化是工业社会的核心问题，但在风险社会，对伤害的缓解与分配则作为社会的核心问题。这也就表明，在当代社会中，应将风险原则作为一项重要的政府原则。他提出了以"再造政治"来应对风险，其实也就是给出了政府干预的风险原则之重要内容。在笔者看来，应该借鉴其"再造"之理念，第一，要求人们必须告别这样的错误观念，即行政机构和专家能够准确地了解对每个人来说什么是正确的和有益的。这一条内容就是通过更广泛的信息公开破除专门知识的垄断，让公众进行全方位的风险识别，这是前提。第二，团体参与的范围不能由专家、政府来定，必须根据社会的相关标准进行开放，意在强调更多的决策参与者共同进行风险评估，毕竟因为参与者参与才构成了世界。第三，要让所有参与者都意识到，决策不是政府闭门造车，或者与专家的密谋而制定好的，而是要实现决策结构的开放，将决策的形成转化为多元参与者之间的公开商谈，建立起以最低风险原则为指向的对话协商机制，以共同防范已知或未知的风险。第四，在风险识别（包括政府干预本身所带来的风险）、风险评估等的基础上，将所有应对风险的政府

---

① A Philippopoulos‑Mihalopoulos, "The Silence of the Sirens: Environmental Risk and the Precautionary Principle" *Law and Critique* 1999, 10: 175, 178.

干预手段进行比较，选择对相对人最少风险，最小侵害的一种手段最为妥当。

二、民办高校政府干预的限度

所谓限度，就是明确辨别各自的边界所在，并在各自的架构内安分守己。在《圣经·新约》中，有一句耳熟能详的谚语："Give back to Ceasar what is Ceasar's and to God what is God's"。意为："上帝的归上帝，恺撒的归恺撒。"事实上，这个谚语尽管是在回答如何处理宗教与世俗政权的关系，但却旨在告诉人们，凡事有边界，尘归尘土归土。虽不能完全做到泾渭分明，但是相互间还是存在着较为清晰的界限的。现代社会必须是这样一个社会：其中必须存在着自由的某些疆界，这些疆界是任何人不得跨越的。确定这些疆界的规则有不同的名称或本性：它们或许被称作自然权利，或许被称作神的声音、自然法、功利的要求或人的永恒利益。① 权力需要边界，不然就进入滥用的泥沼，将权力关在制度的笼子就是框定其边界；权利需要边界，不然就会产生损天下而利己欲的局面。对于政府干预问题也是如此，政府作为一个实实在在的主体，政府无论是在宏观经济领域还是在微观经济领域的干预，都需要确定一个最优界限。② 当然，政府干预的边界并不是一成不变的，其要随着历史变迁、社会进步以及私权利的享有程度而不断变化，所以，需要对政府干预边界的界定问题进行"全景式"考察。③

（一）政府对民办高校的干预止于法律规定

政府无论做什么事情，它都应该凭借法律行事。④ 毕竟，政府的行为相对于个人的行为总是表现出一种强势，特别是政府的干预行为，更是体现出公权对私权的剥夺与限制，解决权力与权利的冲突就需要一套公共的行动标准，毕竟事先通过一套公共行动标准进行告知，并在冲突发生后以相应的程序和标准予以决疑。而作为"规定外部行为并被认为具有可诉性的规则之整体"⑤ 的法律，正好满足了公共行动标准的所有要求。历史的经验也一再证明，法治国是

---

① [英] 以赛亚·伯林：《自由论》，胡传胜译，译林出版社2003年版，第237页。
② 何振亚："适度金融监管浅论"，载《金融与经济》2002年第5期，第12–14页。
③ 高玉林："政府边界研究"，载《湖北行政学院学报》2005年第2期，第77页。
④ Noel Reynolds, "Grounding the Rule of Law", 2 *Ratio Juris*, 3（1989）
⑤ [德] 赫尔曼·康特洛维茨：《为法学而奋斗法的定义》，雷磊译，中国法制出版社2011年版，第156页。

国家治理的良策。笔者认为，政府干预止于法律规定主要包括这样几层含义：

一是干预权的法定是指干预权力的授予必须由法律为之。① 也就意味着政府的权力不能够随意的滋生和扩张，政府干预授权的主体来自于已有的正在发生效力的法律规定，除此之外，任何机关和主体都不能对干预权做出设定和处置，正所谓"法无授权不可为"，对于民办高校而言，他们一直诟病管理单位较多，其实问题不在于政府管理"娘家"的多少，而在于每一个"娘家"是否有着合法的授权，是否都在法律规则约束之内。

二是干预权的法定还意味着干预权力的行使应在法律的框架内。有着合法授权干预的主体获得了法定干预权，其每一项活动都应该在法律的框架内。即在积极的面上，干预行为须有法律之依据；在消极性上，干预行为则不得抵触法律。在很多研究中，往往将法律仅仅视为一项政府治理的手段而已，如果这种观点成立，诸如财政、税收等经济的手段就与法律获得了同样的地位，甚至还意味着"一旦国家有更好的手段可以用来实现其治理的目标，作为备选手段之一的法律将毫不犹豫地被放弃。如此，法治看起来无异于空洞的同义反复。"② 事实上，无论是经济的手段还是其他的手段在法治国的今天，都需要法律作为他们的依据和行动标准，在实际生活中无不如此。法律给予一个标准，一个框架，一个风险防范的避风港，在法律框架内的政府行为，可以减少不确定性。"政府只能在法律明确规定的框架内行动，使不确定性降到最少。政府所采取的一切强制性行动，都必须由一稳定且持续的法律框架加以明确规定，而正是这种框架能够使个人在制订计划时保有一定程度的信心，而且还能够尽可能的减少人为的不确定性。"③ 民办高校从改革开放才始得重新发展，在其发展过程中伴随着很多不规范的行为，政府与民办高校之间的关系也在不停的调适之中，这种调适更需要法律的框架规约。

三是干预权的法定意味着干预权力行使的后果承担、责任归咎必须依法而定。法律作为一个公共行动标准，与道德等手段相比而言，其有着明确的制裁机制或责任机制。在笔者看来，法律是以"权利—权力—责任"为核心范畴构建起的体系。责任在这个体系中就是为整个体系和主体的行为提供了一个量

---

① 种明钊：《国家干预法治化研究》，法律出版社2009年版，第27页。
② 雷磊："法律程序为什么重要？反思现代社会中程序与法治的关系"，载《中外法学》2014年第2期，第326页。
③ ［英］哈耶克：《自由秩序原理》，邓正来译，生活·读书·新知三联书店1997年版，第282页。

定的原则，衡量行为人在多大程度上背离了要求或规则，一旦行为主体未采取被法律认为的恰当行动，或者说发生冲突，责任机制就会启动，通过不利后果的承担或制裁，矫正那些已偏离的行为，使之恢复到标准或常态，从而防止不法行为，给社会以确证的合法性期待，让稳定的秩序得以坚持。通过设定责任，确定责任归属来实现秩序的稳定是法律特有的功能，它不仅告诉该怎么做，也迫使行为主体实际上去这么做，它是权力的一个界限。法律意义上的权责适应，就是说在法律上对政府的授权与限权，都必须伴随着责任的设定，这是法治社会的基本要求。在民办高校的政府干预问题上，也正是通过合理的责任设定来给权力行使明确一个界限，从而限制政府因自由裁量权等干预的扩张而损害到民办高校的利益，总之，责任设定是防止政府的任性或不作为的一个法定路径。

四是干预权的法定还意味着给予其授权之法应为良法。立善法于天下，则天下治；立善法于一国，则一国治。"恶法非法"，法律可执行，真正起到长久之效果，必须是"良法"。即法律必须是正确的，才能够获得人们的认可，如果缺乏对法律的认可，则会导致"正当性危机"。就如学者所言，公共行动标准若要发挥出有效整合社会的效果，其本身还必须被证明为"正确的"（correct）。只有正确的公共行动标准才能真正发挥社会整合的功能。① 法律的"正确性"实质上就是指所依据之法律应是"良法"。亚里士多德的"已成立的法律获得普遍的服从，而大家所服从的法律本身应该是制定得良好的法律"论断至今仍被奉为圭臬，也就是说法律本身也需要获得"合法性"，即法律必须获得"良法"的认证。"如果法律的内容得不到社会公众的普遍认同，那么以制裁机制为后盾的外在行为一致性必然无法长期维持。"② 法与权的力量归根结缔取决于它们对人的灵魂的影响，取决于对其权威性的自愿的承认。③ 党的十八届四中全会提出的"法律是治国之重器，良法是善治之前提"便是要呼唤"良法"。怎么来衡量法乃"良法"，庞德指出，只有能够受理性考验的法才能坚持下来，只有基于经验或被经验考验过的理性才能成为法的永久部

---

① 雷磊：《法律程序为什么重要？反思现代社会中程序与法治的关系》，载《中外法学》2014年第2期，第327页。

② 雷磊：《法律程序为什么重要？反思现代社会中程序与法治的关系》，载《中外法学》2014年第2期，第328页。

③ ［俄］C.谢·弗兰克：《社会的精神基础》，生活·读书·新知三联书店2003年版，第145页。

分。经验由理性考验，而理性又受经验的考验。舍此之外，在法律体系中，没有任何东西能站得住脚。[①] 吉林大学法学院李洁教授表示："从实质判断，只有得出的事理逻辑符合常理才能达到良法的要求。"[②] 也就意味着法律要在逻辑与经验上和谐统一，在形式合理与实质合理上和谐统一，价值理性与工具理性的和谐统一才是"良法"。二是以政府干预为内容的"良法"获得普遍认同还必须让公众凭借自己的眼睛看到干预权运行的路径和方式，并以其理性来判断和相信这种干预也是理性的，不存在恣意并在理性的轨道内运行方为"良法"。三是经得起公众"评估"的法律才是良法，在当代，兴起了以考量"法治指数"的热潮，即以中性的、技术性的分析工具评估法律的状况。法治指数是全球化时代绘制世界法律地图的一种新构想，也是全球法律散播的一种新形式。从语境/表达型视角来看，是刺激、影响特定法律系统的一种因素。[③] 我们不能无视这种发展，毕竟法律法规的清理活动，特别是对政府干预法律法规的清理还的确需要与评估相随。

（二）政府对民办高校的干预止于大学自治

长期担任弗吉尼亚高等教育委员会主席的戈登·戴维斯："纵观高等教育的历史，大学一直受到教会的控制，并且必须为学术的纯洁性与之斗争；然后它又与王权作斗争；现在是与公司企业作斗争。在大学与控制思想的资金来源之间一直存在着紧张关系。我们必须说，即使与圣父的话相违背，地球也是围绕太阳转的。"[④]

为什么关系紧张？为何而斗争？这都是需要政府在干预民办高校的问题上所要关注的。其实，关系的紧张，源于高校办学自治权的被压缩。

特别是在我国，这种对办学自治权的压缩，甚至在某种程度上被看成了是国家逐步下放并最终由法律确认的权力，"它是'下放的权力'，而不是高校应有的权力"[⑤]。决定大学自主权的不是学术自由，也不是学术本身，而是外行的立法者。即中国的大学自治权是由法律所创设的，大学并不当然拥有自治

---

① ［美］庞德：《通过法律的控制法律的任务》，沈宗灵、董世忠译，商务印书馆1984年版，第110页。
② 刘金林："良法该如何'炼成'"，载《检察日报》2014年11月14日。
③ 鲁楠："世界法治指数的缘起与流变"，载《环球法律评论》2014年第4期。
④ ［美］大卫·科伯：《高等教育市场化的底线》，北京大学出版社2008年版，第154页。
⑤ 韩兵：《高等学校的惩戒权研究》，法律出版社2014年版，第124页。

的权限。"权力的所有者随时可以把权力收回"①。那么，是否如此呢？回答这个问题，就犹如问人的权利从哪里来，是国家法律授权赋予的，还是来自于其本身的特质，如果是国家逐步下放并最终确认之权，那么天赋人权的论断就是谬论，获得这个权力不是理所当然的争取，而是要寄托于国家的施舍。我们想问，是这样吗？

探究高深学问，理性的追求真理是大学的应有之义。这是近现代大学存在的根基，也是其永葆生机的源泉。如果一个大学丧失了其学术本性，那么这个大学将褪变为一个培训机构，成为流水作业的制造"机器"的工厂。布鲁贝克指出："既然高深学问需要超出一般的、复杂的甚至是神秘的知识，那么，自然只有学者能够深刻地理解它的复杂性。因而，在知识问题上，应该让专家单独解决这一领域中的问题。他们应该是一个自治团体。这就是为什么学院和大学常常被称为学者王国的原因。"②"如果学术属性不能在大学的身上予以体现，则大学也就失去了生存的基础"。③所以，大学享有的自治权并不是法律授权而来，是其本身即享有之原始规范权。④

尽管目前，高校表现出越来越多的与市场的亲密性，市场也如国家般对高校进行着干预。但大学的理念中深埋的价值观是市场而并非一种荣耀：相信学者团体而不是相信利己主义者的联盟；相信开放而不是相信所有权；认为教授是寻求真理的人而不是企业家；学生是追随者，而不是来满足他们的爱好的消费者，他们的爱好应该是被塑造的。⑤以学术与教育为根基的大学是有其底线的，也必须维护这一底线，不然大学则不成其为大学。底线实际上是一种类似于禁忌的基础生活秩序，是一种维系社会正常运行的"最低道德保障"。⑥

也正是对于学生自治的信仰，大学才走到现在，既不屈服于政府，也不屈服于市场。大学正是有了这个底气，才有权利拒绝来自于外界的干预。也正是因为此，牛津大学具有了"拒绝邀请首相布莱尔参加校庆、拒绝阿拉伯商人

---

① 韩兵：《高等学校的惩戒权研究》，法律出版社 2014 年版，第 124 页。
② ［美］约翰·S. 布鲁贝克：《高等教育哲学》，王承绪等译，浙江教育出版社 1998 年版，第 31 页。
③ 彭阳红："论'教授治校'"，华中科技大学博士毕业论文 2010 年，第 51 页。
④ 董保城：《法治与权利救济》，元照出版公司 2006 年版，第 79 页。
⑤ ［美］大卫·科伯：《高等教育市场化的底线》，北京大学出版社 2008 年版，第 8 页。
⑥ 杨朝清："敬畏教师'自白书'里的爱与痛"，载《中国教育报》2014 年 12 月 26 日第 2 版。

捐巨资成立与本校宗旨不符的商学院"合法权力;也正是因为此,哈佛大学教授会才能有充分的理由"罢免校长萨默斯、拒绝给总统里根授予博士学位"。为高校所传颂的 Sweezy v. New Hanshire 一案中,美国联邦最高法院的两位大法官兰克福特与哈兰在判决书中写道:大学的任务即在于提供一个最有益于思考、实验和创造的环境,是一个可以达成大学的思想基本自由即在学术的基础上自己决定"谁来教""教什么""如何教"以及"谁来学"的环境。①

所以,法律所为的规定不应过度干预大学内部基于学术、教育目的之自主判断,以免侵害大学自治权,因此不得为明确、具体之细节规定。② 毕竟,大学自治是依托于学术本质的自治。原则上只要是大学为达成其教学与研究功能所必要的合理事项,都属于大学自治的范围,大学行使自治权空间的大小不以法律有无相关规定为前提。法律不仅不能创设大学自治权,其自身还要受到学术自由本质内涵的制约。③ 故,源于法律授权的政府干预权则更要止于学术自由为根的大学自治权,"除了出于紧急的原因和有明确令人信服的理由,政治力量必须避免介入此类自由活动"。④

(三)政府对民办高校的干预止于私权利益

在消解了目的论宇宙观为基础的宗教及其道德观支撑社会秩序的正当性之后,确证了以主体理性哲学观为支撑的社会秩序的正当性,但在历史的发展中,也凸显出其不足的方面:对自身利益最大化的过度追求,对资本意志的过度屈从,对"商品"和"金钱"的过度膜拜,使得人在摆脱了上帝的统治后却又被"物"所奴役。⑤ 对市场经济中出现的基于个人利益最大化追求所致的"市场失灵",需要政府用干预手段来协调和解决个体利益和社会整体利益间的冲突和矛盾。政府的有限理性,以及拥有权力的人就有权力滥用的可能,再加上如萧伯纳的取之于一方而用之于另一方的政府总能得到受益方支持的论断,那么"一旦政府干预经济,代替市场,往往会在其干预的部门或领域中建立起自己的垄断,进而阻碍市场经济和公民社会的发展。出于对政治集团或官

---

① 周志鸿:《学术自由与大学法》,蔚理法律出版社 2002 年版,第 207 页。
② 周志鸿:《学术自由与高等教育法制》,高等教育文化事业有限公司 1989 年版,第 78 页。
③ 韩兵:《高等学校的惩戒权研究》,法律出版社 2014 年版,第 123 页。
④ [美]德里克·博克:《走出象牙塔——现代大学的社会责任》,徐小洲、陈军译,浙江教育出版社 2001 年版,第 5 页。
⑤ 李昌麒:《经济法》,中国人民大学出版社 2011 年版,第 7 页。

僚利益的考虑，政府往往倾向于代替市场，而不仅仅只是纠正市场失灵的问题。一旦政府代替了市场（在这一过程中增加了新的官员，通过了新的法律），它们就不愿意退出，或者说政治上也不允许其退出。"①

为了避免市场失灵与政府失灵，就必须对公共领域与私人领域进行划界，在公共利益与个体私益之间划界。之所以存在利益冲突就是因为公共利益和私人利益之间存在着某种灰色地带，或者有一种模糊地带，双方均在争取这个地带中的空间，从而实现利益的最大化，更寄希望于用法律予以固化这些利益的享有或获得。传统的民法和行政法无不体现出这样的立场。正是这种各自存在的不足留给了现代经济法的空间，经济法就是从社会整体的立场来考证政府所关切的公共利益与私人所关切的个体利益，并根据这些利益的特质予以划界。

无论在理论上还是在实践中，人们总是说二者应和谐统一，要保护公共利益，尊重私权利益，事实上是在回避着这种界限问题，当然也有的学者提出：私权高于公共利益，没有对私权的基本尊重和坚定的保护，公共利益根本不存在。② 布坎南也指出：唯有通过构造广义上追求财富极大化的"私人"，才能设计其目的是促进"一般利益"并防止人与人之间不正当的利用市场法律结构——市场的法律和制度。③ 当然也有学者提出，公共利益是对基本权利制约的理由，公共利益具有优位性。笔者认为，公共利益与私人利益之间的优位性不能绝对化对待，执行"公益的优位论"，私权的内涵就可能被掏空，执行"私益的优位论"，公益的实现就会打折扣。其实在各自的公共利益与私人利益的核心领域，他们表现出了相对于对方的优位性，主要是在"灰色地带"的确定，在这个模糊的地带进行具体问题具体分析较为适宜。这也就意味着，要从法律的层面，建立起一个正当程序框架，合理的商谈程序框架内具体协商而定。或者说只要在政府权力行为有可能对公民权利构成限制、侵害或减损时，或者在利益发生冲突的领域，就必须在法律的层面建立起必要的程序，即没有经过正当的程序或者程序存在瑕疵的应归于无效或可撤销，从而防止出现借公共利益名义损害私人利益，借私权至上而损坏公共利益的现象。由于政府的优势地位，私益在某种程度上更容易受到侵害，某些时候政府的强力对私权

---

① ［美］维托·坦茨：《政府与市场：变革中的政府职能》，王宇等译，商务印书馆2014年版，前言第3页。
② 萧翰："疑韩案的私权与言论自由"，载《南方都市报》2012年1月30日时事评论版。
③ ［英］詹姆斯·布坎南：《自由·市场与国家：20世纪80年代的政治经济学》，平新乔等译，上海三联书店1989年版，第39页。

利侵害的不利影响甚至比表面上的腐败所造成的损失要大得多，故而政府的任何干预行为必须要建立在合法的基础上，由于法律自身的合法正当问题，还必须要求法律本身能载负其最低限度的道德伦理的考证，这种干预方为恰当。从这个视角来言，政府干预不能出现在私权可以有效发挥的领域，而且这个私益的彰显也被实践证明并不妨碍他人或公共利益的实现。奥尔森指出：因为存在私营团体的私利，拥有适宜制度和政策的政府，能够以相对低廉的成本维持充分的法律和秩序以促进经济的发展。① 所以，政府干预要尊重市场主体的基本经济权利或者私利。哈耶克指出："对私有财产权的承认是阻止或者防止政府强制与专断的基本条件。如果不存在这样一种确获保障的私人领域，那么强制与专断就不仅会存在，而且还会成为司空见惯的现象。"② 实践也一直证明着，法律所界定的私有财产权划定了受保护的个人自由与政府合法范围的界限。日本学者指出，在私立大学的自治中，含有大学的自治和私立学校特有的自治两个层面。③ 私立大学特有的自治实质上是指兴办主体不同于公立，其特质为"私"，尽管其兴办了具有公共利益性质的教育服务，但其合法的出资及因其出资所购置的场所和物等基本的财产权利必须得到保障，政府以公共利益之名行使干预权时，对于私有的财产权必须审慎。

　　总而言之，政府干预的界限构筑着政府介入民办高校领域的范围，而政府干预的原则决定着政府干预权实现的形式或者说介入民办高校的方式与方法。民办高校需要政府干预的具体范围和政府干预的形式还应从历史的经验及国外的干预实践经验中获得确证。

---

① ［美］曼瑟·奥尔森：《权力与繁荣》，苏长和等译，上海人民出版社2005年版，第83页。

② ［英］哈耶克：《自由秩序原理》，邓正来译，三联书店1997年版，第171页。

③ 转引自韩兵：《高等学校的惩戒权研究》，法律出版社2014年版，第37页。

第三章　我国民办高校政府干预的历史经验

历史可以明鉴。关于民办高校在哪些领域需要政府干预，政府又如何恰当地行使其干预权，从历史中可以发现一定的端倪。

一、经济法视域下的民办高校政府干预命题应在历史中获取资源

当然，也许有学者认为，我国的经济法在1979年6月才出现在正式的文本中①，是不是就意味着中国的经济法难以在中国传统文化中寻找发展土壤？是不是意味着只能是依赖于法律的移植？特别是在研究正在走向市场化路径的行业的政府干预问题时，这个显得更为明显。

（一）政府干预经济的历史明证

政府在历史的变迁中调适着自身的干预行为。

张世明指出，其实早在先秦时期，中国思想界就出现了对经济生活的"国家干预说"和"市场调节说"的争论。②种明钊先生指出："国家干预的历史源远流长。我国古代的《诗经》《秦律》《唐律》等法典和2000多年前古巴比伦的《汉穆拉比法典》等，都有国家运用公权对经济进行管理的规定。当然这种公权对私权的介入是零星的、非系统化的、浅层

---

① 1979年6月，全国人大常委会在报告中首次使用了"经济法"一词。官方提出和使用后才引起了学界的关注和重视。

② 张世明：《经济法学理论演变研究》（第二版），中国民主法制出版社2009年版，第338页。

次的。"① 顾昕在"美国按揭凯恩斯主义的前世今生"一文中指出:"政府干预在古代中国有着悠久的历史,早在战国时期,李悝就提出并在魏国实施了'平籴法',后来发展为常平仓制度,并在'大萧条'期间被美国学者津津乐道,视为挽救危局的良方。"② 刘海年在《中国古代经济法制之研究》一文中指出:"秦汉以后,各王朝根据需要和阶级、阶层力量对比不同,禁榷的范围广狭有别。对盐、铁、酒、茶等,王莽六榷,金代十榷,最广;清代惟榷盐茶,最狭;禁榷之制不仅关系国家对重要物资和商品的控制,能带来巨大的经济收益,也是稳定社会秩序和巩固政治统治之需要。"③ 经济学界的盛洪更是指出:"经济自由主义本是中国文明的传统。老子讲过'无为而无不为',孔子则说'因民之所利而利之'。这一传统为我们带来了千年之利。走上计划经济的弯路,起因于对经济自由主义价值的抛弃;而市场化的改革,以及随之而来的我国经济的崛起,必然带来我国文明的复兴,连同它的经济自由主义的传统。"④

在我国经济发展史上,尽管在总体上是重农抑商政策,虽没有发展出现代的经济形态,但在国家限制商业或者让市场主体准入的方式方法则一直都有,战国时期是注籍制度,政府通过"市籍"注册进行管理和收取赋税。明清则实行铺行的"编审制",即规定所有在城市内开业的铺行都必须到主管衙门进行登记注册,由主管官吏定期调查他们的资本数目、营业状况和盈利多少,然后分别等第,立案造册,并规定了所有铺行的开、歇业都必须经官府核准。⑤

特别是在鸦片战争之后,中国开始被迫接受西方的工业文明及其商品经济。受明治维新的影响,清政府也开始了振兴实业的改良维新之路,借鉴日本,颁布了一系列的经济法规,如《大清商律》《商人通例》《公司律》《公司注册试办章程》等,其中《公司律》,3/5 的条文内容仿效日本,2/5 的条

---

① 种明钊:《国家干预法治化研究》,法律出版社 2009 年版,第 7 页。
② 顾昕:"美国按揭凯恩斯主义的前世今生",载《读书》2018 年第 1 期。
③ 转引自张世明:《经济法学理论演变研究》(第二版),中国民主法制出版社 2009 年版,第 344 页。
④ 刘军宁等:《公共论丛:市场逻辑与国家观念》,生活·读书·新知三联书店 1996 年版,第 10 页。
⑤ 赵韵玲、刘智勇:《市场主体准入制度改革研究》,中国人民大学出版社 2010 年版,第 4 页。

文内容仿效英国,其精神至今仍反映在西方国家的公司立法中。① 而在那个时代,日本法学对德国法学的依存性是非常大的,基本上是在继受德国法的模式②。而经济法学的发轫起于德国,是经济法的母国③。在民国时期的国际社会,正是政府对市场及其主体进行大规模的、系统化的干预时期,民国虽战火不断,但经济、社会等制度与国际的接轨更为深入,也主动和被动地接受着因市场失灵严重而兴盛的国家干预主义。

(二) 我国古代政府对私学的干预

人力资本理论证明了教育与经济社会发展的关系,我国古代对教育的政府干预如同对经济的干预一样,给后世提供着借鉴。

私人办学在中国的历史是非常久远的!私人办学之风自孔孟兴起,一直成为我国教育优良之传统,更是推进着我国国民重教之风气的延续。从历史的角度看,先秦的各种思想与教育的发展是紧密关联的,后世的每一次思想浪潮都离不开当时兴盛的教育。

秦始皇统一六国后,虽曾禁私学,并焚书坑儒。但仔细考察"焚书坑儒"的国家限制,也并非后世所评价的那样"秦朝禁私学是中国古代自私学出现以后最彻底的一次禁毁行为"④。更甚之的是有种观点还认为,在秦始皇统治时期,中国教育的生机已被摧残的荡然无存。其实,这不过是夸大了焚书坑儒以及禁私学的后果,焚书坑儒不过是禁止儒生议论政令功过,禁私学在于表明其想兴办另一种教育,事实上,"据马端临的记载,秦始皇授权博士指导为数甚众的学生研究古籍。"⑤ 焚毁的主要是《诗》《书》,很多类型的书是不在焚毁之列的。汉朝建立后,实行休养生息,倡导私学,很快就复兴了。

汉代之后,后世的帝王对私学多数持鼓励之态,少有禁止之举,偶有禁止,也不过是针对特定目的,如《唐律》及《唐律疏议》中对私学进行了限

---

① 赵韵玲,刘智勇:《市场主体准入制度改革研究》,中国人民大学出版社2010年版,第5页。
② [日]北川善太郎:"日德法学一百年",李毅多译,载《中外法学》1992年第4期,金泽良雄:《经济法概论》,满达人译,甘肃人民出版社1985年版,第3-4页。
③ 张世明:《经济法学理论演变研究》(第二版),中国民主法制出版社2009年版,第63页。
④ 杨红霞:《民办中小学政府干预问题研究》,华中师范大学出版社2012年版,第86页。
⑤ 郭秉文,《中国教育制度沿革史》,商务印书馆2014年版,第38页。

制性规定:"诸玄象器物,天文图书,谶书,兵书,七曜历,太一,雷公式,私家不得有,违者徒二年。若将传用,言涉不顺者,自从造'袄言'之法。'私习天文者',谓非自有图书,转相习学者,亦得二年徒坐。纬,侯及谶者,'五经纬''尚书中侯''论语谶',并不在禁限。"(摘自《唐律疏议》卷九"私习天文")明清时期也曾经多次禁毁书院,如清代通过圣谕形式要求各提学官督不许别创书院,要求生员不许立盟结社等,但在执行上只要不触及政权,基本上是属于"雷声大、雨点小",即禁令虽有,却禁而不严,尤其是在清朝并没有因私人创办书院而受到处罚的记载。

绵延至前清,我国古代私学出现了蒙学、书院、社学等多种形式,蒙学在于强调"使学童识字习字",唐代之后的书院很大程度上为成人之学,很多学者将之与现代意义上的大学相指称,但事实上还是有很大差别的,但私学的完善、制度化则是不争的事实。总之,中国古代私学,虽没有演化成现代意义上的初等、中等和高等教育形式,但自成体系,支撑着中国文明的演进,在历史的长河中,虽有禁毁,但总体上是以扶持和鼓励为主,或给予直接的拨钱物,或赐学田,或给私人立馆设学,使得私学的蓬勃发展之势一直都是主流,并屡有创新之举,与官学一起托起了中国教育的发展。

二、晚晴时期政府对私立高校的干预

近代意义上的大学是在晚清才开始,但这个时期也是在继受西方发达的制度、思想的时期,对政府干预的认识也在与西方思想的交融中加快近代化进程。

(一)教会大学的兴办

从晚清始,到1952年的院系调整,教会大学曾经占据着我国私立大学的一个相当重要地位。

晚清政府自1840年的鸦片战争后,多次被迫与帝国主义签订不平等条约,以所谓的"合法协议"的形式在攫取了土地、通商权的同时,也攫取了在中国传教和办学堂的权利,对中国进行文化教育侵略。不能否认的是,中国现代意义上的教育,特别是学制等也在教会的启蒙下开始了发展之路。

教会大学主要是在教会中学的基础上发展起来的,其在中国的出现是1880年前后,特别是1890年在华基督教(新教)传教士在上海召开的第二次代表大会,他们对新教在华传教策略进行全面调整:为基督征服中国,教会应该创办学校,尤其要重点创办教会大学,培养政治上足以控制中国社会和前途的人。美国北长老会传教士狄考文在会上强调:"我们必须培养受过基督教和科学教育的人,使他们能够胜过中国的旧式士大夫。任何一个精通西方科学,同时又熟谙中国文化的人,在中国任何一个阶层都将成为有影响的人。"也就是从这个时期,教会开始从以前的着重发展初等教育,变为着重发展高等教育。

到清朝灭亡,民国建立之初,教会大学的创立与发展是较为迅速的,一则没有清政府的干预,二则其具有相对雄厚的财力;三则有其背后的国外势力的支持,这期间,创立与发展的教会大学主要有:

清末民国初创立与发展的教会大学一览表

学校名称	举办人	成立时间	办学地点	备注
东吴大学	美国监理会	清光绪二十七年(1901)	苏州	在美国田纳西州州政府立案;1905年招生
震旦大学(震旦学院)	法国天主教耶稣会	清光绪二十九年(1903)	上海	1904年短暂停办,1905年重新复课
岭南大学	广东基督教	清光绪三十年(1904)	广州	前身是澳门的岭南学堂
圣约翰大学	美国圣公会	清光绪三十二年(1906)	上海	在美国哥伦比亚州立案
北京协和医学校	英国伦敦会	清光绪三十二年(1906)	北京	1915年更名为协和医科大学
燕京女子大学	美国教会	清光绪三十四年(1908)	北京	1919年与燕京大学合并
浸会大学	美国南北浸礼会	清光绪三十四年(1908)	上海	1915年,改名为沪江大学
文华大学	美国圣公会	清宣统元年(1909)	武昌	前身为1866年设立的文华书院

续表

学校名称	举办人	成立时间	办学地点	备注
金陵大学	美国长老会、美以美会、美国基督会	清宣统二年（1910）	南京	清宣统三年（1911），金陵大学在美国纽约州立案注册
华西协合大学	美以美会、公谊会、浸礼会	清宣统二年（1910）	成都	前身为华西协合中学
之江大学	美国长老会	清宣统三年（1911）	杭州	

在华传教士办学战略调整之后，经过发展，形成一种"倒三角形"的局面：即高等学校学生总数占到当时中国所有高校的80%；中等学校、初等学校的在校生约占中国相应学校学生总数的11%、4%。且在京师大学堂等中国官立大学中也多由传教士任职，可以说教会大学对中国高等教育的影响已不仅仅是渗透型而是可以左右近代中国高等教育的发展。

（二）国人私立大学的兴办

除教会大学外，清末私立大学也逐渐起步。最为著名的为复旦公学与中国公学，这两个学校都是在上海创建：

复旦公学创办于光绪三十一年（1905）八月，是在光绪二十九年（1903）法国天主教创办的震旦学院的基础上成立，即因1904年外籍传教士南从周来上海担任震旦学院教务长，任意改变学院章程等，引发校政风波，于右任、邵力子等多名学生脱离震旦，相率离校，震旦学院遂暂行停办。1905年，马相伯、严复、熊师复等在吴淞创办复旦公学。

中国公学创办于光绪三十二年（1906）春。其源起于光绪三十一年（1905），因日本文部省颁布《清国留学生取缔规则》，迫使部分留日学生中断学业回国，这些回国学生中约有三百多人滞留上海。他们自发邀集各省在沪人士希望自办一所学校来继续学业，经过筹办，于光绪三十二年（1906）二月六日宣告成立。校名则经全体同学公议，确定为中国公学。

除普通教育外，还有实业教育，洋务运动、维新运动，均对实业教育给予了较多的关注，努力提倡之。但在学界中对这种教育通常没有纳入高等教育体系中，事实上，实业界创办了很多类似学堂，包括连政府一直所禁之法政学堂，在 1909 年之后也有所松动，为缩短立宪年限，各省立宪代表联合晋京，因"立宪时代需要通晓法政人才尤多，不能专恃各省官立法政学堂为养成之所"，故恳请准设私立法政学堂。1910 年，学部批准浙江省翰林院编修陈敬第等呈请设立浙江私立政学堂。随后，各省纷纷设立私立法政学堂。

（三）晚清政府对私立高校的干预

其一，清政府之于外人兴办教会大学。

由于清政府是被列强的枪炮"破门而入"，鉴于国家主权的被侵略，对于列强之传教士所创办、发展之教会大学也只能是听之任之，总体上采取不干预之势，对于其立案、教育方针、学制、教育内容、教学机构、课程设置与教材等，清政府均无权过问，教会具有完全控制权，这和清政府的丧权辱国的弱势地位息息相关，对教会学校不敢管，也管不了。

1906 年学部颁发《咨各省督为我人设学无庸立案文》："照得教育为富强之基，一国有一国之国民，即一国有一国之教育；匪排民情国俗各有不同，即教育宗旨亦实有不能强同之处。现今振兴学务，各省地方筹建学堂，责无旁贷；亟应及时增设，俾国民得有向学之所。至外国人在内地设立学堂，奏定章程并无允许之文；除已设各学堂暂听立案，所有学生，概不给予奖励。"由此可见，清政府对外国私人在中国所开办学堂不需要登记认可，便可立案，已设之学校对之只能立案认可。

根据该立案文，政府对教会大学所能做的限制，不过是不给这类学校学生奖励，主要在于对教会学生不给予拔贡、举人、进士等相应的职衔与任用，另外在各省选举咨议局代表时，教会学生也是没有选举权与被选举权的，无力的清政府只能以剥夺学生的某些权利来阻止中国人进入教会学校，阻止教会学校的蔓延。

但，事实上，清政府为推进国家教育发展，采取留学、海外游学之政策予以选拔人才，从间接上鼓励了教会学校。特别是美国利用部分庚子赔款退还的形式资助中国学生留美的"退款兴学"，对美国而言，是为了日后更好地控制中国，如美国伊利诺大学校长詹姆士在 1906 年给美国总统罗斯福的备忘录中指出："如果美国在三十年以前已经做到把中国留学生潮流引向这一个国家，并使这潮流扩大，那么，我们现在一定能够使用最圆满与最巧妙的方式而控制中国的发展，使用从知识和精神上支配中国领袖的方式。"但对清政府而言，在财政一直紧张的关头,在急需了解外国的时候,一则可通过此支持教育,选拔人才;二则甚至能够通过控制和管理留学学生,来达到间接干预教会大学。通过设游美学务处,对留美学生进行考选、遣送,并与驻美监督通信等。还在美设立留学生监督处,清政府至灭亡共选拔了三批直接留美学生,共180人,大多来自教会学校及省立高等学堂。

清政府对于教会大学总体上是不能也不敢干预,只能采取间接干预的形式来防止其迅猛扩展。

其二,清政府之于国人兴办私立大学。

清政府对于国人兴办之私立大学的干预,在政策方面是相对保守的。欧斌在其硕士论文中指出:清末时,私立高等教育发展已经有了一定基础,但清政府在政策方面却仍然十分保守,没能有更大的突破,除教会大学以外,一般都不准私立,在学制方面上对私人能否创办高等以上的学堂也持不鼓励之态度。但对已建立的私立高等学校却基本上是扶持的,特别是地方政府,对私立高校尤其给予了全力的扶助。[①] 应该说,他这个论断在一定程度上是成立的,笔者认为,晚清政府对于私立学校的干预政策

一是书院改革鼓励兴学。

在清政府进行学制改革之前,对于传统的书院进行了一定的改革,尽力与近代教育体制接轨。刑部郎中李端棻于清光绪二十二年(1896)向朝廷上书建议对书院章程进行修改,在建议中其提出应规定书院设立格致、制造、农学、商学、兵学、矿学、交涉学等多个学科。翰林院侍讲学士秦绶章也于同年进行上奏,其上奏内容主要也是对学科的教学内容上进行丰富,如建议书院的掌故之学要附以洋务、条约和税务,史学要附以时务,算学要附以格致和制造,舆地之学要附以测量和图绘,译学要附以外国语言文字。这些建议均被政府采纳。这无疑是保留传统学科之名的基础上进行了教学内容的改革,从而让传统书院从原来的仅仅重视经学转向了现代实务,并以章程的形式推向全国,影响全国书院,另外,光绪皇帝还对原有的科举考试内容进行了重大变革:废八股取士之制,改试时务策论。这些变革引导着私立学堂的变迁。

清光绪二十七年(1901)实行"新政",同年8月2日清政府颁布兴学诏:"除京师已设大学堂应切实整顿外,着各省所有书院,于省城均改设大学

[①] 欧斌:"民国时期私立高等教育与当代民办高等教育政策比较研究",南昌大学硕士论文2008年,第9页。

堂，各府厅直隶州均设中学堂，各州县均改设小学堂，并多设蒙养学堂。"诏令还提出，对各省绅民捐建学堂者予以奖励。"新政"进一步唤起了国人的救国图存的思想，掀起了政府提倡、官吏督促、士绅热心的兴学局面，特别是私立学校得到很大的鼓励。

二是设置专门教育行政机构管理学务。

在科举废除前，并无统管全国教育的行政机关，由礼部兼管教育。在各省设1名提督学政，"掌学校政令，岁科两试。寻历所至，察师儒优劣，生员勤惰，升其贤者能者，斥其不师教者。凡有兴革，会督抚行之。"也就是说各省的学政只是督察教员与生员的，对于学校不在其管理范围。

1904年《奏定学堂章程》中明确规定：专设总理学务大臣，统辖全国学务。规定了总理学务大臣的具体职责为：整饬各省学堂，编订学制，考察学规，审定专门普通实业教科书，任用教员，选录毕业学生，综核各学堂经费，及一切有关教育之事。在总理学务大臣之下，还设置了六处属官，即：专门处、普通处、实业处、审订处、游学处、会计处。

1905年设学部，单独建制教育行政机关。部内机构主要分为五司十二科，即：总务司——内分机要、案牍、审定三科；专门司——内分专门政务、专门庶务二科；普通司——内分师范教育、中等教育、小学教育三科；实业司——内分实业教务、实业庶务二科；会计司——内分度支、建筑二科。设礼学官，定期轮流出京视察全国各省教育。

1906年，光绪皇帝裁撤学务司和提督学政，提出设提学使司，要求各省设提学使一名，提学使司衙门设于各省省会，在内部机构中设置学务公所，公所设议长一人，议绅四人，辅佐提学使参划学务。正式的省级教育行政机关成立。另设省视学六人，承提学使之命，巡视本省各府、厅、州、县的学务。

由此，清政府正式的专管学务的教育行政机构予以完备，为管理、规范以及服务各级各类学校提供了常规性平台。

三是废科举建立新式学制规范办学。

经过近40年的酝酿，在废除科举之前，1902年颁布《钦定学堂章程》（时称壬寅学制），1904年颁布《奏定学堂章程》（时称癸卯学制），正式确立新学制。由张之洞、荣庆、张百熙等参考日本学制拟定的，包括《奏定学务纲要》《奏定大学堂章程》（附《通儒院章程》）《奏定高等学堂章程》《奏定高等农工商实业学堂章程》《奏定任用教员章程》等。可以说，事无巨细地将教育宗旨，教员等多方面进行了详尽规范，还规定了各级各类学堂的性质任务、入学条件、修业年限、学堂的管理规则，将全国学堂统一在这个整体之内，给予规范化。

四是对私立学校进行直接的财政支持。

对于私立大学，地方政府是较为支持的，给予直接的拨款、拨地、建校舍等形式进行支持。比如对于中国公学，鉴于是由留日学生因"清国留学生取缔规则事件"，愤而回国在上海创建的以救国图存为要旨的学校，以学生为主体的办学经费可想而知，一腔热血并不等于能够有效解决经费窘困的现实，中国公学从开办伊始便陷入经费紧缺之中，开办不久，负责庶务的姚洪业便因筹措办学经费困难问题而忧愤不已，不得已投黄浦江自杀。自杀事件一出，便震惊中外，也引起了多方关注。作为当时政府的表的两江总督端方对中国公学开始给予关照，允诺从1906年起每年捐银1万两，并拨吴淞公地100余亩为学校用地。在1907年中国公学还得到了大清银行白银10万两的贷款用以建筑校舍。此后，浙江、湖北、江西、四川等省也相继为学校提供款项给予支持，至宣统末年时，学校每年能有常款2万元。

另一所学校复旦公学开办过程中也得到了政府的大力支持，两江总督周馥给予1万两银元为开办费，借吴淞提督衙门给学校为临时校舍，并划上海吴淞营地70余亩为学校校园。清光绪三十三年（1907）时，学校年得款2万两。

五是对私立大学进行一定的限制。

第一个限制，虽允许设立私学，但是私立大学并没有纳入政府所定之学制体系中，无论是最初的《钦定学堂章程》所定壬寅学制的还是在癸卯学制，均未对私立大学进行规定，只是规定了官立学堂的章程。在张百熙、荣庆、张之洞所著的《学务纲要》中规定"此后京外官绅兴办各种学堂，无论官设、公设、私设，俱应按照规定各项学堂章程课目切实奉行。"即是参照公立大学行为，没有纳入政府正式的学制、章程中，应该说这凸显私立大学与公立大学在制度上的"国民待遇"的差异，没有给予私立大学充分的尊重。

第二个限制，对课程讲授内容的限制。在《学务纲要》中规定，"不得私改课程，自为风气"；"概不准讲习政治法律专科，以防空谈妄谈之流弊，应由学务大臣咨行各省切实考察禁止"；"凡民间私设学堂，非经禀准，不得教授兵式体操。其准习兵操者，亦止准用木枪，不得用真枪以示限制，应由学务大臣咨行各省晓谕民间一律遵照"。① 即说明了政府对私立大学教学的一些自主权给予了一定的限制。

第三个限制，禁止国人创办一些对政府而言较为敏感的学校，比如说法政学堂，直到1911年才开禁，准许私人设立法政专门学堂。

三、民国时期政府对私立高校的干预

爆发于1911年的辛亥革命推翻了满清政府，随之中国进入了民国时期，尽管民国时期的内忧外患一点都不少于晚清政府，军阀混战、长达八年的抗战、三年的内战，似乎民国总在战乱的风雨飘摇中挣扎。但中国的私立大学在这种夹缝中却能够傲然发展，在世界高等教育史上留下了浓重的一笔。其中缘由，不能仅把功劳给予在那个时代呐喊、奋斗，甚至以血的代价来捍卫大学的知识分子，而应着实思考国家在那种内忧外患的情形下给予大学的力所能及之支持和谨慎之干预的作用。

（一）北洋政府时期政府对私立大学的干预

1912年，新政府成立，除了内忧外患外，一开始便面临国库空虚，债台高筑的局面。而不稳定的政局又是雪上加霜，多次革命也让中国的国力进一步羸弱。"单以第一次辛亥革命造成的经济损失来说，除了国内数月无赋税进款之外，在正常开支之外政府增加的公共开支与私人所受到的损失合计约为2亿3000万两。"② 没有钱，政府的正常运转都困难，再加上战争负担，如何发展教育？在经费开支甚至要占据80%的国家预算中，怎么支持教育？这些困难似乎成了北洋政府绕不过的槛。鼓励、支持私人办学则为弥补财政提供一条路径。北洋政府时期，我国的私立大学发展迅猛、甚至具有盲目发展之态势：

20世纪20年代早期，也就是在北洋政府时期，基督教学院和大学曾达到顶峰。1921年，教会大学有16所。1926年基督教办的大学有16所，天主教办的大学3所，共19所教会大学。"1922年它们建成了占当时中国高校数量将近一半的主要高等学府。"③

---

① 舒新城：《中国近代教育史资料（上册）》，人民教育出版社1961年，第209页。
② 郭秉文：《中国教育制度沿革史》，商务印书馆2014年版，第154页。
③ ［美］费正清：《剑桥中华民国史》（上），中国社会科学出版社1993年版，第427-430页。

有学者通过分析1912—1927年时期的私立大学发展状况,认为这一时期我国有两次私立大学的兴办热潮:一次出现于1912—1913年间,新设私立大学9所;另一次兴起于1917年,至1924年达到高潮,新设私立学校32所。①

有学者将民国时期私立学校的发展分为三个时期:1912—1927年盲目发展时期、1928—1937年整顿发展期、1937—1949年艰难维持期。② 并通过整理1912-1927年间政府核准立案的私立大学,以说明北洋政府时期的发展情况。

1912—1927年间政府核准立案的私立大学③

校名	创办者	创立时间	地点	备注
民国大学	王有龄、江庸	1913	北京	1914年获准立案,1916年改为朝阳大学
明德大学	黄兴、胡元倓	1913	北京	1916年停办,1919年在汉口复办,名为汉口明德大学,1926年停办
私立法政大学	何绍杰、王揖唐	1912	北京	1913年易名中华大学,1917年并入中国大学,1925年获认可
国民大学	黄兴等	1912	北京	1913年秋与吴淞中国公学合并,易名中国公学大学部,1917年分离出来,改称中国大学
武昌中华大学			湖北	1917年备案
中国公学	留日归国学生	1906	上海	1925年认可
复旦公学	马相伯	1905	上海	1925年备案
南开大学	张伯苓	1919	天津	1925年备案
金陵大学农科			南京	1919年获准备案
北京平民大学	张一麟	1921	北京	1923年备案

---

① 宋秋蓉:"20世纪上半叶中国私立大学产生与发展的历史轨迹",载《高等教育研究》2006年第11期。

② 王炳照主编:《中国私学·私立学校·民办教育研究》,山东教育出版社2002年版,第276页。

③ 王炳照主编:《中国私学·私立学校·民办教育研究》,山东教育出版社2002年版,第341-342页。

续表

校名	创办者	创立时间	地点	备注
大同大学		1912	上海	1912年备案
华北大学	蔡元培等	1912	北京	1924年备案
北京民国大学	马景融、蔡松时	1916	北京	1924年备案
江西心远大学			江西	1925年备案
河南矿务大学			河南	1929年获认可
山西山右大学			山西	1927年获认可
名贤大学			山西	1927年获认可
北京中央大学	孙武	1923	北京	试办,1927年并入中国大学,原为中央法政专门学校
畿辅大学	关赓麟	1923	北京	试办
孔教大学	陈焕章	1923	北京	试办,短期存在
郁文大学	陈延龄	1923	北京	试办,1930年后易名郁文学院
东方大学	余天林	1924	北京	试办,1924年并入畿辅大学
文化大学	江亢虎	1924	北京	试办,短期存在
上海法政大学		1924	上海	
大夏大学	原厦大师生	1924	上海	
南方大学		1924	上海	
光华大学		1925	上海	
群治大学			湖南	
南通农科大学			江苏	
厦门大学	陈嘉庚	1921	福建	

虽然研究者把北洋政府时期（1912—1927年）的私立大学的发展定为盲目发展时期，但在军阀混战，实业不举的那个时代，能够给予私立大学以迅猛发展之空间已难能可贵。对于这种发展，有学者指出：这是政府无力而治背景下的无为而治。① 是不是真的或是完全"无力而治"呢，恐怕不能够如此下定

---

① 董云川：《论中国大学与政府和社会的关系》，云南大学出版社2004年版，第76页。

论，尽管国家积贫积弱，政府的无力主要是无法提供给教育足额的财政支持，并不在于管理权的无力，或许对教会学校没有足够的威权触及，但国家对于国人兴办之私立教育的管控依然严厉，如晚清政府时对私人开办法政类学校的禁止，就得到了相对有效的执行，北洋政府时期，对私立大学开始进行立案管理、规范取缔等，无不体现了政府威权的张力。

也有学者认为：20世纪上半叶种种历史因素导致的政府专制能力的有限性和不彻底性，成全了中国现代大学事业的发展。[①] 的确，是历史的种种奇妙因素造就了这种结果，但不容否认当时抵御外侮，追求自强，救亡图存已成为从上至下的一种共识，正是这种共识让统治者、民族企业、知识分子等群体在某种程度上达成一致，倾力倾心于教育，才有了北洋政府时期的私立大学之发展。如袁世凯在总统就职演说中说："吾国天时地利，不让诸强，徒以耕牧不讲，工艺不良，矿产林渔，弃货于地，无凭贸易，出口日减，譬诸富人藏窖，而日日忧贫。余愿全国人民，注意实业，以期利用厚生，根本自固。虽然，实业之不发达，厥有二因：一在教育之幼稚；一在资本之缺少。也因之，其主导下的北洋政府对教育十分的鼓励。奉系军阀张作霖在一份教育条陈上批示：学务为造就人才之所，振兴国家之基，关系最重，而奉天又处特别地位，若不从整顿教育入手，更无希望。"他还要求奉天各县每年的教育经费务占全县岁出总数的40%。厦门大学的创始人陈嘉庚先生指出："吾国今处列强肘腋之下，成败存亡，千钧一发，自非急起力追，难逃天演之淘汰。""教育为立国之本，兴学乃国民天职。"

加拿大学者许美德则指出：1911—1927年，这一时期革命四起，随后整个中国陷入了一片无政府的混乱状态，这就给各地高等教育在政策、法规及其实施各层次上进行实验提供了很大的空间。[②] 的确，在中央政府统治能力受限时，地方的军阀政府对教育给予的力所能及的支持也为私立大学的发展提供了很好的空间。

那么，在北洋政府时期，国家对私立大学的发展给予了怎样的支持和干预呢？

---

① 张博树，王桂兰：《重建中国私立大学：理念、现实与前景》，教育科学出版社2003年版，第17页。
② [加拿大]许美德：《中国大学——一个文化冲突的世纪》，许洁英译，教育科学出版社2000年版，第53页。

第一，对教会学校开始逐步行使治权

郭秉文先生在其1914年哥伦比亚大学博士论文中指出：教会教育向我们提出的问题似乎涉及至少三个方面：第一，政府应采取何种承认与管理制度；第二，教会对政府所采取制度是否欢迎；第三，采取这种制度本身对政府有何益处。民国政府成立伊始就必须要思考关于教会学校的治权问题，毕竟作为一个推翻落后专制王朝，反对帝国主义的新政府，对于外国人在国内所办大学如仍像晚清政府那样实行"不干涉也不承认"的不干预政策的话，可能就有问题。在政府还无法抗衡的实际状况下，政府开始着手研究对策，1912年，教育部派特别委员到日本考察研日本政府对教会学校的做法。根据郭秉文先生的记载：当前中国以要求教会学校实施一定教育标准的方式承认其合法性，但不干预学校是否实施宗教宣教。① 可见，北洋政府已经对教会学校进行了一定的干预。

1917年开始对教会学校进行积极主动的政策干预。5月12日，教育部发布了《中外人士设专门以上同等学校考核待遇办法》提出，私立学校之名称及科目与大学校令或专门学校令未能尽符，为了进行规范，该办法提出如下三项规定：第一项是对办学成绩较好的学校的认可；第二项则是对修业年限问题进行规范，第三项则是规定请求认可程序及呈报材料清单。(《教育部布告第八号》，《政府公报》第581号，1917年5月14日) 从这个教育部布告来看，政府要着手对教会学校进行立案注册，将之纳入私立学校范畴之内，对其学校形式、修业年限等进行与政府相关政策相统一。

两年后，教育部又通过布告规定，外国人所设高等学校，不能以传布宗教为办学为目的，而且不立宗教科目的，给予其及其毕业生与国内公私立高校同等待遇。(《教育部布告》第六号，《政府公报》第1131号，1919年3月29日) 这两个布告宣示了政府开始通过政策逐渐干预到教会学校的实质，即传教上来了，对宗教科目进行一定的限制，尽管仅带有倡导鼓励性质，但却是对教会学校宗旨，立校之根进行的干预，而且还通过给予其学生与公私立学校同等待遇的政策进行刺激。

1920年11月26日，教育部再次布告对教会学校进行规范，是时，仍有半数以上的学校未经教育部认可，从教育部接二连三地对教会学校进行布告来

---

① 郭秉文：《中国教育制度沿革史》，商务印书馆2014年版，第144页。

看，语气也一次比一次恳切，一则可以看出政府对教会学校要进行治权的决心，二则可看出进行有效干预的阻力还是相当的大，从第三次布告看，虽有教会学校根据前两次布告进行了立案注册，但仍有大半未予理睬。

1921年，由葛德吉主持的华东基督教教育会专门"研究政府承认基督教学校问题"的特别委员会于该年12月与北洋政府之间进行了一次关于教会学校承认问题的初步会谈，但会谈在宗教问题上陷入僵局。① 尽管会谈没有取得实质性结果，但说明了国家的干预政策起到了良好效果，而且也表明了政府的关于"教育与宗教分离"、教会学校应遵从政府关于学校的法令的坚定立场。

1924—1927年，中国爆发了收回教育权运动，要求政府制定严密的关于教会学校立案、管理、监督的法律法规，从而收回教育主权，在湖南等地还爆发了反对教会学校的怒潮。在此情形下，北洋政府对教会学校也改变了以往相对温和的态度，于1925年11月16日发布了措辞相对严厉的《外人捐资设立学校认可办法》，从六个方面进行了要求。（《教育部第十六号布告》，《政府公报》第3459号，1925年11月20日）应该说，该布告虽不尽如人意，但还是部分回应了国人收回教育权的诉求，尽管布告条款相对简略，甚至对不立案教会学校该如何处置都未提及，但考虑到北洋政府所承担的各种压力，作出如此对教会的管理规范之干预举措，已难能可贵了。

北洋政府统治时期的南方革命政权则对教会学校更为严格和激进，甚至有些省份颁布取缔外人设立学校的条例。如1927年1月湖北制定《取缔外人设立学校条例》，同年6月，浙江提出《收回外人所办教育事业法案》。

第二，对国人兴办私立大学的干预

一是通过制定法案为私立大学树立"路标"。立法是政府干预的基本手段。政府通过立法确定或者是明确政府干预特别是干预机构的合法地位，政府的任何干预或者说政策都需要一定的机构来执行，而这一机构可以新设也可以改变原有机构的管辖范围，但需要法律对之进行定位，明确其基本的职责和具体任务。在《私立学校规程》中强调，教育部为私立高校的主管机关。二是政府通过立法的形式对其规制对象的规制内容和总体原则进行明示，给规制对象以明确的指向，树立"路标"，指引行为。辛亥革命后，民国政府加快了对教育的立法进程，从而使私人办学"有法可依"，又逐步完善法规、法令，以

---

① 杨思信："民国政府教会学校管理政策演变述论"，载《世界宗教研究》2010年第5期，第120页。

对私立大学进行更为合理的规范和管理。主要有：1912年发布四项法令，其中9月发布《学校系统令》，10月颁布《专门学校令》和《大学令》，11月颁布《公立私立专门学校规程》；1913年发布7项法令，其中1月16日颁布《私立大学规程》，1月23日发布《私立大学立案办法》，5月颁布《私立专门学校及私立大学报部办法》，7月颁布《捐资兴学褒奖条例》，11月发布《教育部通咨各省私立法政学校酌量停办或改为讲习科》，12月发布《教育部取缔私立大学布告》和《私立专门以上学校认可条例令》；1914年12月发布《整理教育方案草案》，1917年9月27日颁布《修正大学令》，1922年11月发布《学校系统改革案》等等。尽管北洋政府时期虽政局不稳，但开创了以民主方式进行教育立法的先河，还特别倡导将所拟法规草案公布于众，广泛征求意见，所以从立法时就着力保证法规质量，并对法规、法令根据现实环境变化进行的必要修正或出台补充规定，但总体上力求保持法律的稳定性与连续性，尽力避免朝令夕改，从而彰显政府所应有的权威性。应该说，民国初的这一系列私立大学的法规、法令，确立了政府鼓励私人兴学的基本原则，明确了公立私立教育的同等法律地位，更是强化了政府对私立教育具体的干预权。

二是设置私立大学的准入门槛。总体上来说，民国北洋政府对于私立大学是一种相对宽松的政策，对私人兴办高等教育的进入并没有太多的限制，以鼓励引导为要。《专门学校令》规定："凡私人或私法人筹集经费，依本令之规定设立专门学校，为私立专门学校。"在《大学令》中也规定："私人或私法人亦得设立大学。"这些法律的规定表明了政府的鼓励姿态，即允许私人设立私立大学，他们除了不能设大学院（研究生院）之外，其他一切均与公立大学一样。在1914年12月的《整理教育方案草案》中，提出国家应引导私人兴学之方向，"择其需费较巨之科力求设备完美，如文科法科等则听民间之私立而严格监督之。"即政府力图将私立高校导向教育成本相对较低的文科和法科。对于私立大学的开办条件进行了规定。1913年《私立大学规程》规定私立高校需有八大事项呈请教育总长认可，即包括开办的目的；学校名称；学校位置；学则；学生定额；经费及维持方法；地基房舍之所有者及平面图以及开校年月。若开设医科者，还必须开用于临床实习的病院平面图、临床实习用病人之定额、解剖用尸体之预定数目。从这些条件来看，开办上条件相对宽松，但是在立案注册方面的规定却是相对严格，立案标准有五项指标，首先，是尊法守规，能严格执行学校的章程；其次，是对教师标准进行要求，需要其教职员资格合格；再次是对招收及在校学生的要求，要求入学资格合格，在校学生成绩良好；复次是教学设施设备足够应用；最后是对除学费收入之外的经费进行要求，即学校所拥有的资产或资金利息连同其他确定的收入应足以维持每年的经常费。如若私立高校达不到这样的标准，则必须加以改进，在限期内未立案的则对之进行关闭。虽然看起来标准并不高，但在当时的经济社会条件下，连南开大学这样的一向成绩优异的学校也不能完全达到，其就因为理科的设备尚不够充足，受到了政府的批评并被督促加以充实。

三是对私立学校的运行进行干预。规定私立学校代表人、教员及校长的任职资格。如1912年的《公立私立专门学校规程》对私立专门学校代表人进行了专门规定，包括履历、应负责任、变更事项等。《公立私立专门学校规程》及《私立大学规程》还对教员资格和校长资格进行了规定，条件宽严虽略有不同，但均证明了国家的干预进入了学校微观领域。如《私立大学规程》第八条对私立大学教员的资格进行了专门规定：在外国大学毕业者；在国立大学毕业或经教育部认可之私立大学毕业，并积有研究者；有精深之著述，经中央学会评定者。这三者应具其一方能任教员，担任大学教员一年以上方可担任校长。当然也给予了一定的例外，比如对于校长教员一时没有合格者时，只要呈请教育总长认可，便可延聘相当之人充之。在这部规程的第九条则对私立学校的学生学习过程进行了规定，涉及入学资格、修业年限、学科、学科目、学科程度等，还包括入学、退学、升级、毕业等，还有警戒事项以及关于学费事项。事项可以说非常具体，对政府的干预权可以说进行了特别明细化的规定。

四是在土地、财政等方面上给予力所能及的支持。北洋政府军阀混战，政局不稳，财政告急。但政府在多方面对私立高等学校进行了扶助。如从1922年起，北洋政府财政部为南开大学拨付整理债券90万元的利息，约合每月4500元。当年度还对刚刚创立的华北大学进行了支持，政府拨出庚款（各国返回中国的庚子赔款）5万元，以充实该学校设备。在1925年，政府经研究将庚款分拨给汉口明德大学、上海大同大学、武昌中华大学各1万元。除中央外，地方对于教育的财政支持更为突出，如1913年江苏省颁布了《江苏省款补助私立学校规程》。中央政府或地方政府还通过无偿划拨土地给私立大学作为支持，如北京华北大学、武昌中华大学、厦门大学等。政府还积极倡导社会各界进行捐助，于1913年7月发布《捐资兴学褒奖条例》，将捐资兴学视为一种至高的国家荣誉，给予国家褒奖。条例还规定，捐资至100元，奖给银质三等奖章；至 300 元，颁给银质二等奖章；至 500 元，颁给银质一等奖章；至 1000 元，颁给金质三等奖章；至 3000 元，奖给金质二等奖章；至 5000 元，奖给金质一等奖章等。1914 年 10 月 31 日发布《修正捐资兴学褒奖条例》，增补了若干相应条款。1914 年，还公布了《褒扬条例》，对尽心公益者予以褒奖。1921 年制定《慈惠章给予令》及其施行细则。袁世凯本人及其姊姊袁太夫人为南开大学礼堂、实验楼"思远堂"就先后捐助了近 20 万元。

五是对办学质量给予充分关注并以取缔为惩戒。北洋政府的积极鼓励支持，致使私人兴学较为兴盛，但也存在良莠不齐的状况，甚至有办学者仅仅是为了从中获利，而不是真正办学。正如时人所说"流品之杂，程度之低，自不待言"。① 针对这种状况，北洋政府进行了整顿，1913 年 12 月，发布《取缔私立大学之布告》："现在政府大政方针，对于高等教育一项有严行监理诸私立大学之言，本部职司教育，自当本此方针力求整顿，以敕学界之颓风，而谋士林之幸福；嗣后各私立大学，无论报部与否，及开办之久暂，凡一经本部派员视察，即行分别优劣定立案之准驳，决不稍事姑息。特此布告。"②

六是建立视导制度。即是指教育主管机关委派学官或视察员随时对学校加以检查和监督。北洋政府于 1920 年专门建立了"专门以上学校视察委员会"，该机构以视察全国高校包括私立高校的办学情况为基本职责。凡与此有关的学科程度、内容、设备、教师资格学识及教学法、学生对课程的兴趣、成绩都在认真检查之列。

七是培育中介组织推进私立大学发展。民国时期对民众的结社组党并没有过多的限制，据不完全统计，教育系统的社团、组织，民间的数量远多于官方，1911—1927 年，仅新成立的民间性质教育社团就有 85 个，而官方性质的教育团体仅为 16 个。成立的这些民间社团和组织对近代教育的发展，特别是在教育立法方面发挥了重要影响力和推动力。有学者经研究指出，在这些民间教育团体中，以全国教育会联合会的作用为最大。根据统计，在 1915—1926 年该会存在的 11 年时间里，共向教育部建言 94 件议决案，其中有 20 件被采纳，经修改后成为法规颁布实施，占建议案的 22%。尽管这个比例看起来不是很

---

① 台湾"教育部"：《中华民国教育年鉴·第一次中国教育年鉴·丙编》，台北：台北宗青出版社 1991 年版，第 14 页，17 页。
② 舒新城：《中国近代教育史资料》（中册），人民教育出版社 1961 年版，第 661 页。

高，但作为一个民间教育团体，其建议能被官方多次采纳，已属不易。① 可以说，在民国首任教育总长倡导下的民主思想深入到这些教育团体之中，他们通过参与教育政策、法律的制定来发挥自己的作用。

（二）南京国民政府时期政府对私立大学的干预

南京国民政府结束了北洋政府的军阀混战，特别是在张学良"改旗易帜"后名义上统一了全国，全国进入了稳定发展的时期，对于各行各业的来说，这段时期可以称得上是整个民国的一个"黄金"时期。在教育领域，更是如此，整个国家的高等教育在这个时期进入了整顿发展期，国家适当的干预也进一步推动了高等教育的发展。

1937年后，日本的悍然侵略，打破了中国高等教育稳定发展的"生态"环境，在全民抗日的环境下，国家及百姓的生计都异常困窘，高校的境况，尤其是私立高校都不得不又一次步入艰难困苦的境地，甚至有的校区都被战火夷为平地。但在国民政府"战时作为平时看"的政策关照下，中国高等教育发展的步伐并没有因此而停滞，如私立高校的数量比战前翻了一番，在校生规模从1937年的31188人发展到1945年的83498人，更是翻了两倍都多。8年的抗战而后又是3年的内战，在这样一个又一个战乱的洗礼下，中国的私立高校虽艰难但仍旧傲然前行，除私立高校自身的品性和不懈努力外，或许也与政府主动干预有着一定的关联，不管怎样，1927—1949年，中国的私立高等教育的发展是令人惊诧的，也令国际高等教育界瞩目。下面几组数据真实地记录了民国南京政府治下的高等教育的发展情况。

到1931年时，全国共有高等学校105所，其中私立高校共47所，约占45%。② 私立高校几乎占了高等学校的半壁江山，特别是在大学和独立学院这两个领域，无论从质量和数量，都不逊色于公立高校。1931—1936年，私立高校的发展也远比公立高校要好得多。截至1936年，全国共有高等学校108所，其中私立53所，占总数的49%。全国私立高等学校学生数为20664人，占学生总数的49.4%。

---

① 李露：《中国近代教育立法研究》，广西师范大学出版社2001年版，第94页。
② 李剑萍：《中国现代教育问题史论》，人民出版社2005年版。根据办学层次来看，在105所学校中，大学共41所，其中私立19所，私立大学占比46%；独立学院共有34所（其中私立18所），占比53%；专科学校共有30所，其中私立10所，占比33%。

1937年，在抗日战争全面爆发后，大学的发展一度陷入困窘，有77所高校被迫内迁，另有17所被迫停办。全国私立高校仅从数量上就比1936年时减少了6所。当然公立高校的情况更糟糕，比1936年时减少了11所。这个时期，私立高校在全国公私立高校中的百分比超过了公立高校，占到总数91所的51.1%。①

1937—1945学年度大学专科以上教育发展概况统计表

（据《第二次中国教育年鉴》）

学年度	院校数	教员数	学生数
1937	91	5657	31188
1938	97	6079	36180
1939	101	6514	44422
1940	113	7598	52376
1941	129	8666	59454
1942	132	9421	64097
1943	133	10536	73669
1944	145	11201	78909
1945	141	11183	83498

抗战胜利后不久便爆发了内战，高等教育又一次在战乱中前行。

1946年，全国专科以上学校发展到185所。

1947年，全国高等学校发展到207所，其中私立学校79所，约占三分之一，当年私立的大学、独立学院、专科学校分别为24所、31所、24所。

截至1948年7月，国内有高校210所，私立高校80所，占比38%，其中私立大学25所，私立独立学院32所，私立专科学校23所。

南京国民政府是如何对私立大学行使干预权的呢？

第一，严格标准强化立案注册

南京国民政府成立后，在收回教育权的浪潮中，基本延续了1926年广东国民政府对教会大学的做法，将教会大学纳入国家教育行政体系中，使之归于私立大学进行管理，而不再是国中之国的例外。1927年12月的《私立大学及

---

① 教育部教育年鉴编纂委员会：《第二次中国教育年鉴》（第二编第六章），商务印书馆1948年版，第147-148页。

专门学校立案条例》规定私立学校必须立案。而且在《条例》中规定了相应的资格条件，总共八条，看似简单，但第三条包含四款，第四条包含十款，内容涉及经费来源、课程设置、教学设备、组织编制、教职员履历等，还特别规定了"凡未立案之私立大学或专门学校，其肄业生及毕业生不得与已立案之私立大学及专门学校学生受同等待遇。"这条"差别待遇"，可谓釜底抽薪，与北洋政府时期以"同等待遇"鼓励注册相比，在语词上更为强烈，虽有回应民众浪潮之需，但也表明了随着国力的逐渐恢复、增强，教育主权的意识也逐渐彰显，表明了政府干预的决心。

随后，1928年2月出台了《私立学校条例》和《私立学校校董会条例》，开始着手针对整个教育体系中的私人办学，更为系统化地进行规制。特别是《私立学校校董会条例》规定，外国人担任董事不能过半数，董事会主席和董事长应由中国人来担任。国家的干预延伸到大学组织治理，对外国人在学校核心层的任职进行了一定的限制，从而推进私立学校的本土化，进一步确保教育主权。但由于这两个立案没有明确提及教会学校该如何适用，一些省份存有疑惑，江西省还专门呈文询问，大学院给予了肯定回复。

1931年8月，教育部又进一步发布训令："盖私立学校之立案，在教育行政机关，为划一公私立学校程度及便于监督起见，固不得视为具文，不加督促，即就学校本身而言，欲得与公立学校同等之地位与待遇，更不得意存观望，长此迁延。""限满仍不呈请立案者"，则"饬令停止招生或勒令停闭。"（《教育部公报》，第3卷第31期，1931年8月16日，第21页。）法令对政府干预行为进行了要求，督促政府加大立案环节干预的力度，将立案与停招或停闭学校进行了挂钩。可见，对南京国民政府而言，学校的立案注册权，特别是保证教育的主权是政府的一项重要权力，即只有在进入的门槛上，特别在办学资格上进行一定的管控，才能使权力在源头上发挥作用。南京国民政府的在立案方面的干预，起到了较好的效果，国人所立私立高校自不用说，一方面对良莠不齐的学校混乱格局进行了清理，另一方面有效地树立了政府的威权，教会学校在政府的强势干预下，也开始向政府注册立案，5年时间内，绝大多数教会学校进行了注册，只有圣约翰大学一直拒绝立案，但在1947年10月向中国政府注册立案，从此之后，教会大学在形式上全部纳入到中国教育行政。（教会大学注册时间表见下表）

教会大学注册时间表

校名	注册时间	校名	注册时间
金陵大学	1928.9	福建协和学院	1931.11
沪江大学	1929.3	湘雅医学院	1931.12
燕京大学	1929.6	齐鲁大学	1931.12
东吴大学	1929.7	武昌华中大学	1931.12
岭南大学	1930.7	震旦大学	1932.12
金陵女子文理学院	1930.12	华南女子文理学院	1933.6
辅仁大学	1931.6	天津工商学院	1933.8

第二，强调整顿注重过程干预

南京国民政府对私立高校的干预并不仅仅局限于立案注册方面的调控，更是将干预的触角延伸到办学的过程，以及办学的水平等领域。

通过法令运用政府授权的形式对私立高校进行着力整顿，尤其是针对当时社会上滥设大学、办学质量低下所造成的混乱，政府进行了全国院系整理，即以学科设置为基础进行有力之干预，根据1929年7月颁布之《大学组织法》，对大学、学院的设置进行了规范以避免民众认识上的误解：大学分文、理、法、教育、农、工、商、医等各学院，凡具备三学院以上者，始得称大学。不合上项条件者，为独立学院，得分两科。1930年度，大学降为学院的有朝阳、北洋、华北、国民等学校。至1935年初，全国共裁撤、归并或停止招生33个学系。而裁撤、归并的院系中属于实科的仅3系，其余30个系均属于文法科。[①] 另外还对学校的名称也予以了规定，即要求"校名"应明确标示学校种类，并冠以"私立"两字，以与国立学校区分。

正如《改进高等教育计划》所言：用全力使现在的高等教育内容充实，程度提高。但做质量的改进，不再做数量上的扩充。由此，对私立高等教育师资的配备也进行了干预，关于这个方面起初政府是不干涉的，但基于提升教育质量的思考进行了逐步的规范，从南京国民政府成立之初要求私立高等学校专任教师的数量须占全数的三分之一以上，到后来要求专任教师数量所占比例提高到了三分之二，可谓对市场准入资格的要求越来越严格。在招收学生方面也

---

① 谢树英："近年来中国大学教育之趋向"，载《光华大学半月刊》1935年第3卷第9、10期合刊，第15页。

进行了干预，如私立高校的招生简章、入学考试科目等，这种干预方式在当今都在继受。

政府对私立高校的财务管理方面进行监管，历次的《私立学校规程》中均规定，在财务上，负责筹划经费的为校董会，具体职责是审核预算及决算，保管财务，监察财务等。还进一步规定：校董会于每学年结束后的一个月内，必须将学校校务情况、收支金额、学校大事和财产项目报主管教育行政机关备案。而且还规定了主管教育行政机关每年都要进行一次检察，遇必要之时可随时检察。更值得关注的是政府还对私立高校中存在的家族化现象进行有针对性的规范，毕竟私立高校是由私人举办，在很大程度上属于私人财产，但如何保障大学的公益性，需要进行针对式制约，其实这也是今天政府干预面临的一大困境。

为净化办学目的，政府还对办学目的不单纯，设备简陋之学校进行干预，如1929年度取缔了南京文化大学、女子政法大学、上海远东大学。1930年度，又勒令停闭的10所高校，如上海东亚大学、上海文法学院等。

对于办学全过程的干预，南京国民政府开创了视导制度，对私立学校的办学行为进行积极监督，视导的内容非常详细，甚至有干预办学自主权之嫌，如在课程与教学方面，包括教师专兼职的状况与待遇、教学科目与教材、学生质量等等，甚至体育卫生设施都在视导内容，行政管理方面也是非常细致的，特别还对视导情况的遵令改进进行视察。

也许，正是这些干预做法对该时期能够出现像南开大学、复旦大学这种国际知名的私立大学提供了一定助力。

第三，强化投入注重激励

财政问题是私立教育事业最为核心和重要的事项，私立学校往往以收取学费为基本来源，大学乃"天下之公器"，本质上自当是公益机构，通过教育经费的支持也是南京国民政府干预私立高校的重要做法。王世杰在《训政时期约法与最近教育工作》（1936年10月10日）中指出：尤有一事，吾人极为欣慰，即四年以来，中央直辖各校之经费，从未短欠，此实为民国以来空前之记录。高等教育之整理工作，倘稍有成就，此为主要原因。

自1934年起，开始设立支持私立大学的财政补助专款，并出台了《私立专科以上学校补助费分配办法大纲》，对私立高校的经费做出了明确规定，政府公共财政每年拨款72万元，对已立案且"办理优良而经费困难，未得公私机关之充分补助"的私立学校进行补助。关于这部分补助款，还注重了绩效，即严格规定此项补助款项的用途，其中70%用于教学设备的扩充，30%用于延聘特种科目之教席。1934年有41所私立院校申请此项补助，通过教育部门审查拿到此项补助的学校有32所，获得院校的比例是相当高的，在1935年核定补助者亦为32所学校。1936年，更是推动将资助与奖励私人教育事业列入国家宪法。根据南开大学的校史，自1930年代至抗战前夕，政府资助款已经占到学校经费总收入的三分之一。1929—1937年，厦门大学的学校日常行政经费实际上也是仰赖政府的资助，以1935-1936年度为例，该校当年经费总计38万余元，而来自中央及地方政府的补助15万元，占了学校经费总数的约40%。其实，究竟政府的这种激励性干预达到多少比例为适度，至今仍是一个需要面对的命题。

在抗战时期，政府仍然极力投资教育，陈立夫指出，"这一笔庞大费用在国家财务支出上仅次于军费"。可见，政府并没有因为战争、国事艰难而放弃私立教育，还是给予了大力的扶助，尤其加大了对私立高等学校的经费补助，甚至追加了相当数量的办学经费。对公私立学生给予了同等待遇，也对私立高校的大多数学生给予补助，如发布专门法令规定，私立高等学校新入学学生享受公费补助的比例是：医、工各院科系学生，以70%为乙种公费生（免膳食费）；理、农各院科系学生，以50%为乙种公费生。不仅如此，政府对教职员工也给予救济，私立大学研究所的运转经费、设备经费、研究生的学费等各项费用，也基本上全由中央政府负担。抗战胜利后，政府还拨发大量经费部署私立大学迁校复员。

第四，强化立法实行规则之治

一个良好的政府干预体系，需要依靠法律来推行，依靠法律来获取其合法性，获得国家背后的强制力。南京国民政府致力于此，从建立政府起至抗日战争全面爆发这10年间，政局相对稳定，政府积极立法，形成了"六法体系"。抗日战争爆发后，虽对立法造成了一定的冲击和破坏，但在"战时应作平时看"的主导下，教育立法并没有停滞，共颁布了560多件教育法律法规，其中高等教育方面的法律法规就有90余件。[①]

关于私立教育立法方面，政府可谓尽心尽力，立法修法执法，在那个战乱

---

① 李露：《中国近代教育立法研究》，广西师范大学出版社2001年版，第68页。

频繁的时局，在那个备受封建人治色彩影响的年代，政府、教育人都开始相信法律的作用，希望运用法律法规对教育加以规范，并切实行之，也许是那个时代中人刚刚推翻专制，在尽力克服人为之弊端，来树立对法治之信赖。当然，法律这套规则体系不是一个人说了算，而是集体商谈的结果。在民国时期的教育法令中，与私立学校直接相关的法规法令约有 26 个，关涉私立高等学校的法规法令有 15 个，涉及私立高等学校的准入、过程整顿、经费资助以及经费审核等事项，而且这些法律在国民党政府退败台湾后，也沿用了很长一段时期。

更值得称道的是，政府部门每每在制定颁布某个重要法规之后，为了更好地适应时局的变化，往往会接着出台相应的补充规定，该补充规定尽力避免因世事变化而调整法令，保持与法令的协调一致，着力克服"人存政举，人去政息"以及"朝令夕改"的骤然变革而可能给教育带来的负面影响，即使需要调整也尽力让损失减到最低，尽管对法令本身有不周延之感，但考虑到民国特殊的历史，这些状况也是不得已而为之的，但努力适应总比固守要好。比如为妥善安置私立大学的毕业生、肄业生，在 1927 年 12 月公布《私立大学及专门学校立案条例》之后，紧跟着出台了《未立案及已停闭之私立专科以上学校毕业生肄业生甄别试验章程》《私立专科以上学校立案前毕业生追认资格办理标准》，最大限度地考虑学生之利益，也尽力保持了法律法规的平稳过渡。

虽然从整体上来看，这些私立学校教育在立法层面还没有真正形成层次有序的结构，虽林林总总，数量也不少，但还不具备现代教育法律体系的基本规模，而且法律的稳定性也因时局的变化而陷入适用上的困境一些，但不可否认，这些法律在那个时代还是难能可贵的，在众多教育人的共同努力下，其还是对私立教育的生长和发展起到了规范的作用。

总而言之，中国政府在那个外患内争不断的年代，能够让中国的高等教育屹立于世界之林，甚至在世界著名的高等学府中都能占据重要位置，实属不易。这些成绩的取得，与当时政府对私立大学的适当干预是分不开的，政府致力于对私立高校的尊重，致力于法令下的合法干预，致力于遇问题、困难而能共同面对的干预姿态，特别是给予了甚至超出自身财力的激励性支持，都是我们今天在研究政府干预时值得深入学习与借鉴的。

第四章　民办高校政府干预的域外经验

他山之石，可以攻玉。虽然因各国经济社会发展条件面临的形势等国情的不同，民办高校政府干预的方式方法各有差异。但不能否认的是，由于经济贸易的世界一体化趋势，全球化、信息化时代的到来，蔓延到高等教育领域的政府财政吃紧、私有化现象、国际化等等，这些形势和挑战越来越有趋同的趋势。美国学者迪马乔和鲍威尔提出了制度同构理论，指出在面临同样的环境条件下，总是有一种力量促使某一单元与其他单元变得相似。[①] 在教育政策领域的实践也证明了，在高等教育政策上有着一定的趋同或者叫作模仿现象，在社会学领域，称为模仿性同构，可以使一个组织在面对相类似的情况时快速地做出应对决策，并降低行动之风险，还可以节约"搜寻成本"。所以，研究国外或地区政府对民办高校或私立大学的干预经验，可给我们的对此研究提供一个良好借鉴。而且国际上的比较，可以帮助确认合乎事理原则。本章主要选取了三个国家和地区，其中一个是马来西亚，之所以选择它，是因为其私立高校以营利性高校为主体形态；再一个是我国台湾地区，其是以捐资助学为主的非营利形态高校为主体形态；最后一个是美国，在私立高校方面，其既有非营利性的高校，也有营利性高校，具有着鲜明的分类监管特色，这也将是我国民办高校分类发展的一个重要借鉴样本。

---

① 转引自陈菲："制度同构理论与欧洲一体化"，载《世界经济与政治》2009年第4期，第64页

一、马来西亚政府对私立高校的干预

在马来西亚，私立高等教育"具有着较为鲜明的国际化、私营化以及市场化特点，并以其独具特色的跨国高等教育模式闻名于世。"[①] 从其私立大学的发展历程来看，政府的干预作用十分明显。

（一）私立高等教育进入门槛的政府干预

通览从殖民独立后的马来西亚的私立高等教育历史，总体上是走了一条严格控制—放宽门槛—规范治理的路径，这一点与我国有很大的相似性。

20世纪50—60年代，是其教育上寻求独立自主阶段，这一阶段，国家主要以建立国有大学为主体，虽然零星出现了一些私立高校，如史丹福学院和温学院，但主要以商贸技能为主，主要是给辍学学生提供可以获得证书的入学机会。20世纪70年代，开始走上规模扩充之路，1969—1984年这15年的时间里，马来西亚由政府注资建立并管理的高等教育机构从1所大学发展至7所大学，另外还拥有5所职业技术学院和12所师范学院[②]。这个时期虽有少量的私立高校出现，但多以开办大学预科课程为主体，直至80年代，真正意义上的提供学历文凭的私立高等教育才正式出现，以1983—1984年伯乐学院的成立为标志。之所以在20世纪80年代以前，马来西亚没有一所真正意义上的私立高等教育机构，原因就在于政府实施了对私立高等教育较为严格的控制政策。

20世纪80年代中期，高等教育虽然有了长足进展，但经济方面却出现了负增长，如何应对国内经济瓶颈？在1985年，国内高校在校生人数达到9万人，但同时留学国外学生有6万人，教育部副部长冯镇安指出，在1980年间，马来西亚有5~8万的学生在海外留学，基于1美元兑换2.4林吉特的保守换算，每名学生的花费介于35000到40000林吉特，因此，海外留学每年造成的国家损失为20~30亿林吉特，并造成国家国际收支30%的赤字出现。[③] 当时全球经济衰退加剧，海外留学费用增高，一则为满足民众对高等教育的需求，

---

① TAN AI MEI. *Malaysia Private Higher Education*: *Globalization*, *Privatization*, *Transformation*, *and Marketplaces*. Published by Asian Academic Press, 2002.
② 刘肖华："20世纪90年代以来马来西亚高等教育政策研究"，广西民族大学硕士论文2013年，第25页。
③ Fong, Chan Onn (1993). The need of private higher education restructuring. Paper presented by Deputy Education Minister at the Seminar on Vision 2020.

二则为摆脱紧张的经济瓶颈,政府调整了严格限制私立大专院校建立的规定,转变了过去反对私人筹建私立院校的态度,采取了积极的"私有化政策",私立高校数量迅猛增加。为应对严重的亚洲金融风暴,政府更是批准多所私立大学和私立大专,从 1985 年的不到 20 所,激增到 1999 年 611 所,在当时只有 2300 多万人口的国家,高等教育可谓膨胀发展。

20 世纪末,马来西亚急剧膨胀的私立高等教育引发了很多问题,"相对宽松的准入制度让当时大大小小的私人企业涌入私人高等教育领域,造成私立高等院校良莠不齐的状况,严重影响了马来西亚高等教育的声誉,违背了政府努力把马来西亚建设成为国际教育中心的初衷。"① 马来西亚政府逐渐意识到规范私立教育的重要性和紧迫性,开始审视自身的准入机制,并开始着手规范。

(二) 私立高等教育结构重组的政府干预

"2001 年,马来西亚总理马哈蒂尔宣布,大学新生的录取开始采用以成绩为标准的绩效制度,并于 2002 年 5 月开始正式实施。这项政策的提出打破了 30 多年来马来西亚政府所实行的固打制"②,通过对这个相对僵化的扶弱政策的调整,为私立高等教育赢得了更为公平的机会均等,从而增加了生源。

亚洲金融危机时期,政府采取消减学生前往海外留学,取消政府为海外学习所提供的本科生奖学金(土著信托理事会提供的也包括在内)③,提高学生出境签证的费用,取消父母支持海外留学生的所得税退税政策,多种举措为私立高等教育赢得空间。

创造性的"跨国模式"的双联课程,为私立高等教育机构的国际化发展提供了路径,而且从"1+2"到"2+1"到"3+0"的变化凸显了政府的主导作用,引导着私立高校与海外高校的合作逐渐走向独立自主。所谓"2+1",即前两年在国内院校修读,第三年在国外的相关大学完成。随后政府又于 1998 年及 1999 年先后批准 10 所和 9 所私立高等院校以"3+0"的方式开办

---

① TAN AI MEI. *Malaysia Private Higher Education*:*Globalization*,*Privatization*,*Transformation*,*and Marketplaces*. Published by Asian Academic Press,2002.

② 刘肖华:"20 世纪 90 年代以来马来西亚高等教育政策研究",广西民族大学硕士论文 2013 年,第 28 页。

③ 1995 年获该奖学金的人数约为 20000 人,1998 年减至 200 人。

大学"双联课程",即让有关学生最后一年的大学课程也在马来西亚国内完成。① 既防止了国内货币的外流,又节约了学生读书成本,还提升了私立高等教育的整体质量。

赋予公立大学特许经营权,进行私营化开拓,使双联课程不仅局限于海外高校的联合,同时产生了100所特许经营加盟院校,间接改善了院校过度集中在特定区域的局面。

引导企业财团参与、自建,推进私立高等教育市场的成熟化进程,企业的参与主要有四种模式:上市公司收购早期的院校;收购现有的股份或是交换其策略性股权;企业创办自己的私立院校;让私立院校在证券交易所公开上市。私立高等教育的企业化管理,增强了相互间的竞争性,促进了市场的成熟。

(三) 私立高等教育办学质量的政府干预

私营化虽然带来了高等教育规模的迅速扩张,但"少投入多产出"是私营化后的企业最为直接的行为,为了防控或减少这种私人利益最大化损坏高等教育质量的可能。政府设立专门机构进行质量问责,主要手段有:

一是建立六项质量指标进行质量评估②。

(1) 教职工的质量——包括教职工的学术背景、教学经验、科研能力、全职和兼职员工的比例;

(2) 管理的质量——包括对员工、教材、学生的注册登记、试卷和成绩记录建立档案;

(3) 学生服务和设施的质量——要求私立高等教育机构提供详细的报告,对提供的各个设施类型、行政、占地和设备进行说明。

(4) 课程结构大纲——要求提供详细的课程目标、教学大纲、参考书、评估。评估包括考试类型、范围和举行考试的次数。

(5) 校园环境——确保学习环境的安全性、适应性和有益性。

(6) 设立课程的目的——根据每一课程及人力资源与国家经济需要的相关度分配。

---

① 邵颖:"马来西亚私立高等教育:公立高等教育的有效补充",载《东南亚研究》2014年第2期,第63页。

② [马来西亚] 陈爱梅:《马来西亚私立高等教育:全球化、私营化、教育转型及市场化》,钟海青等译,广西师范大学出版社2012年版,第77-78页。

二是设置了两类质量评估。

(1) 符合最低标准的认证：六项质量投入指标中所得平均应在 50 分以上。

(2) 符合全面的认证：六项质量投入指标中所得平均应在 70 分以上。

三是强制性的征收认证费用。每所院校的全部项目都被要求认证，包括本土特许项目、双联课程①、专业项目，还包括校外学位项目，所有项目应符合最低标准。所有院校应支付认证费用，强制性缴纳，且遵守最低标准。还规定，当任何项目的课程出现 20% 的变动时，就被视为新项目，就要进行新的认证申请。

质量认证层次	认证费用	符合最低标准的费用
证书和文凭	15000 林吉特	10000 林吉特
学位	20000 林吉特	15000 林吉特

四是引入竞争。进入上的相对宽口径带来了很多私立高等教育机构的设立，甚至超出了本国市场的学生需求，为招生而竞争，接管、合并、股权收购、产权转变，逐步淘汰小型的参与者，逐渐成为一个成熟的产业。

通过质量问责，接管合并一批，取缔和处罚了一批不合格的私立教育机构。截至 2012 年底，马来西亚获政府批准建立的私立大学、外国大学分校还有 60 所，私立学院 357 所。②

（四）国家财政对私立高等教育的激励性干预

政府对于私立高校的激励性财政支持，主要是通过支持学生来体现的。通过设立国家高等教育基金公司，为贫困的合格公民提供教育贷款，确保其进入私立高等教育机构学习。1997 年的法案规定向获得通过认证的私立高校学生提供 1 亿林吉特的贷款；1998 年，国家高等教育基金支出的资金从 1 亿林吉特增至 2 亿林吉特。贷款利率相对优惠，一般为 4%。贷款实施以来，资助了大

---

① 对于双联课程制定了 12 条指导方针进行政府强制的质量监控，即强加条件，如教职员工交换、外来教师需要教满整个学期等，设置有效期 5 年的年检条件，只有年审符合质量措施要求，才会有有效期满后的下一次批准。

② PerangkaanPengajianTinggi Malaysia 2012 (《马来西亚高等教育统计2012》), Putrajaya: KementerianPengajianTinggi Malaysia, 2013, pp. 2 – 68。

批家庭生活困难的学生。2004 年，从国家高等教育基金提供给学生的贷款中就有 618,044 名，总支付高达 79 亿 9 千万林吉特①。

马来西亚政府还相继推出了 MARA 学习贷款计划以及政府与金融机构合作向学生提供奖学金或贷款等措施，另外还增设 MARA 奖学金计划、社会保障机构基金和青年体育部奖学金。②

另外，并不是因为其可以营利就对之在税收、征地等方面不给予优惠。政府为鼓励私立院校发展，实行对基金募集活动中的捐赠实行减免税收，对直接用于教学的进口设施设备也可申请免税等政策。并且 1967 年的《所得税法》《关税法》，1972 年的《销售税法》，1986 年的《投资促进法》等法案中均规定了对私立院校提供税收奖励。如对浮罗交怡集团③经营利润中投资办教育的资金，政府免征税收。④

（五）政府对私立高校的国家意识干预

在私立院校的设置上强化教育部长的权力。如具有大学或大学学院地位的私立高等教育机构，以及海外大学在国内设立分校，可以在马来西亚邀请或教育部长认可下成立。设置的课程需要经全国认证委员会的推荐，得到教育部长的首肯后方可授课；英语作为教学指导媒介必须获得教育部长的首肯。强化"部长化"倾向，由此体现出了马来西亚政府在私立高等教育中的国家意识形态，特别是强制性地推行马来西亚研究作为本土和海外学生的必学科目，更进一步强调国家意识。当然，这也是针对马来西亚不同族群间不均衡的实际情况，通过政府强权干预推进教育机会公平分配。

（六）政府推进第三方干预

建立了两个国家专门机构，一个是私立高等教育局，一个是国家认证委员会。

私立高等教育局的职责在于确保私立高等教育的基础建设和满足特定的要

---

① 联合国教科文组织东南亚教育部长组织高等教育发展研究中心：《东南亚高等教育》，张建新译，云南人民出版社，2008 年版。
② 刘肖华："20 世纪 90 年代以来马来西亚高等教育政策研究"，广西民族大学硕士论文 2013 年，第 59 页。
③ 该集团投资创办了马来西亚王子学院。
④ 肖俊杰：《民办高等教育财政研究》，上海交通大学出版社 2009 年版，第 93 页。

求,包括制定私立高等教育政策和指导方针、审查新私立教育机构的设立、建筑物的扩充、新课程的拟定、裁定最高学费的征收标准。

国家认证委员会的核心职责在于审查质量、为课程的学习项目制定政策与拟定学习课程的素质与标准,包括认证及批准所有证书,文凭和学位的颁发,为教育部长提供是否核准私立高等院校申请开办课程的建议等。政府每年有划拨1450万林吉特的预算。

培育了三个协会,分别是马来西亚私立院校协会,由较大型的私立院校组成,旨在推动马来西亚私立高等教育成为一个产业;马来人私立高等教育机构联盟,代表100多所马来人院校,关注马来人在该领域的发展;私立和独立高等教育机构全国协会,代表提供合理质量、合理收费的私立高校。

马来西亚还建立高等教育全国理事会,该机构的职责在于监管公立和私立高等教育的发展;建立国家高等教育基金公司给高校提供资助。

总之,马来西亚私立高等教育的发展,以1995—1996年国会通过的五项法案为基本分界点[①],自此,通过立法进行规范,推动私立高等教育逐渐进入规范发展的道路,"法案的制定,一方面为马来西亚私立高等教育开拓了道路,另一方面将马来西亚私立高等教育置于法规调控下,借以促进质量监管和按照国家教育理念发展。"[②]

二、我国台湾地区对私立高校的政府干预

鉴于台湾地区与大陆有着相同的文脉和教育传统,研究私立教育的政府干预问题可从台湾地区获取一些经验。截至2013年,台湾地区专科以上学校161所,其中专科学校14所(公立2所,私立12所),大学122所(公立47所,私立75所),学院25所(公立3所,私立22所),私立院校约占了68%。

我国台湾地区私立院校以捐资兴学为要旨,经过多年的发展,其办学水平在两岸四地的私立高校中处于领先地位,涌现出了像长庚大学、辅仁大学、淡江大学等一批具有较高水平的大学。能发展到这种境况,与台湾地区实行对私立高校的政府干预,特别是利用法律这一工具进行调控和干预是分不开的,立

---

① 五项法案分别是:1996年私立高等教育机构法案,1996年国家认证委员会法案,1996年高等教育全国理事会法案,1995年出台的1960年教育法案修订案和1965年大学和大学学院法案修订案。

② [马来西亚]陈爱梅:《马来西亚私立高等教育:全球化、私营化、教育转型及市场化》,钟海青等译,广西师范大学出版社2012年版,第63页。

法院和教育行政部门针对私立高校前前后后制定（修订）法律法规几十部之多，内容涉及非常广泛，从立法角度来看是非常完善的。正如学者所指出的"基本涉及私立高校的办学方向、培养目标、领导体制、监督机构、经费财务等方方面面，形成了较为系统且可操作的私立高等教育法律法规体系。"① 更为重要的是"经常根据形势的发展、教育政策的改变对教育法规进行整理，几乎每年都要对部分教育法规的部分条文进行修订、新增、废止，每隔若干年则对教育法规进行一次较大规模的整理。"② 从而保证法律的适切性。

（一）市场准入上的管制干预

一般认为，20世纪50—60年代是台湾地区私立高等教育的兴起扩张阶段，这个时期，蒋介石政府败退台湾岛，宝岛百业待兴，开始着力改善经济，急需大批有知识、懂技能的人才，而且经济上也需要更多的对外交流，公办高校无法满足社会的这种大量需求，政府遂持鼓励民间资本进入之态，于是1950年台湾第一所私立学校淡江英语专科学校成立并开始招生，随后原在大陆设立的部分大专院校在台复建。政府针对当时的经济社会发展之所需，回应高校复校之热情，缓解政府财源紧张之局势，采取扶持之策，调整政策，精简对私立院校设立之程序，给私立院校的设置提供宽松环境。这一时期，台湾地区私立高等教育迅速兴起，至60年代末，发展到私立大学3所，学院9所，专科学校56所，达68所之多。③

进入70年代，政策的宽松带来的私立高校大规模扩张的不利后果也逐渐凸显，办学条件、师资、设施设备缺乏之现象开始突出，引发社会各界的不满。1972年，台湾地区"行政院"饬令其"教育部"暂缓受理设立私立大学的申请，政策要求"大专学校应求质之改进，不作量之扩充。"④ 政府开始控制私立高校的设立，颁布了《辅导各级私立学校校务改进要点》，着手整顿，

---

① 李文章："台湾地区促进私立高等教育健康发展的政策经验及启示"，载《重庆高教研究》2014年第3期，第32页。
② 聂琳燕："我国台湾地区私立高等教育法规研究"，载《浙江树人大学学报》2006年第5期，第29页。
③ 台湾地区"教育部"统计处网站 http://www.edu.tw/pages/detail.aspx?Node=4076&Page。
④ 李文章："台湾地区促进私立高等教育健康发展的政策经验及启示"，载《重庆高教研究》2014年第3期，第33页。

督促私立学校办妥财团法人登记等事项，并于 1974 年出台了《私立学校法》进一步规范。1976 年出台《各级各类私立学校设立标准》更为详尽地规范了私立学校的设立。到 1984 年，台湾地区私立大学相比 60 年代末，在数量上仅增加了 1 所，总数达到 69 所，但办学条件逐渐改善、办学质量大幅提升，4 所私立学院升格为大学。①

上世纪 80 年代，宝岛开始进行经济结构的调整，随着信息服务业的兴起，经济开始腾飞，需要的劳动力的数量、素质都大幅度提升。针对这个形势，1985 年政府重新开放私立学校的申请，出台《开放新设私立学校处理要点》，逐步取消限制，允许设立工学院、技术学校（与工业有关的学科系——电子、机械、电机）、医学院、二年制专科学校商业类等类私立高等院校②。1991 年进行了修正，私立高校方面范围扩大至独立学院。台湾私立院校又一次进入了高速的新设阶段。到 2001 年，有私立大学 30 所，独立学院 55 所，专科学校 16 所，共计 101 所。③

又一次的大规模扩张，又一次带来了质量上下降。在 2001 年 7 月发布的《大学教育政策白皮书》中提出："新设私立大学宜考量区域之分布，并对设校之条件从严评估，以避免数量过度扩充，降低教育质量。"④ 2003 年，百余名学者发起了《终结教改乱象，追求优质教育》的"教改万言书"宣言，当日教育部就给予了正面回应："本部已停止设立国立大学，并将研订相关措施暂缓私立大学校院的筹设……"⑤ 在 2012 年 9 月发布的施政报告中又一次提出："暂缓新设公立大学；并依《私立学校法》第 34 条从严审核私立大学之申请筹设案，以合理管控高等教育数量。"可见，在私立院校的进入上，台湾地区"教育部"是因时因势地进行调控，为淡化社会偏见，政府对于私立学校也不再要求冠以"私立"名称，给予一体对待，总之，总体走向上是从放松到规范。

---

① 即辅仁大学、中原大学、淡江大学、逢甲大学。
② 李文章："台湾地区促进私立高等教育健康发展的政策经验及启示"，载《重庆高教研究》2014 年第 3 期，第 33 页。
③ 台湾"教育部"统计处网站 http：//www. edu. tw/pages/detail. aspx？Node = 4076&Page。
④ 台湾"教育部"：《大学教育政策白皮书》http：//www. edu. tw/pages/list. aspx？Node = 1255&Type = 1&Index = 9&wid = 45a6f039 - fcaf - 44fe - 830e - 50882aab1121
⑤ 台湾"教育部"网站："对于'教改万言书'的回应与说明"（2003 年 7 月 20 日）。

(二) 财税上的激励性干预

台湾地区对于私立大学进行公共财政上的资助由来已久,并且日益完善和规范。主要的激励性干预包括:

一是对私立高校本身的奖助。在 2001 年的《大学教育政策白皮书》中指出:"过去几年来大幅增加对私立学校的奖补助,并以达到奖补助经费占私立学费经常收入的百分之二十为目标。截至八十八学年度,教育部对私立大学校院之奖补助金额,已经达到私立大学校院经常收入的百分之二十。"① 从这里可以看出,公共财政从 2002 年起对私立高校的奖补助金已占到私立高校经常性收入的 20% 以上。其实公共财政的补助从 1955 年就开始了,从开始对重要仪器设备款的补助给付,到兴建校舍贷款给予利息补助以及推动私立大学校务发展计划的奖助到现在则是"私立大学校园整体发展奖助金"。具体做法有,将"私立学校教学奖助"专项列入政府预算,并进行年度决算,使之常态化、规范化。鉴于决算要到下一年度方可做出,2014—2015 年度的决算还未进行,所以表中暂未列决算数额。近 5 年列表如下表所示②。

2011 - 2015 年私立学校教学奖助金预决算一览表(单位:新台币元)

年度	预算	决算
2015 年度	25,326,056,000 元	—
2014 年度	22,503,331,000 元	—
2013 年度	22,329,882,000 元	22,199,958,573 元
2012 年度	22,501,314,000 元	22,941,381,559 元③
2011 年度	20,482,428,000 元	21,663,329,248 元④

对私立学校奖助金的发放规则进行了详细的规定,最主要的名目就是上文

---

① 台湾地区"教育部":《大学教育政策白皮书》http://www.edu.tw/pages/list.aspx?Node=1255&Type=1&Index=9&wid=45a6f039-fcaf-44fe-830e-50882aab1121
② 台湾地区"教育部"会计处网站 http://www.edu.tw/userfiles/url/20131120094624/
③ 本年度,除正常预算外还动支了第一预备金 176,903,000 元,动支第二预备金 353,786,000 元,合计 23,032,003,000 元。
④ 本年度,追加预算 1,039,000,000 元,动支第一预备金 200,325,000 元,合计 21,721753,000元。

提及的"辅导私立大学校园整体发展奖助金",主要在于平衡公私立教育资源上的差距。具体区分为补助和奖励,前者主要依据学校现有规模包含学生数、教师数、职员人数,是以人头为基数的,占总经费的17%;奖励主要是配合评鉴成绩、办学特色、行政运作、整体资源投入、即时反映学校配合本部政策绩效等质和量的指标综合而定。① 2012年"私立技专校院整体发展经费"中补助经费1,124,461,683元,奖励经费1,333,761,843元,总计2,458,223,526元。而且从2012年起经费访视改由书面审查为主,实地访视为辅,除减少到校访视次数,降低行政干预外,审查委员有充裕时间透过书面审查深入了解各校执行情况,嗣后须实地访视之学校,即以书面审查意见为访视重点,达到监督之作用。另外还鼓励私立高校参与竞争教育部针对大学推行的各项计划,如2004年开始的"奖励大学教学卓越计划"和"迈向顶尖大学计划",其中在"奖励大学教学卓越计划"中,2012年在31所获奖励学校中有20所为私立高校。在"迈向顶尖大学计划"中,目前已有长庚大学、元智大学获得支持。②

二是对私立高校师生员工的保障与援助。对私立高校的教师员工的保障和奖励,主要在退休待遇和专业发展方面着力。1975年起,进行了奖助私立大专院校改善师资的项目,鼓励在编制外且赴海外留学的学者回来任教;2005年起开始鼓励教师海外进修学习:每人每年给予新台币50万元作为奖助,2年共奖励新台币100万元,不足部分则由进修人员自付;还专门规定在私立高级中等以上学校,提取相当于学费3%的金额为储备金,专门用来作为教职员的退休抚恤和离职资遣所需。出台《私立学校教职员保险条例》保障教职员工的福利;除福利待遇、退休保障外,还对私立高校教师聘任进行了保障,如规定聘任后之解聘、停聘或不续聘事由外,并规定其解聘、停聘或不续聘应经教师评藩议委员会之决议,并应报请主管教育行政机关核准后,始得解聘、停聘或不续聘。另外,对董事会、校长、捐资者及募款者等都有相应的办法予以奖励或补助。除教职员工外,学校最大的主体可谓是学生了,对私立高校学生政府也给予了充分的关注,首先是规定了另一个3%,即规定各大专院校要从学杂费收入中至少提取经费的3%以上用来扶助弱势学生;其次,对"弱势"

---

① 2013年度本奖励项中的指标比2012年指标减少1项,即奖励补助经费执行绩效,减少学校准备材料负担。
② 李文章:"台湾地区促进私立高等教育健康发展的政策经验及启示",载《重庆高教研究》2014年第3期,第33页。

词进行了规定，如年收入 70 万元以下、利息所得 2 万元以下及不动产价值 650 万元以下之家庭子女；再次，进行学杂费的减免及有待，推行学生就学贷款等就学补助。2012 年度，私立大学校院学生学杂费减免受惠学生已达 52,410 人次，另《大专校院弱势学生助学计划》助学金私立大学校院受惠人数达 22,236 人。最后，还进行了一些助学措施：1）补助技专校院学杂费减免共计 156,680 人次；2）2012 年度上学期就学贷款受惠学生共计 198,158 人次；3）补助五专前三年学生学费共计 73,681 人次。等等。

　　三是对私立学校税收上的优惠与减免。根据台湾地区《私立学校法》之规定，成立财团法人私立学校兴学基金会，通过该机构接受个人或营利性组织对私立学校的捐赠事宜，个人或营利性组织透过基金会或者 2007 年 12 月 18 日法律修正前设立的财团法人私立学校的捐赠，个人免税率为 50%，营利组织 25%。而台湾地区个人和营利性组织向公益事业捐赠的免税率则分别为 20% 和 10%，从这些规定看，政府是鼓励向私立学校捐赠的。特别是教育行政部门一直在努力推进第 62 条的修正，希望"为提高私人捐赠之意愿，修正《私立学校法》第 62 条，透过兴学基金会之现金捐赠，得全数作为列举扣除额或列为费用损失，以改善私校募款环境。"① 另外，减免税还涉及土地赋税、房屋税及进口货物关税等。

（三）质量评鉴的政府角色定位

　　质量评估是政府干预高校的一项重要职责，依据《大学法》，通过质量评鉴来为对私立高校经费补助及调整发展规模的重要参考。而且政府通过评鉴也是为学生负责，主要以学校的办学宗旨与发展目标为基础，评鉴学校是否投入了足够的资源，达成自定之目标，引导学校合理定位，确保学生学习成效。政府在评鉴中的角色只是一个组织者，评鉴任务是委托财团法人高等教育评鉴中心基金会等非官方的中介组织完成。更为重要的是为推动学校自评，出台了《试办认定大学校院自我评鉴机制及结果审查作业原则》，最先的试点选择了《迈向顶尖大学计划》《奖励大学教学卓越计划》补助的 34 所学校。鼓励学校参加政府认定的岛内外专业评鉴机构评鉴，通过者与自评被政府认定者一样视为通过。

---

　　① 台湾地区"教育部"综合规划司网站：2012 年 9 月 24 日《立法院教育及文化委员会第八届第六会期报告》。

三、美国政府对私立高等教育的干预

美国高等教育的发展在二战之后一直走在世界高等教育的前列,其私立高校更是拥有近400年的历史。截至2012年,美国共有4495所学位授予机构,其中私立性质的有2832所。① 占比63%的数据显示了美国私立高校的重要地位与角色。对于美国私立高校的发展,很多学者将功绩给予了其已经形成的相对完善的教育服务市场。的确,"市场需求是高等教育结构变迁的风向标,市场竞争是高等教育结构变迁的催化剂,市场收益是高等教育结构变迁的原动力。"② 在美国高等教育发展中,市场无疑起了很关键的作用,政府也适应着市场调适自己的决策,但是不能忽略美国政府日趋强力的干预在私立高等教育发展中的作用,特别是自1862年《莫雷尔法案》(又称赠地法案)之后美国政府开启了大规模干预高等教育的历程。

(一)"精细化"的市场准入

政府对高等教育的影响主要体现在州政府这一级。③ 尽管随着私营化和公司化进程加速发展,很多州政府对高等教育的干预逐渐放松,把规范管理权和预算控制权进行了下移,有的州授权学校自行确定学费价格,佛罗里达州还撤销了负责制定高等教育长期发展规划的州办公室。④ 尽管干预的权限有所放松,但州政府的权力依然很大,主要有:发放办学许可证、学位授予权的审批、提供办学经费、管理院校、财务审计和税收检查,制定涉及劳工关系、合同和责任方面的基本法律。

在私立高校进入的门槛上,即办理办学许可方面必须要到州政府主管机关进行注册登记并得到审批方可办学。"州政府为私立教育颁发许可证的权力受到了质疑。放在以前,法院会判决州立法机关有权力颁发大学办学许可证,如

---

① 董鹏,胡咏君:"美国私立高校规范化办学监督机制研究",载《高教研究与实践》2014年第1期,第60页。
② 韩梦洁,张德祥:"美国高等教育结构变迁的市场机制",载《教育研究》2014年第1期,第131页。
③ [美]亚瑟·M. 科恩,卡丽·B. 基斯克:《美国高等教育的历程》(第2版),梁燕玲译,教育科学出版社2012年版,第243页。
④ [美]亚瑟·M. 科恩,卡丽·B. 基斯克:《美国高等教育的历程》(第2版),梁燕玲译,教育科学出版社2012年版,第337页。

同可以给任何商业机构颁发许可证一样，只要学校资质符合审查标准就行。1967年，新泽西最高法院受理了一所大学控告州教育委员会不给它颁发办学许可证的案件，法院不仅支持州教育委员会的决定，还认定州政府有权管理私立中学教育机构。1982年，新泽西最高法院判决一所基督教长老会学院不能享有州豁免权，因为州法律规定核必须获得州政府签发的办学许可证。"① 州政府在办学许可证上的权力尽管受到质疑，但是这项权力对政府而言是在市场主体的进入领域进行一种预设性的控制，可以在前期做到"防患于未然"以净化市场，所以法院支持州政府的这项权力。在"进入"门槛上，美国多数州均进行了规定，对不同建制规定不同的最低标准，二年制与四年制的标准，能否授予学位等均出台具体的标准予以限制。一般情况下，申请设立一所非营利性私立学校，须提供如下文件：学校董事会成员名单、学校章程、办学条件、经费来源、校长人选、师资情况、课程设置计划、入学要求、收费标准、学校管理等文件。除此之外，还要提交经州政府主管卫生、建设和消防安全等行政部门审批并经实地检查达到法定健康卫生标准，办学场地符合安全要求并拥有无安全隐患的有关文件方可。特别是第2项，哪怕是在办学过程中不达标，州政府都有权力关停学校。这些最低标准对于公立和私立院校均是平等的，营利性的院校除这些外，还须到州政府的税务部门办理税务登记。

（二）"多元化"的激励干预

"拿政府的钱听政府的话"的说法越来越流行。②

基于"私立高等教育也是为培养学生这个公共目标服务的"③ 共识，政府应支持私立高校的发展，也因之利用政府公共财政对私立高等教育进行一定的干预成为一种重要手段。如果说1862年《赠地法案》开启了美国用经济和立法手段干预高等教育的时代，那么1958年的《国防教育法》则指向了所有公立和非营利性私立高校，1972年的《高等教育法修正案》则第一次以立法形式决定面向全国高校包含私立高校平等的提供不附带条件的资助。美国政府通

---

① ［美］亚瑟·M. 科恩，卡丽·B. 基斯克：《美国高等教育的历程》（第2版），梁燕玲译，教育科学出版社2012年版，第244-245页。
② ［美］亚瑟·M. 科恩，卡丽·B. 基斯克：《美国高等教育的历程》（第2版），梁燕玲译，教育科学出版社2012年版，第352页。
③ ［美］米切尔·B. 鲍尔森，约翰·C. 舒马特：《高等教育财政：理论、研究、政策与实践》，孙志军译，北京师范大学出版社2008年版，第426页。

过财政资助私立高校行使有效的干预主要有以下几种形式：

一种是科研资助。科研资助是美国政府最为重要的激励性干预方式，对私立高校提供科研方面的资助，无论是联邦政府还是州政府都在持续开展。联邦政府奉行"卓越质量原则"，其资助对象多是科研研究能力较强的私立高校，一般通过竞争性拨款程序进行分配，通过"同行评价"进行确定，通过签订科研合同来进行干预。州政府则是对本州的私立高校进行科研资助，主要是通过签订合同的方式或者购买一些其他的服务等对本州的公私立高等学校进行科研拨款。①

另一种是对学生的资助。资助学生是美国各州政府向私立高校提供资助的最为普遍的形式，主要有奖学金、助学贷学金和勤工俭学工作机会等。资助方式现在是20%左右的奖学金，80%左右的助学贷学金。资助金用于学生的学费、食宿费、交通费、书本费等各项开支。尽管私立大学的学生人数占全美大学生总数的20%，但获得的学费资助占联邦资助总数的40%以上。②

政府财政的资助也不仅仅指向公立院校和非营利的私立院校，自2003—2004年度起，政府也开始对一定数量的营利性私立高等教育进行资助，且资助的额度呈上升趋势。③ 一般情况下，资助伴随着绩效问责，科研方面则是科研绩效问责，政府公共财政的直接拨款，更需要通过绩效问责来对国民作出交代，"绩效问责正是在这个不断平衡拨款机构要求和院校资金需求的过程中出现的一种选择，指的是校方有责任交代清楚公共资金的使用和管理，并且要提交报告对院校经费支出和教育成效之间的关系进行具体说明。现在，几乎所有州都强制实施了这一问责机制，具体考核目标从几个到几十个不等。"④

除公共财政资助外，在税收上也进行了激励性的干预。比如对非营利性私立高校实行免税制，但对其免税资格进行了严格限定，即要求其应坚守三项法定的原则：第一，组织的宗旨不以盈利为目的；第二，组织的利润不能用于成员间的分配与分红；第三，组织的资产不能以任何形式转变为私人财产。对营利性高校则主要是通过税收来进行干预。

---

① 肖俊杰：《民办高等教育财政研究》，上海交通大学出版社2009年版，第41页。
② 上海市教育委员会美国私立大学考察团：“美国私立大学管理体制”，载《教育发展研究》2005年第5期。
③ 肖俊杰：《民办高等教育财政研究》，上海交通大学出版社2009年版，第39页。
④ [美] 亚瑟·M. 科恩，卡丽·B. 基斯克：《美国高等教育的历程》（第2版），梁燕玲译，教育科学出版社2012年版，第358页。

针对学生及家庭接受教育的税收优惠，根据不同限额和标准实行学费退税，或者进行学费税前抵扣。更为重要的是提倡对高校的捐赠，通过捐赠行为的减免税来支持高校发展。即个人和公司向慈善组织的捐赠可以扣除一定比例的所得税（《国内税收条令》170）、财产税和赠与税（《国内税收条令》2055、2522）。个人所得税方面，曾有一段时期的政策是捐赠人每捐赠100美元，就可以冲抵30美元的个人所得税。目前是个人捐赠者最高可以要求对其调整后总收入的50%进行税收减免。为了刺激企业的捐赠，在A. P. 史密斯公司案中，法院判定允许公司在没有得到股东事先同意的情况下进行捐赠。还特别开征高额遗产税，按照美国的遗产税，遗产超过300万美元，适用最高的遗产税率55%。这样即使是家财万贯的家族，到了第四代所获得的遗产也只能为零，对于企业家们来说，与其被征税，还不如在世时进行捐赠。而且捐赠可以指定具体用途能够使自身的某些利益得到一定程度的延伸，从现实来看，美国高校接受的私人捐赠中80%以上的都指定了用途，指定用途对政府而言，即是在公众与私立高校间促成一种协商，相关于利用捐赠协议进行了对大学的干预。

（三）"协商性"的质量干预

"确保教育责任已经完全落实到高等教育组织的各个层面，即由各个院校、专业和认证机构对教育质量全面负责，而不是把这些重要责任推卸给联邦政府。"[①] 让教育质量责任落实到高等教育组织中每一个层面，这基本上就是美国政府对私立高校质量方面的干预思路。

联邦政府主要推动私立高校进行质量认证。在联邦政府的推动下，认证机构逐渐成了强有力的影子政府。也就是说联邦政府对私立高校的质量评估不是由自己来进行，其实它也没有那个精力，很多高校都是在州政府的管理之下，为保证高校的质量，政府提倡院校、专业通过权威的教育评估协会或组织的质量认证。在2008年，联邦法院的《美国上诉法院对认证机构独立性的声明》认定认证组织是私立机构，他们的活动不能被视为州或联邦政府的行为。但是美国教育部对认证组织资质进行审核认定，由其来发布"得到认可的认证机构及协会名单"，经政府认可的这些机构被赋予"权威"的色彩。而且，很多专业和职业若从业必须得到州政府颁发的职业资格证，当职业资格证与毕业于

---

① Eaton, J. S. Almanac of External Quality Review 2003. Washington, D. C.：Council for Higher Education Accreditation, 2003.

通过认证的专业挂起钩来的时候，认证就成了一种必须。尽管质量认证属于自愿行为，不强制推行，但私立高校为显示办学质量，再加上认证机构的相对独立性和专业性，其社会公信力还是值得信任的，认证结果会在专业杂志上公开发表，进而将高校的监督主体扩展到全社会，影响学校的声誉，所以几乎所有的私立高校都会主动要求接受认证，并为获得好的认证结果而加强自我监督与改进。① 也是基于此，认证的标准不仅越来越具体，而且在相关信息的提供上悄然变成"必须"，如院校必须提供财务会计、课程开发、学生表现、设备维护在内的全部院校规划和评估的相关数据等。

（四）"规范性"的立法调控

从政府教育行政管理机构设立、私立学校性质、培养目标、入学条件、修业年限，到开设课程的内容、授课时数的原则性规定，从教育经费的筹集、使用以及教职工权利义务、资格、进修、待遇、考核到学生的权利义务乃至家庭教育等方面均以法律法令的形式加以明确。并且必须严格履行相关的行政审批和登记备案手续，做到私立学校的一切管理行为都有法可依。② 有法可依一则可以确保有关遵循的规范性和严肃性，另外可以限制政府的权力，确保政府的不逾矩，最少政府干预的前提便是使政府在法律规定的领域内行使权力，法无授权不可为。

而且法律特别强调消费者的知情权，在1990年的《学生知情权和校园安全法案》中，要求院校提供毕业率、接受体育竞赛相关的学生资助人数、校园安全政策、校园犯罪统计数据、学校的财政资助分配制度、提供学生上学的成本信息并且要具体到学杂费、书本费和日用品开支、食宿费、交通费等学生必须达到的入学标准，并说明教育计划的具体内容比如实验设备以及为残疾学生提供的特殊服务等。2008年《高等教育机会法案》还要求所有院校制定降低成本的年度基准，报告其学费上涨的理由，列出每门课程的教材成本，提供一个网络计算器以便公众计算补助金和各院校的学费减免，从而了解院校的总成本和年度成本。③

---

① 董鹏，胡咏君："美国私立高校规范化办学监督机制研究"，载《高教研究与实践》2014年第1期，第62页。

② Robert L. Drury. *Essentials of School Law*. Division of Meredith Publishing Inc.

③ ［美］亚瑟·M. 科恩，卡丽·B. 基斯克：《美国高等教育的历程》（第2版），梁燕玲译，教育科学出版社2012年版，第352页。

总之，无论是以营利性为主体的马来西亚，还是以非营利为主体的我国台湾地区，亦或是二者兼有的美国，在政府的干预上都体现出了一定的共性，如关于"入口"关的管制性干预、带有激励色彩的资助型干预等等，都给我们提供了良好的参考与借鉴。

第五章 民办高校的管制性政府干预

一、民办高校政府干预的方式

干预的方式,从字面意义上讲就是干预的方法、形式。好的方式方法是提高干预效率,获得干预效益的路径,适当的方式方法可给干预带来事半功倍之效。政府干预方式指向的是政府如何有效地实施其干预权,或者如何让干预权发挥更好的实效?那么,就需要对干预权实行的方式进行分析。

金泽良雄教授认为,经济法规制的方式,大体分为国家权力强制性规制以及非权力性的规制两种。① 这种划分主要从是否适用了国家权力,或者说以国家干预权的强度为标准的划分。薛克鹏认为,经济法意义上的政府干预方式,大体可分为管制(规制)性干预和调控性干预。管制性干预主要体现为市场规制,是从微观层面对市场主体行为进行直接干预。调控性干预指的是政府为实现一定的目标,通过财政、货币等工具,对市场进行宏观调节和控制的活动。② 这是从干预的维度以及手段进行的划分。应该说,这两种划分方式都具有合理性。金泽良雄教授的"两分法"优势在于观察到了非权力性的手段,但是不足的是仅仅看到了国家权力具有强制性的一面,而没有充分意识到国家权力所具有的保障性或者保护促进的一面,在经济法视野下,通过干预所形成"特权关系"正是在于通过权力给予特定产业或领域以倾斜性优惠,

---

① [日]金泽良雄:《经济法概论》,满达人译,甘肃人民出版社1985年版,第52页。

② 薛克鹏:《经济法基本范畴研究》,北京大学出版社2013年版,第119-140页。

如财政补贴、税收优惠等，这事实上属于宏观调控的范畴。薛克鹏教授的"两分法"，看到了权力的维度及手段，认识到了权力的保护促进的一面，但非权力性干预因不具有强制性，没有限制或禁止企业的行为，而将之纳入宏观调控的范畴，笔者认为不妥，事实上宏观调控，虽强制力不如市场规制来得直接，但是其权力的强制性还是鲜明的，如属于宏观经济调控法的财政法、税法、金融法等，在这些领域的调节上因国家权力自身的强制力，其调控才更有力度。而且非权力性干预在实质上强调的是一种直接的不具强制约束力的参与，强调的是政府角色的一种变化，是在权力之外的一种协商式的干预，是通过一种直接的参与行为行间接干预之效。

关于政府干预方式的确定，可以从经济学家那里获得一定的借鉴。美国经济学家斯蒂格利茨指出，一旦认识到市场失灵，政府就会可能采取多种行动解决问题。政府行动三种主要类型是：公共生产；用税收和补贴鼓励和阻止特定的私人生产活动；旨在保证企业以合意的形式行动的政府管制下的私人生产。[①] 在他看来，高等教育领域体现了这些干预形式，公立高等教育是一种公共生产，按照的是比生产成本低得多的价格进行的学费定价，而对私立高等教育主要是管制和补贴（或）税收这两种补救方法以应对市场失灵。管制和补贴相比公共生产具有三大优势：一是可以使国家政策更加一致和有效；二是利用税收和补贴可以更清楚地估算出实现既定目标的成本；三是即使存在管制，私人企业也仍有较大的动机追求效率。[②] 当然，他还进一步提出，"在某些领域，政府一直试图使用另一种方法，即关注公众的压力，而不是政府有力的手。"在笔者看来，其所言之管制是共通的，其所言之补贴（或税收）实质上就是一种激励性的干预，是在宏观领域的一种调控。值得注意的是，他们认识到了政府权力之外的非权力干预方法，这种干预来自对利益相关者利益的关注，考虑的是一种多方的协商，特别是多用在信息披露领域。

顾昕通过梳理美国按揭主义的前世今生，认为作为政府干预的凯恩斯主义，发展为三个分支：第一支的武功招数就是财政政策和货币政策；第二支就是凯恩斯主义福利国家，通过扩大政府财政在社会福利和社会发展领域的支

---

① ［美］约瑟夫·E. 斯蒂格利茨：《公共部门经济学》（第三版），郭庆旺等译，中国人民大学出版社2013年版，第209页。
② ［美］约瑟夫·E. 斯蒂格利茨：《公共部门经济学》（第三版），郭庆旺等译，中国人民大学出版社2013年版，第165页。

出,以确保国民经济的总需求保持一定程度的稳定;第三支就是普拉萨德的"按揭凯恩斯主义",毕竟征税型的政府干预会遭遇纳税人的强烈反弹,其干预要旨在于通过促进信贷消费,提振国民经济的总需求。① 这些招数应该说是经过理论和实证证明了的政府干预的手段,体现出了政府对国民经济进行需求管理的精粹,但是政府干预必须要思考福利主义可能导致的政府财力之不逮,消费主义可能导致的不平等的扩大。

故而,笔者认为,政府干预方式的划分,是以干预的维度和手段为基准,兼采两位教授的"两分法"之长,提出的"三分法",即政府干预的方式应是管制性干预、激励性干预和商谈性干预,其中管制性干预与商谈性干预基本上是微观领域,基于是否使用国家权力的进一步细分。如果以社会的初次分配和再分配为基准进行审视,管制性干预和协商性干预集中于初次分配领域,而激励性干预主要是在再分配领域的一种调节。

二、民办高校的管制性干预

所谓管制性干预,就是国家利用掌握的公权力通过强势的介入,设置相关主体资格条件、进入退出标准、价格标准等来行使干预权的一种形式。管制性干预,实质上这就是利用政府强势的公权力地位对市场主体的一次直接的干预,是一种至上而下的"管制性"干预。管制性干预的价值在于为市场主体构建一种都可接受的秩序。无论从历史经验还是从国际经验来看,政府对民办高校的干预,主要集中在对"入口""出口"的管控。对于教育学费的价格管制,由于我国一直执行的是"限价管制",基本上在社会资本进入前就知晓其所办专业的学费情况,基于这种情况,笔者认为它可归属为广义上的"入口"环节。

对于把好"入口",通常是规定一定的组织形式、市场准入资格条件等,对于符合资格的才予以许可进入,让不适合的敬而远之,主要是在实体性要件和程序性要件上完成国家对市场主体权利和资格的确认。正如维托·坦茨指出的,"许可证制度作为功效强大的政策工具,可以被用来实现政府的目标"②,这种许可在实质上是一种事前干预手段,一能很好地体现出干预的经济性;二

---

① 顾昕:"美国按揭凯恩斯主义的前世今生",载《读书》2018年第1期。
② [美]维托·坦茨:《政府与市场:变革中的政府职能》,王宇等译,商务印书馆2014年版,第237页。

能体现干预的权威性，让投机者望而却步，毕竟，许可行为将政府干预的效率、公正与偏私都直截了当地表现出来，让被干预者直面权力。"在每一个国家，行政是政府行使直接权力的部门，并且是直接和公众打交道的部门，个人的希望和恐惧主要是指向它的，政府的好处以及政府的恐怖和威信也都是通过它表现在公众眼里的"。①

管好"出口"，则更是体现政府干预的严肃性、及时性和公益性的干预策略，让进入者事前了解到进来后如何"出"，怎样"出"，在事前都予以告知。其严肃性意味着民办高校因故退出绝不是一个随意的行为；及时性意味着政府对民办高校办学情况、办学效益信息的掌握及反馈，控制民办高校的投机行为；公益性，通过退出机制的设计整合教育资源，减少道德风险，改善教育整体质量，更好地保障受教育者、教师等弱势者的权益，不能因民办高校的退出而使之利益受损。

三、民办高校的市场准入规制

政府对民办高校"入口"的干预是世界各国通用之做法，从本质上讲，就是政府对市场主体的一种准入机制设计，通过设计一定的标准发放给市场主体准入许可，即通过控制性制度背后的强制性约束来实现干预之目的。毕竟通过政府干预来确认市场主体的市场准入和组织形式，可使民办高校进入一个规范化、形式法定化的状态，就可将政府干预的意图有效纳入。"如果不使市场主体的组织形式法定化，任由企业或其他经济组织凭自己的自由，以自己的标准来设立企业，就有可能导致企业或其他经济组织在组织形式、责任承担等方面产生混乱，而这种混乱必然会阻碍整个经济社会的健康发展。"②

"入口"机制的设计充分反映着政府政策走势，更是反映出政府对市场主体的基本态度。尽管国家鼓励社会力量、社会资本进入高等教育领域，法人组织、公民都可进入，但是并不意味着国家没有选择，毕竟任何一个政府都希望优质资本进入，希望这个领域能够达到预想之效果，这种选择权就是政府干预权的一种基本表征形式，政府尽管不能也不可能有效地杜绝社会资本追求利益之目的，不可能希冀每一个进入者都做到"公而无私"，但至少要通过入口的设计将相对优质的资源引进这个领域，对进入办学主体的办学动机、资金实

---

① [英]约翰·密尔：《代议制政府》，汪瑄译，商务印书馆1982年版，第57页。
② 李昌麒：《经济法》，中国人民大学出版社2011年版，第15页。

力、信誉等方面进行了解以便更好选择,从而杜绝一些恶意资本的进入,进而保证教育的公益性质属性。按照斯格特的观点:国家和政府的主要责任是"界定、管理和监督社会的法律框架。"①,这个框架是社会法理秩序的源泉,政府通过其合法的权力制定规则、执行规则。进入的规则则是首先要设置的,毕竟在游戏规则中第一位是需要哪些主体参与,把主体选择好,则有利于市场良性运转。

(一)建国以来对民办高校"市场准入"

1949年新中国成立后,由于那个时期对"公""私"所有,"资""社"观念的意识形态理论还没有完善,再加上"全盘苏化"的模式,对具有"私"的性质的民办大学在制度设计上就根本没有设计入口,所以在高校的结构调整中,已存在的私立大学便消失了,想进入这个领域的民间资本也在公有制、社会主义改造过程中没有了"私"之性质。故此,在较长的一段时间内,国家包办高等教育成为独角戏。这个时期从某种程度上属于"不能进"。

改革开放后,市场经济改革带来了社会体制机制的重塑,在《宪法》上也开始写入鼓励社会力量办教育,但由于"陈旧的意识形态框架对中国高等学校的制约,高等教育的计划经济模式与国家全面控制体制严重束缚着中国大学事业的发展"②,我们的民办高校艰难再生。从中华社会大学这个民办高校的诞生,就可看出当年想进入游戏规则之内是何等艰难,首先没有设计你进入的具体规则,尽管中华社会大学的倡导举办者为老革命家聂真、范若愚、于陆琳③,当他们突破种种困难,搭起班子、招到第一届学生、开完第一个开学典礼时,上级教育行政主管部门有人提出质疑:你们是私人办学、怎么能叫"中华社会大学"?你们的办学活动是非法的,必须立即停止招生和教学!④老革命家于陆琳使出"通天本领",上书时任全国人大常委会委员长彭真方才解决了这件事,试想如果不是老革命家的背景,如果不是他们的坚持和奋力一搏,

---

① [美]理查德·斯格特:《组织理论:理性、自然和开放系统》,黄洋译,华夏出版社2001年版,第192页。
② 张博树,王桂兰:《重建中国私立大学:理念、现实与前景》,教育科学出版社2003年版,第57页。
③ 于陆琳是一位副军职干部,其姐姐于若木是陈云夫人。
④ 张博树,王桂兰:《重建中国私立大学:理念、现实与前景》,教育科学出版社2003年版,第64页。

民办高等教育会发展成什么样子还着实难说。应该说，这个时期属于"进入难"。

1987年国家教委《关于社会力量办学的若干暂行规定》颁布，通观整个规定，其核心思想是一种限制性进入。在《规定》中明确了"社会力量"的概念或组成：具有法人资格的国家企业事业组织、民主党派、人民团体、集体经济组织、社会团体、学术团体，以及经国家批准的私人办学者。从主体的界定来分析，当时国家主义的色彩依然明显，特别是对私营企业还有保留，没有纳入进来，私人办学需要国家批准。特别是在第七条的规定中，申请办学的单位需要上级主管部门批准，非在职人员的批准要得到所在乡镇政府的同意办学证明，且要审核办学者的政治思想、道德品质、业务能力等。另外对于学历文凭的严格控制，当时很少审批具有颁发国家学历证书资格的民办学校。在1988年10月17日的《关于社会力量办学几个问题的通知》中指出：学历文凭是国家教育水平的标志，体现了国家对劳动者素质的要求。因此，必须加强管理，确保其规格和质量，不能搞滥。这个时期属于"限制进"。

1993年出台了《民办高等学校设置暂行规定》中对专科学校的设置国家持鼓励态度，目的也是想以之为突破口进行尝试，在进入门槛上进行了降低，如在第八条的设置标准上提出了"应有别于普通高等学校和成人高等学校，从满足教学基本需要出发，实事求是地予以确定。"在第九条的相应资格条件规定上都做了相对宽松的要求，特别在校舍方面，鉴于当时的经济社会发展水平，提出了"自行筹资建校舍尚有困难的民办高等学校，允许租借现有合适的校园或其他单位的适用土地、用房从事教学活动，但须有具法律效力的契约。长期租借外单位适用土地、房屋等设施满足办学需要的学校，其筹办启动资金的要求可以适当放宽。"在本科上要求则以普通本科设置学校标准进行执行。对学校名称上做出了限定，须在校名前冠以"民办"二字。应该说通过政策的放开进行尝试对促使民办高校发展起到了很好的作用，但冠以"民办"二字的限制，虽是实事求是，却在平等对待上落下了口实①。这个时期在专科领域属于"宽松进"。

1997年国务院出台了《社会力量办学条例》，从这个法令来看，这个时期对民办高校的进入上的规定属于"严格控制"。在《条例》第五条中指出，国

---

① 这个规定在后期已被逐渐淡化，比如在重庆市教育委员会的渝教办【2010】12号文《关于规范民办学校名称变更工作的通知》中就根本没有要求在校名前冠以"民办"二字。

家严格控制社会力量举办高等教育机构。客观来说,对高校的规定有些保守了,但在地方上对民办学校包括高校的逐渐持放开态度,从总体上在推动着民办学校的向前发展。由于国家财政紧张还有通货膨胀的压力,为刺激消费,教育领域的成本分担开始提出并进入,高校也开始规模性扩张,随之而来的对民办高校的严控也慢慢放松。

经过20年左右时间的历练,经济社会高速向前发展,民办学校也逐渐壮大,立法保障的诉求也得到了回应。2002年我国《民办教育促进法》出台,在第9条规定,举办民办学校的社会组织,应当具有法人资格。举办民办学校的个人,应当具有政治权利和完全民事行为能力。这条规定使办学者不再开具所谓的单位证明。在设置标准与条件上,参照同级同类公办学校的设置标准执行。对出资的性质和界限进行了规范。为给予适当的准备空间,在民办学校的设置上分为了筹设和正式设立,还特别提出具备办学条件达到设置标准的,可以直接申请正式设立。在民办学校经过审批取得办学许可证后,并依照有关的法律、行政法规进行登记。还规定了民办学校的决策机构,应当设立学校理事会、董事会或者其他形式的决策机构。成员由举办者或者其代表、校长、教职工代表等人员组成。其中三分之一以上的理事或者董事应当具有五年以上教育教学经验。理事长、理事或者董事长、董事名单报审批机关备案。这个时期属于"逐渐规范期"。

2007年2月10日起施行的《民办高等学校办学管理的若干规定》(即教育部第25号令),对民办高校在"入口"时的资产进行了规范,第六条要求:"民办高校的举办者应当按照民办教育促进法及其实施条例的规定,按时、足额履行出资义务。民办高校的借款、向学生收取的学费、接受的捐赠财产和国家资助,不属于举办者的出资。民办高校对举办者投入学校的资产、国有资产、受赠的资产、办学积累依法享有法人财产权,并分别登记建账。任何组织和个人不得截留、挪用或侵占民办高校的资产。"在第七条则规定:"民办高校的资产必须于批准之日起1年内过户到学校名下。"教育部的25号令引发了很多异议。但"绝大部分高校出资人投资学校的资产没有过户到学校的名下"的现实更令人担忧,通过政策的调整并给予一定的缓冲期进行过渡成了当时所必需,时任国家教育发展研究中心副主任的韩民指出,"因为产权没有过户,很多民办高校的资产都被抵押担保了,一旦经营发生风险,企业的教育资产就要被拍卖。上海的托普集团、南洋教育集团,都是由于资金断流造成崩溃性的后果。"① 所以，政府在"入口"方面进行介入干预是很有必要的，只有保证了学校真实的法人财产权，并且要求在其设立登记时就应将出资或捐助全部交付和移转，学校方有真安定②。如果这个入口之限制没有设计好，一则会留下很多隐患；二则无法体现干预的规范性。从《2013 重庆教育发展报告》中所提出的"通过年检整改，督促举办方过户土地 2292 亩，校舍 33 万平方米"③，从这里可以看出，很多民办高校因为这样或那样的理由放缓土地的过户，毕竟过户后就属于学校法人的资产，而在使用上会有更多的限制，但实际中对于这种"入口上"的产权过户问题在民办高校的管制性干预领域还需进一步规范，明确规定过户的时间限定。

新修订的《民办教育促进法》及其相关配套文件对于民办学校的进入给予了积极的关切，除规定了准入的基本条件外，还进一步明确了进入的负面清单。相比之前的准入，增加了进入主体的信用条件，如《营利性民办学校监督管理实施细则》规定，社会组织举办的，必须信用状况良好，未被列入有关经营（运营）异常名录或严重违法失信单位名单，无不良记录；个人举办的，必须信用状况良好，无犯罪记录。要求建立相应的监督机制，如《民办教育促进法实施条例》（修订草案）提出，民办学校应当设立监事机构，并规定了成员构成。（农 2021 年 9 月 1 日正式实施的《民办教育法促进法实施条例》修正案保留了监督机构）规定了注册资本的底线标准。如《民办教育促进法实施条例》（修订草案）实施高等学历教育的注册资本最低限额为 2 亿人民币。营利性民办学校批准筹设时，举办者实缴资金到位比例应当不低于注册资本的 60%；（正式实施文本将注册等本限额，比例等删掉，保留了正式设立时，开办咨询，注册资本应当缴是的规定）正式设立时，注册资本应当缴足。在负面清单方面，也规定了公办学校参与民办学校的限制、社会组织或个人利用财政性经费、捐赠资产举办或参与举办民办学校的限制等等（这些在正式实施文

---

① 李晨："谁来投资民办高等教育"，载《科学时报》2007 - 9 - 5。
② 上海教科院民办教育研究所董圣足在 2007 年曾对 45 所民办高校做过调查，调查发现：资产完全没有过户的有 11 所，占 24.4%；而资产完全过户到位的学校数仅 2 所，比例为 4.4%。法人财产占全部资产 50% 以下的学校数共有 29 所，其比例高达 64.4%。45 所民办院校只有 8 家没有抵押贷款，37 家民办院校资产处于不同程度的抵押状态，所占比例高达 82.2%。部分民办院校银行负债率较高，其中校产半数以上处于抵押状态的学校有 16 所，所占比例为 35.6%。参见李晨："谁来投资民办高等教育"，载《科学时报》2007 - 9 - 5。
③ 重庆市教育委员会、重庆市教育科学研究院：《2013 重庆教育发展报告》，重庆出版社 2014 年版，第 40 页。

本中也予以停留)。可以说,民办教育的发展已经进入到了一个进一步规范的时期。

从以上的这些变迁,我们明显可以看出,准入的标准随着政府的价值判断和利益需要而不断改变,也随着民办教育发展过程中所呈现出来的现实问题而不断进行调整。准入标准的设置,不仅在于对现实的回应型调适,更是在于通过适当的调适而最优化的实现公共利益的期待,对于进入者而言亦是一个可实现的期待,从而实现可期利益的平衡。另外,合理设置进入标准避免投机性、随意性,防止不达标者进入,引导规范办学,这也不仅是政府干预的所要达到之效果,当然也是要预防和防范因为准入政策设计而引发的一些不良反应和不利后果。

(二)民办高校市场准入的细化建言

一种观点认为,我们对于民办高校的进入仍然处于严格控制,并没有放松管制,其中一个理由是按照同类公办学校的标准进行设置。这个标准对于民办高校来说,实在是太高了,事实是否如此呢?对于这个观点,笔者认为,首先办学应具有相应的条件,这是基本的要求,尤其是对待具有一定投资性质的高校而言,如果在进入门槛上要求过低,那么鱼龙混杂不好监管,受损的是受教育者和整个教育的公信力,与公办学校一体对待,包括税收优惠、用地等在法律上都进行了规定,如果享有着同公办院校同样的待遇,却在设置标准上进行一味的降低处理,是否符合公平原则,值得商榷。况且公办学校的设置标准也不算高,经过 1993 年以来的发展,很多学校事实上早已超过了公办学校的设置标准,在 2002 年立法时才做出相应的调整。而且,政府要保证高等教育的质量,在其基本手段设置上提出一定标准也无可厚非。当然,可能持这种观点的人会说,事实上法律所规定的很多优惠待遇、一体对待在现实中并没有很好落实,笔者认为,没有落实是操作问题,是实施问题,和立法所追求之平等是两个不同的概念,而且事实上在设置的标准上、在实际操作过程中是否也同样严格执行了呢?所以,法的实施问题正是下一步政府及相关主管部门予以落实问题。另外,从民办高校的发展来看,这个设置标准也没有挡住社会资本的热情,从前文的民办教育发展的数据我们就可以看出。这也证明了斯蒂格利茨所指出的"即使存在管制,私人企业也仍有较大的动机追求效率。"① 有的学者认为,参照公办高校标准造成导致了边际效用递减,降低了教育消费者的信赖感和教育服务的可及性。笔者认为,恰恰相反,在一个逐渐完善的资本市场,资本的雄厚程度更可为消费者带来信赖感,只有一些实力不济而又想尽快获得回报的投资才会出现学者所言的那种状况,而这种投机的状况若通过一味地降低标准只会不减反增,而政府的干预就是要避免这种在教育领域的投机行为。

如果与英美发达国家相比较,我们的设置标准还需要更进一步细化,如美国在私立高校的进入方面就规定得非常严格,也是一种最低标准进入制,如一些州在设置方面规定了包括办学宗旨、办学经费保障、招生条件、教师标准等10多个方面,对于可授学位的,只能给予证书不能授学位的进行了明确规定。还专门规定了建筑设施的安全条件、消防、卫生等必须在相应的部门检查批准后,方可开办运行,营利性的高校还需要到税务部门办理税务关系。反观我们的设置标准,在建筑设施的安全性方面还需要加强,毕竟这是关系到生命权的大事项,我们在实践领域就曾经见到一个新设民办院校为了尽快招生,获得了当年度的招生计划,但却因为校舍等并未建设好而不得不延后招生。甚至出现有的学校在新的校舍未进行一系列验收的情况下已经开始使用的情况,如果因围墙倒塌、消防不合格等等而造成的安全事故,通过事后的救济来弥补,这样的成本似乎高了点。尽管我们关于建设设施、教育教学实施是有着一定的标准要求的,但是这些标准或者要求因为位阶太低,对于"进入"的门槛性约束力不够,笔者主张应在条例中规定,正式设立时,校舍等建筑设施应证件齐全,其安全性应达标,满足正常使用的基本要求。

我国台湾地区为避免私立高校的家族化倾向,在"进入"设计上还专门规定,学校法人之董事长、董事、监察人之配偶及其直系血亲,不得担任校长。学校法人之董事长、董事、监察人及校长之配偶及三亲等以内血亲、姻亲,不得担任所设私立学校承办总务、会计、人事事项之职务。这也值得我们学习,尤其是在以捐资为主体的民办高校,或者说在分类管理后的非营利民办高校可以尝试借鉴这个制度。新修订的《民办教育促进法》并没有对这个问题进行回应,《民办教育促进法实施条例》(修订草案)仅仅规定了近亲属不得兼任或担任监事,且对近亲属的范围也没有进行明确。关于亲属回避制度散

---

① [美]约瑟夫·E. 斯蒂格利茨:《公共部门经济学》(第三版),郭庆旺等译,中国人民大学出版社2013年版,第165页。

见于一些政策性规定,如《国务院关于鼓励社会力量兴办教育促进民办教育进一步发展的若干意见》规定:学校关键领导岗位实行亲属回避制度。有学者指出:2016 年《民促法》修改以后,举办者安排子女接班有进一步普遍的趋势。① 也就意味着这个亲属回避政策,特别是在民办教育分类管理之后,其实施情况有待进一步观察。当然,立法者也许为了引导更多的学校选择非营利性,而没有进一步在法律层面构建起亲属回避,以消解举办者的担忧,回应办学现实。但是如果在当前举办者亲属在学校关键领导岗位占比不高的前提下,不抓紧研究和推进实施,可能随着第一代举办者的逐渐退出而会使得这个问题更加凸显,甚至更加复杂化。

由于设置标准与条件是参照公办学校的设置标准,鉴于公办学校是政府投资兴办,对其注册资本或者开办资金并未做出要求,有些省市则对民办高校进行了要求,如天津规定了高等学校的开办资金不少于 600 万元,山东规定了校舍产权不能过户到学校名下的,其办学注册资金应按一定比例存入审批机关指定账户。《民办教育促进法实施条例》(修订草案)规定了高校最低注册资本 2 亿元,且对营利性学校规定了实缴比例。对此需要思考的是这种实缴制是否与《公司法》的认缴制相冲突,单独规定营利性学校是否公平?事实上,笔者并不主张对营利性高校实施这种实缴制,一则在当前的民办高校的体量下,新进者不再是大规模的进入,而是已进入者的过渡性调整,是否这个实缴制溯及到已进入者,他们是否也应该完成实缴?目前国家正在积极调整独立学院的转设,从这些已批复转设的民办院校中,还是有不少注册资本未达到 2 亿元,是否也应督促其实缴呢?二则《公司法》之所以从实缴制调整到认缴制,其中一个目的就是激活市场活力。从实践看,通过正式实施的《民办教育促进法实施案例》将修订草案的这一规定删去,对于办学经费方面,现行法律要求有合法稳定的来源和切实保证,但对于什么是稳定的来源和如何做到切实保证,并没有进行细化规定,对于这个笔者认为还需要在政策面进行进一步的细化。相对于合法稳定的经费来源和切实保证,在经费方面笔者更倾向于设置提取办学风险防范保证金的做法,目前法律主要规定的是发展基金,但发展基金的用途在于对学校的建设、维护,教学设备的添置、更新和教职工的进修培训,对于办学风险的防范并无资金方面的保障,事实上随着少子化的到来,以

---

① 王一涛:《民办高校的内部治理与国家监管:基于举办者的视角》,中国社会科学出版社 2019 年版,第 221 页。

及高校竞争的加剧，办学风险日趋提高，需要在法律层面明确一定的保证金制度，从而切实保障教师学生权益。

另外，根据笔者调查，现在民办高校的投资主体并不是局限于在一地兴办一所高校，集团化发展去向越发明显，有的在不同省份兴办不同高校，或者在同一省内兴办不同高校，针对这种态势，可以在已经建立市场准入上的负面清单制度基础上进一步丰富，如对一个投资者所兴办学校因出现的恶意办学等行为给予一定的信用评级，予以特别的披露，并根据情况禁止该公民或组织再次进入这个领域。对于属于集团办学的，可通过该制度对其集团所属其他高校给予警示，甚至降低其集团信用等级，以起到相互约束的作用。当然在这个基础上还应该完善信用修复制度，通过信用修复来恢复其基本的信用，已有的信用评级作为一项记录进行一定时期的留存以示警诫。

四、政府对于民办高校的退出管制

民办高校的进入、退出，日益成为一种正常的社会现象。如日本从1995年开始进入学者们所称的"倒闭时代"。倒闭的原因主要有四个：一是少子化趋势造成入学人口减少；二是高校间的竞争加剧；三是大学经营理念和决策的失败；四是上市公司创立私立大学的出现。[1] 在高等教育市场中，民办高校必然面临着各式各样的风险，比如生源的减少，教育市场中竞争的激烈、自身的运营、质量问题以及一些政策性的风险[2]，如果不做好防范机制，退出则是一种必然，当然退出也是让各方损失降到最低的一种策略。但是，如果没有一个相对完善的退出机制，不能很好地处理善后事宜，就有可能发生因学校终止而造成对各方利益的损害，甚至对社会都造成不利影响。

那么什么是民办高校的退出，即是政府通过干预的手段勒令因故濒临倒闭的民办高校退出教育市场或是推动因经营不善、生源减少、债务危机等原因的民办高校主动退出教育市场。这里面有两个概念，一个是通过政府强制性要求的退场，另一个是主动退场。其实这两种退场，都有政府的作用。学界也通常认为，民办高校的退场应当有政府之因素的存在，这是政府的主动作为的表

---

[1] 史秋衡，闫飞龙："日本私立高校面临倒闭危机"，载《教育发展研究》2008年第2期。
[2] 较为典型的有两次，一次是2002年教育部、卫生部联合出台《关于举办高等医学教育的若干意见》，对举办医学类专业学历教育进行了规范，引发了一些医学类民办专修学院的倒闭潮；2004年6月，教育部发布了《关于取消高等教育学历文凭考试的通知》，使得几乎五分之一的学历文凭考试试点学校倒闭。

现。如有学者指出,"政府或教育管理部门通过合并、改制、改办、停办和解散等方式,促使体质不佳或经营不善的高等教育机构适时有序地退出市场的过程和方式。"① 我国台湾学者吴青山、林天佑指出:退场机制系指促使较弱的组织退出市场,以维持及提升市场服务、过程及结果品质的一套规则。亦即建立一套评鉴标准与退场程序之淘汰机制,此机制可促使体制健全的组织继续服务,而淘汰质量不良的组织,督促其退出市场,主要目的是确保产品能够维持一个最低的质量标准。②

对于主动退场而言,表面上看和政府的干预无关,但实际上是与政府干预紧密相连的,毕竟政府对退场设置了一定的规则体系,退出需要在这个框架体系之内,如需要做好善后事宜,等等。

(一)民办高校恢复以来的"退场"设计

关于民办高校退出的机制,事实上在我国政策与法律中早已出现,最早是在20世纪80年代初期即1984年的《北京市社会力量办学试行办法》,尽管这只是一个地方性的规定,但改革开放后的民办高校最早是在北京走上了重新恢复之路,这个时期基本上属于摸着石头过河,在规定上也比较简单,仅规定了停办一种退出形式。

随后在1987年国家教委出台了《社会力量办学若干暂行规定》,主要规定了关于停办,但增加了停办后的财务清理及对善后的处理,应该说比1984年的北京市规定有所进步,除此之外还对变更做出了一些规定,对举办单位或举办人等的更换进行了一定的干预,作出程序性规定,即按原审批程序进行。

1993年国家教委颁布了《民办高等学校设置暂行规定》,规定了撤销、合并、终止国务院颁布了《社会力量办学条例》则提出了撤销、合并、停止招生的规定,撤销、停止招生体现了政府的强力干预,合并问题的提出则丰富了退出的形式,即通过资源整合扩大民办高校的发展空间。1993年的规定,增加了对在校生的妥善安置规定,还提出了教育行政机关对学校资产的清算,剩余财产除依法返还创办人的,均归教育行政部门用来发展教育事业。

---

① 范高阳,刘剑虹:"台湾私立高校的退场机制及其启示",载《教育探索》2014年第7期,第144页。
② 巫由惠:"建构我国高等教育退场机制研究",国立台湾师范大学硕士论文,2006,第43页。

1997年国务院颁布了《社会力量办学条例》，提出了合并、解散的退出形式，没有提撤销这种退出形态，而且用了相对中性的解散一词，凸显了这个时期的政府干预是一种放松管制的态势，大力鼓励社会力量进入教育领域，包括在剩余财产的分配上提出返还或折价返还，体现了对社会力量的利益保障，其余剩余财产则规定了更为明确指向，即发展社会力量办学事业。对合并的规定也日趋完善，除进行财产清查、财务结算外，规定由合并后的机构妥善安置学生。财产清偿顺序将教职工的工资及社会保险费用列为首位。还对民办学校终止后的事项作出规定，如由审批机关封存办学许可证和印章，并对解散进行公告等。

2002年出台了《民办教育促进法》[1]，紧接着2004年颁布了《民办教育促进法实施条例》，为民办教育的政府干预提供了法律依据。综合这两部法律法规对于民办学校的退出做了相对详细的规定，退出形式也开始多样化，包括了撤销、合并、终止、停止招生、停止办学、吊销办学许可证等，也有学者提出还存在一种"自灭式退出"形式[2]，笔者认为，"自灭式的退出"主要是因生源减少等原因而无法继续办下去发生的一种主动终止，虽没有明确列入终止的原因，但属于民办高校自己要求终止的情形，可按终止之程序来处理。关于民办高校的分立、合并须由审批机关批准，规定了审批机关接到申请后六个月内做出书面答复。几乎每一种退出的形式都涉及审批机关介入批准或者核准。关于清算的主体，根据终止的类型进行了不同的区分。在财产清偿顺序做了调整，将受教育者的学费、杂费和其他费用的清偿放到了首位，终止时应妥善安置在校学生，体现了办学应以学生利益为旨归的基本思想。终止后的事项相比1997年的条例则更进一步，除收回办学许可证外，提出了销毁印章，并注销登记。

（二）民办高校"退场"管制存在的问题

从民办高校的退出规定看，跟随着我国民办高校发展的步伐，特别是在应对了民办高校的多个起伏，甚至政策性退出的多种局面后，在一步一步地走向

---

[1] 鉴于2013年的《民办教育促进法》的修改仅仅是把第23条民办学校的校长聘任不再报审批机关核准的微调外，其他并无变化，本文仍以2002版的法律为依据。
[2] 即是民办高校的一种自我主动退出，自生自灭的基本情形，见卢彩晨：《危机与转机：从民办高校倒闭看民办高等教育发展》，广东高等教育出版社2009年版，第188页。

成熟、完善和规范化，但是并不是意味着这些规定就已尽善尽美，还是存在着很多让人诟病的问题。

一是在民办高校退出时政府干预的权限和范围并不十分清楚，比如规定了政府作为审批机关，这一点是相对清楚，但作为教育行政主管机关具有依法撤销、要求停止招生或吊销办学许可证等终结性的干预之外，是否应在民办高校真正退出之前进行帮扶性的干预，如在其重组合并之时给予一个助力。特别是在民办高校中出现的并购现象，政府是否应进行合理介入。

二是对于退出的规定尚有不明确的地方，比如规定了合并、退出由董事会或理事会提出，但这只是一个结果，关于这一重大事项，董事会或理事会会议决议中参与人数、表决权比例的设定都缺乏一个明确的规定。而"大学比公司要复杂的多，办学并不像卖股票和粥饭那样简单。大学并非公司，公司的一切决定都是以公司的最大利益为转移的，而大学合并必须考虑多方面的利益。"我国《公司法》中尚能规定股东会应对重大事情做出决议，像合并、退出这样的大事必须要经有表决权的三分之二以上的股东通过，而我们的民办高校的董事会或理事会对之却无规定，似乎随意了些。比如对于财务清算的规定也有待细化，如什么时候成立清算组，如何通知利益相关人，如何编制资产负债表及财产清单，债权申报时间限定又是什么，等等，都没有明确，这种不严谨给民办高校的退出带来了很多隐患。

三是法律的操作性有待进一步提高。也许是鉴于民办高校的公益性质，具有一定的特殊性，所以没有在法律中设置与《破产法》的接口，一个"按相关法律法规处理"的口袋条款，更让这部法律的操作性降低。还比如对学生进行妥善安置的善后设置的操作性还不强，如何妥善安置，而且这一条与财产清偿顺序中的第一顺序是个什么关系，返还学生学费等就是妥善安置吗？在妥善安置中，政府有无监管责任？

（三）域外关于"退场"的管制设计

1. 韩国私立高校退出机制设计

韩国的大学中有80%是私立大学，其对退出机制的设计可为我国提供一定的借鉴。

关于解散的原因规定为5种：即产生章程规定的解散原因的；不可能实现预期目的的；发生合并时；破产时；教育部长官根据规定作出的解散命令时。

对最后一项原因进行了专门规定只有在私立高校：1）违反设立许可条件时；2）目的不可能实现时；3）根据第 1 条规定的对学校法人的解散命令应限于当以其他方法无法达到监督目的，或管辖厅下达改正指示后超过六个月未对此作出反应时。而且还做了下令解散时须听取有关方面意见的限制性规定，避免政府权力的滥权。对于目的不能达成的解散须得到理事成员三分之二以上同意，并得到教育部长官的批准，避免举办者的任意行为。对于解散原因设置了一项特例，即因学生数量的大量减少而很难达到其目的时，得到市、道教育监的批准即可解散。要得到批准，须在解散批准申请书上附上得到理事成员三分之二以上的同意的剩余财产处理计划书，经市、道教育监所属的私学调整审查委员会审查通过后即可解散。

韩国关于私立高校合并的规定在其《私立学校法》中有 6 条进行专门规定，规定之细密，值得我国借鉴。一是合并程序，首先是学校法人间的合并，须得到理事成员三分之二以上的同意。提交的批准申请书应附上合并后继续存在的学校法人或根据合并设立的学校法人的章程和其他总统令规定的材料。合并还须得到教育部长官的批准。其次，在接到教育部长官批准的通知之日起15 日内，制作财产目录和借贷对照表。在此期间，应对其债权者发布公告，通知其如有异议，应在一定期限内提出，或对已知的债权者分别通报。期限应为两个月以上。再次，债权者规定的期限内对合并未提出异议的，即被看作是承认因该合并继续存在或设立的学校法人的债务转让。对提出异议的，学校法人应当予以赔偿或提供相应的担保。关于生效时间以登记为要件，即学校法人的合并在合并后继续存在的学校法人或因合并而设立的学校法人的主要事务所所在地登记后生效。关于权利义务的转移则由合并后继续存在的学校法人或因合并而设立的学校法人继受，（包括有关学校法人对其经营的事业因教育部长官的批准或因其他处理而享有的权利和义务）。

与其他法律的衔接，韩国《私立学校法》特别规定了与其民法衔接的接口，从而确保私立学校安全退出。

2. 我国台湾地区

我国台湾地区对私立高校的退出之规定也是非常严密的，根据 2012 年所修订的《私立学校法》，我们可以看出其对退出机制设计的端倪。其退出形式包括停止招生、解散、破产、停办、合并、改制等。

关于停止招生，主要应对的是对一些管理不善，或者违反私立学校法及相关教育法律法规的情况，由主管机关进行的一种处分性质的干预，当然政府主管机关在遇到上述两种情况时并不是贸然做出决定的，而是要先进行纠正或限期整顿改善，如果到期未改善者，经征询私立学校咨询委员会意见后，方给予其停止招生或部分停止招生的处理。

关于改制，这是我国台湾地区的一个创造，即在私立高校经营不下去时，可以改制为其他类型的学校，需要提交改制计划书，并经主管部门核准，在核定前应征询私立学校咨询委员会意见。另还专门规定了改办变更的相关事项，我国台湾教育部2012年1月专门发布了《许可学校财团法人改办其他教育文化或社会福利事业作业原则》，要提交改办计划书、董事会改办决议、最新一期会计师查核报告、财务报表及财产清册等文件，由学校主管机关核定后改办，在核定前应征询私立学校咨询委员会意见。改办计划书应载明：1）改办的原因；2）教职员工安置及优惠退离措施与学生安置之处理情形及相关证明；3）学校法人现有董事会人员之处理；4）学校法人债权、债务之处理；5）学校法人财产（包括土地、建物及设备等）之规划；6）改办其他教育、文化或社会福利事业之规划（包括期程及应行办理事项）及可行性评估（包括改办事业相关规定）；7）其他有关改办事务之规划。对于改办的，在税收方面给予相应的优惠，如果在核定改办期限未完成改办者，得于本部规定之期间内申请再改办其他教育、文化或社会福利事业，仍未完成者，经征询私立学校咨询委员会意见后，命其解散。

关于停办，一个是主动停办，即办学目的有窒碍难行，或遭遇重大困难不能继续办理。另一个是经主管机关依法规定限期处置，或整顿改善，而届期未处置、改善，或处置、改善无效果的才能予以停办。学校法人未自行申请主管机关核定停办者，主管机关于必要时征询私立学校咨询委员会意见后，得命其停办。停办过程中应依法保障教师薪金、不得任意变更聘约内容；其不动产处分所得，应最优先清偿积欠教师薪资、资遣费。另举办教师权益说明会并建置全国大专教师人才网，提供教师职缺信息。学校停办后应安置在校生及协助学生转学，若停办后不再恢复办理，应将毕业生等资料妥善交给接受停办学校转学学生最多的学校。

关于合并，也在程序上进行了细致规范：首先，各学校法人应就合并的有关事项，拟订一个合并计划、合并契约，并出具经会计师查核的资产负债表及财产目录等相关文件，提交主管机关核定，主管机关核定前应咨询私立学校咨询委员会意见。其次，在接到核准的通知之日起15日内，制定并公告有关合并的财务报表及财产目录；对已知债权人并应个别通知；债权人对合并有异议者，应于公告后二个月内以书面提出异议，未提出异议者，视为承认合并。对提出异议的，已届清偿期的进行清偿其债务，未届清偿期者的提供相应担保。学校法人不进行公告及通知的，或不进行清偿、提供担保的，不能以合并对抗债权人。再次，合并后权利义务由存续或新设之单位继受。最后，规定合并后依法办理变更登记，在变更登记时享有一定的税收优惠，如因合并而移转之不动产、应登记之动产及各项担保物权，免缴纳规费、印花税及契税。移转之有价证券，免征证券交易税；其移转货物或劳务，不属于营业税之课征范围；所有之土地移转时，经申报核定其应缴纳之土地增值税可予记存，由承受土地之学校法人于该项土地再移转时一并缴纳之。合并后取得土地学校法人解散时，经记存之土地增值税，具有受偿优先权，在一切债权及抵押权之前受偿。

关于解散，达成解散的情况主要有五种情形：一是对于要求停办的，停办期限届满后，仍未能恢复办理，或未能整顿改善的报主管机关核定解散；二是符合学校章程所规定之解散事由的；三是将全部财产捐赠政府或其他学校法人的；四是依规定进行合并而须解散；五是主管机关经咨询私立学校咨询委员会意见后命令解散的。第五项中包含停办期限届满后仍未能恢复办理或未能整顿改善的但未依规定报主管机关核定解散的；命令停办而未停办的；未经核准擅自停办或停止招生的。解散应进行清算，清算前应优先清偿教职工的薪资、资遣费。以全体董事为清算人，清算人应于法人主管机关解散通知到达之日起十五日内，向该管法院申请法人解散登记，清算人全部或一部不愿或不能就任时，法院于必要时，可依主管机关、检察官或利害关系人的申请，或依职权选任清算人。法院认为必要时，得将前项清算人全部或一部解任之。选任、解任应征询主管机关之意见。清算完结时，清算人应于十五日内造具清算期内财务报表，连同各项簿册，送经监察人审查，并提请董事会确认，董事会确认后十五日内，向法院申报。

关于学生的善后处置，"以尊重学生及家长的意愿为优先，以教育部协助学校转介为辅"，① 私立学校停办或学校法人解散时，其在校学生，由原校发给转学证明书，并辅导学生转学他校，做好课程的衔接；必要时由学校主管机

---

① 范高阳，刘剑虹："台湾私立高校的退场机制及其启示"，载《教育探索》2014年第7期，第145页。

关分发至其他学校。私立学校依本法规定进行改制、合并时,其在校学生不愿就读改制、合并后存续或新设之学校者,准用前项规定。对学生的学籍材料的保存也进行了严密的规定。

我国台湾还设计了高校退出的预警机制,2013年制定了《教育部辅导私立大专校院改善及停办实施原则》,依招生、办学质量、财务及有无违法等4大面向,出台了四项预警指标:包括学生不满3千人、且近两年新生注册低于6成;评鉴太差,最近一次校务评鉴为四等或三分之二项目未过又或系所评鉴三分之二项目未过;长期积欠教职员薪水累计达三个月以上或未经协商任意减少薪水;违法。只要符合其中1项,就将项目辅导,限期内无法改善就解散、整并或转型模式退场。被列辅的大专应在3个月内提交改善计划,若提不出计划,或经教育部项目辅导小组辅导仍无法改善,则就会启动退场机制。停办学校应提出停办计划,包括学生转介辅导、教职员工离退处理、校产处分及学校停办后法人后续规划等。

我国台湾私立高校退出,有这样几个需要关注的特点,一是在学校退出时,大多需咨询私立学校咨询委员会这一权威机构之意见;二是创造出了改制或改办的推进学校尽早转型,减少损失的做法;三是在合并的规定上一并提出了相关财产移转的税收优惠举措;四是建立退出的风险预警机制、项目辅导改善机制;五是在程序上规定也比较严密,比如关于清算人的规定,又如学校停办、解散或申请破产等重大事项须进行董事会决议,并将董事会出席的人员作以规范,应有董事总额三分之二以上董事之出席,以董事总额过半数之同意行之。而且还规定了关于出现流会这样的意外情形,即于第四次会议时如出席的董事仍未达总额三分之二且已达二分之一时,可以实际出席董事开会,并以董事总额过半数决议之。

(四)民办高校"退场"管制的改进策略

第一,首先应建立退出的风险预警机制。风险预警意味着政府在民办高校的办学过程中起到很好的督察作用,对于一个市场主体,政府不可能放任自流,尤其是像民办高校这样有着公益性质的事业而言,更是如此,建立一个风险预警机制,可以提前介入,让风险降到最低,既能保护了举办者的利益不使其丧失对教育的热情,又能保护受教育者受教育权的实现以及教职工权益的实现。风险预警机制构建的关键在于确定警情,包括确定警素与警度,警素是构成警情的指标体系，警度反映警情的严重程度。根据警情，分析警兆，寻找警源。对于警素的确定，我国台湾根据招生、办学质量、财务及有无违法4个面向设计了4个指标，有可借鉴之处。结合大陆的实际情况，根据《高等职业学校设置标准（暂行）》《普通本科学校设置暂行规定》的相关内容，除招生、办学质量、财务、有无违法外，可增加一个办学条件五个向度。在这五个向度中只要有一个指标达不到应有之要求，政府就对之发布警示，就要责成其整改。

关于招生方面，笔者认为可进行分类即本科层次、专科层次，办学五年后[①]专科层次的在校生人数以2000人为底限，本科类的以5000人为底限，艺体类或者其他特殊类或有特殊需要的可略低于此底限。之所以这样设计这个人数，除了是有相关学校设置之要求，也有利益上的考量，从成本收益的角度来计算，如果一个学校不能达到一定规模，如果还必须符合教育部之办学条件的相关规定，其不可能有收益，那么为获取利益，就有可能违背相关规定进行维持或者说很难保证其基本的教学质量。对于新生的录取率或者招生计划使用率，笔者主张用连续三年的概念，并以重庆为例考察了近三年民办高校的招生计划使用率，发现重庆连续多年在计划上倾斜民办高校，但民办高校的新生总体上计划的使用率并不高，特别是在新设立的民办学校由于各方面条件尚有待完善，其计划使用率并不高，规定办学五年以上之专科学校若连续两年未达到60%[②]，或连续两年新生人数均不到500人的，由于我国对于民办高校的本科通常是通过专升本，或者通过独立学院转设，是有一定基础的，笔者主张其年限以本科办学两年新生录取率或者计划使用率未达到70%的应进行风险警示。

在办学质量方面，笔者主张现阶段需与我国对民办高校的年检制度相结合，一则因为我国目前的相对专业的社会评估组织还不健全，可信度还未得到业界的认可，需要进行培育和过渡，但最终的走向必将是由社会组织的质量评

---

① 之所以设计五年，是笔者经过调研发现，很多省份对新设置的民办高校一般进行"3+1"年的倾斜性支持。5年的设计，意味着4年的倾斜期之后再给予1年的倾斜取消后的适应期来进行计算。

② 重庆就有某所民办高职，办学有一定的历史，但近年来在计划使用率方面很不好，甚至连续两年均低于30%，假如不进行一定的干预，这所学校的办学风险是相当大的。还有一所办学接近5年的高职院校连续三年低于60%，尽管本科相对好于专科，但还是有一所独立学院近三年计划使用率每年均低于70%。

估为主体①；二则结合政府对之的年检进行一定的干预，是对年检结果的一个应用。对连续两年未合格的，或者权威部门组织的最近一次教学评估未合格的或者等次为基本合格及以下的，政府应给予其风险警示。

办学条件方面，教室、实验室用房、图书资料、仪器设备、师资等达不到国家规定之最低要求的，在教学规范上比较混乱的，特别是土地未按要求过户的。

财务方面，学校的资产负债率超过60%的②、教师累计三个月未发放工资及购买社会保险的，教师平均收入达不到教师法所要求之不低于当地公务员工资水平的，违反法律法规的。

确定了警素后，教育行政机关应对本区域所辖民办高校进行摸排以定好警度，并遴选专家团队进行帮扶整改消除警兆，以一年为限，仍不能改观的，教育行政机关应在招生计划、专业设置等方面做出政策性调整，并劝其主动退出。

第二，政府应着力推进"退出"的程序更加细化。我国的《民办教育促进法》及《民办教育促进法实施条例》虽对退出做了一些规定，但这些规定相对宽泛，作为教育主管部门为方便执行，一是要推进修法进程；二是依据法律法规出台相应的政策规章细化"退出"的程序性机制。

首先，合并、退出属于民办高校重大事项，理应推动相关的主体同意，方可申请，比如规定理事会或董事会三分之二以上人员决议通过，甚至必要时需要通过学校校代会决议通过，以避免恶意退出之现象。提出的主体，涉及办学举办主体变更的由举办者提出，投资主体增加、减少、变化的，由董事会、理事会过半数以上决议提出。

其次，对民办高校退出申请材料进行规范性要求，应明确提交的材料：申请退出（含分立、合并、终止等）的申请书；由提出者制定，经董事会或理事会决议认可的具体方案；经过评估的资产清单、权属证明及资产处置方案；经会计师事务所审验的财务和审计报告；资产负债表及债权债务处理方案；学生妥善安置方案；教职工妥善安置方案；其他需要提交的材料。

---

① 对于对民办高校的质量评估笔者将专章进行论述，这里暂不赘述。
② 在独立学院的设置条件中曾专门提出了负债率的指标，规定不能超过60%。同时也参考了美国加州对私人举办营利性私立学校在负债上给出了明确的要求：固定资产与债务的比例不能低于1.25:1，学校经费不得连续两年出现赤字。

材料的规范一是便于受理机关审查，二是有助于善后处理问题的解决。

三是教育行政机关接受理后，应组织项目团队进行认真审核，特别是要加强对合并方的严格审查，必要时派专家组实地考察验证，针对妥善安置学生和教职工的方案要进行充分论证，教育行政机关受理后30天内，最长不应超过60天，应做出是否核准的决定。时间过长，就会影响正常的教学秩序，引发不安稳因素，时间过短则不利于客观判断。申请退出的单位在接到核准通知后，在15日内应当进行公告，公告资产负债表、财务报表及财产目录，政府主管部门对其公告行为应进行督察，毕竟这是对债权人负责，避免后期的隐患，对公告的异议期也应作以规范，一般不超过2个月。对于因合并、并购中发生的资产转移涉及的税费等，如果并购者仍然是具有公益性质的民办高校或公办高校，或者说并购者并购后仍以办学为目的的，教育行政机关可主动帮助联系税务部门协调税费的减免。

四是如果合并、退出在政府主管部门规定时间之内未完成的，应重新提出申请延期，但只能延期一次。如果在合并、退出的过程中相关主体或政府主管部门发现有资产隐匿或逃避债务，存在严重的欺诈行为或其他重大违法行为的，有关主体可申请教育行政主管部门予以撤销。

五是政府教育主管行政部门为公共利益、社会稳定之考虑，还应对退出高校关于教职工安置，特别是学生善后事宜的处理进行全程监督，对于在校学生的安置可督促学校应以尊重学生及家长的意愿为优先考虑，必要时可协调相关学校做好接收工作。对于退出学校毕业生的学籍等档案材料，原则上由合并后学校或者接纳该校在校学生最多的学校予以托管保存。

第三，建议设立风险防范基金。在《民办教育促进法》及《实施条例》中对预留发展基金进行了规定，但主要是用来学校之建设、维护和教学设备的添置和更新的。而且由于学校是公益性质的机构，是针对广大学生受教育之权益，怎么维护好其权益，让之不因高校的退出而受损，毕竟通常民办高校退出时，特别是因经营不善而发生的退出，往往会因资不抵债而无法对学生、教职工之利益进行清偿，尽管其有着优先权，而通过资产的清理、变卖等程序之后再予以清偿，时间上又是这些弱势群体所不愿等待的。建议政府主管机关对民办高校计提风险保证金，或者说对预留发展金的用途进行扩展，笔者认为专门计提风险保证金相对于预留发展金用途之扩展更为明确，毕竟专款专用是财务的基本要求。风险保证金的计提方法，建议以学生学费为基准，计提学费的

2%，累计达到当年学费收入的50%时不再计提①。风险保证金及其利息收入为学校资产，存入审批机关指定账户以便于监管使用，利息部分由高校自主使用。风险保证金专门用来预防办学风险时对学生学费退发、教职工工资保证所用。政府主管部门对民办高校的财政支持中应有对风险防范基金的拨付专项，以减少民办高校的资金负担。

第四，建议与《民法典》《破产法》等法律做好接口，毕竟随着民办高校分类发展的进程，特别是在适龄学子减少、高校间竞争加剧的今天，民办高校的经营风险也在增加，对于一些资不抵债，或者具有明显投资性办学趋向的，如上市融资的民办高校，如果不做好接口，对这类情况退出的处理就会陷入尴尬境地。上文提到的韩国以及美国等国家对退出上都做出了很好的接口，美国规定：私立非营利大学的退出适用各州的一般法律。"事实上，从理论上讲，除必须安排好在校学生之外，私立学校以合并或其他方式退出教育市场，与企业的合并的确没有本质上的差别。"②建议通过"参照处理"的概念使之退出程序更加规范化。

---

① 有的省份如黑龙江省、四川省提出要占到学校总资产的50%，笔者认为不妥，一则学校总资产每个年度都存在折旧、新建等，需要进行资产的评估才能得出一个相对真实的数据，即需要经过的程序和环节相对较多，而以学费收入的计算便于计算和监管。有的学者提出风险保证金的来源和比例可根据各地区的具体实际情况来定标准，笔者认为同样不妥，尽管学校的归属地不同，但对于学生利益、学校的退出的利益关切度是一致的，而且这种利益是需要进行国家层面的一个规范，而不能仅仅在省市这个层面自定，毕竟还要预防有时候自定等于不定的不作为情况。

② 卢彩晨：《危机与转机：从民办高校倒闭看民办高等教育发展》，广东高等教育出版社2009年版，第193页。

第六章　民办高校的激励性政府干预

"任何制度无论其大小，成功的关键是恰当的激励。"①

如果说对民办高校在"进入""退出"机制上的政府干预的设计之目的做到在进入上的规范性，退出上的安全性，把控好这两大"关口"，但是这种"过于"直接性的对高等教育市场主体的资格、条件的干预，由于这种干预是属于你应该这样，不应该那样，你必须这样的一种方式，总是显得那么"不近人情"。当然，政府对民办高校的干预也不是仅限于"关口把控者"这一基本形态，尽管它是必须的，是进入游戏规则之前提。对于一个进入到高等教育市场中的民办高校主体，是不是"干预最少的政府，就是最好的政府"理论该进入了，是不是要降低政府对之的干预呢？日裔美国学者福山教授指出，"新自由主义"者所提出的消弱国家的想象在处理当代世界治理难题中被证明是极具误导性的，华盛顿共识本身不无道理，但问题是人们必须认识到：国家尽管在某些领域应该收敛，但在另一些领域的效能则必须强化。良好的世界秩序必须建立在权力范围合宜而效能极强的国家体制的基础之上。②

在教育改革的浪潮中，政府已成为一个焦点。其实不只是在这个领域，正如世界银行在其专家报告指出，"在世界各

---

① ［美］唐纳德·E. 坎贝尔：《激励理论：动机与信息经济学》（第二版），王新荣译，中国人民大学出版社2013年版，第3页。
② 陈伟："全球治理视域中的国家建构——法兰西斯·福山近作《强国论》评析"，载许章润主编：《民族主义与国家建构》，法律出版社2008年版，第294页。

地，政府已经成为人们注目的中心。全球经济具有深远意义的发展使我们再次思考关于政府的一些基本问题：它的作用应该是什么、它能做什么和不能做什么，以及如何最好的做好这些事情。① 那么，对于进入到高等教育市场领域中的民办高校主体，政府对之如何更好地发挥好干预作用，更好地保障其有序运行则是在进入之后，政府所要做的并且必须要做好的。由于政府掌握着一个国家最多的资源，比如权力资源、公共财政资源等，正如史蒂芬·霍尔姆斯所言：任何政府权力的反对者都不会成为拥护个人权利阵营中的一员，因为权利需要政府施压、公共资助而获得执行。② 其实，民办教育主体除了政府施压外，也需要探讨是否可进行公共财政的资助性干预，毕竟"在自由社会，由国家来提供高等教育经费可以更容易实现国家对高等教育的控制"③，那么就引出了政府干预的另外一种重要方式——激励性干预，即国家利用手中的公共资源给被干预主体提供一定的正面或负面激励，从宏观上进行调控以使其按照国家的意图来行动。在经济法的领域，这是一种常见的干预方式。在笔者看来，国家的激励性干预也主要包括两部分，一部分是公共财政的资助，另一部分是国家税收、土地优惠政策的惠及。

一、国家公共财政的激励性政府干预

"财政作为弥补市场失灵的资源配置有效工具，既对经济增长有激励功能，也对收入公平分配有激励作用，具有权衡与取舍效用"④，故而，公共财政的资助从本质上也是政府干预市场主体的一种手段，利用财政性的资金引导、规制市场的秩序。

（一）国家公共财政进行激励性政府干预的合理性分析

应该说，理论是越争越明。目前学界形成了鲜明的对立立场，在绪论中笔者进行了梳理，这里不再赘述。其实，反对者也好，支持者也好，站在特定的

---

① 世界银行：《变革世界中的政府》，蔡秋生译，中国财政经济出版社1997年版，第1页。
② ［美］史蒂芬·霍尔姆斯：《权利的成本——为什么自由依赖于税》，毕竞悦译，北京大学出版社2004年版，第37页。
③ ［英］玛丽·亨克尔，布瑞达·里特：《国家、高等教育与市场》，谷贤林等译，教育科学出版社2005年版，第137页。
④ 陈任武，李玲，刘穷志："经济增长与社会公平：公共支出的均衡激励机制"，载《经济管理》2010年第4期，第5页。

立场上都应该给予理解,并不是说其观点或理论是否正确与错误,而是应该从站在哪一方更为合理的角度去理解,尤其是政府使用来自公众的公共财政资金时,更应该审慎合理性问题,或者说在特定的时期要进行利弊得失之比较。制度本身就是利益妥协的结果,而经过制度而确认的制度利益必定是在那个时期或者阶段是最具比较利益的。教育是一个容不得失败的领域,我们也听过太多关于"那些试图改善人类状况的项目是如何失败"的叹息,对于民办高校,政府的干预似乎也不能仅限于管制性干预这一种形态,这种直接性的管制性干预尽管极有效率,但干预有时也不仅仅拘泥于理智,也需要情感的汇聚。"情理法"的和谐是社会所追求的一个目标。从理论上讲,人的一切活动都是由内心的某种动机所引起,管制性干预目的在于直接规制主体的行为,调控其内心的趋利冲动。趋利动机是资本投资的天性,在限制的基础上,给予其一定的补偿,使之至少获得情感上的认可,在总体上使之趋于一种满意的状态,所以,可以通过激发动机、鼓励行为、形成动力的激励性干预,而高等教育资金从来都是高等教育发展的第一推动力和持续推动力。[①] 以公共财政资金给予正向激励的支持让民办高校的举办人更加倾心于教育事业,也将使教育这个改善人类状况的项目趋向成功。

1. 反对论观点辨析

我们先来分析反对者的观点,对于"权利自动放弃论",尤其是对于高等教育,我们要问政府提供的高等教育机会是否足够,从现实来看,我们经过大规模的扩招,并向社会力量放开办学,让我们国家迅速迈进了高等教育的大众化,但是距离高等教育的普及化还有一定差距,特别是政府提供的公办高校没有也几乎不能提供足够的机会给每一个需要高等教育服务的学生,从"千军万马争过独木桥"的高考"盛况"也看出并不是学生主动放弃权利。另外,我们还要看一看,学生要得到资助的权利是否因为公办学校呢?政府的其中一项基本职能是要尽其所能地提高人民的生活水平,保障人的生存与发展权,学生需要得到资助从本质上是政府在保证人的发展权,让其通过接受教育来提高其基本能力,并不是因为你是公办学校才有权享有对学生的资助。

关于"财政资源不足论",就会追问:公办教育什么时候才能经费充足?似乎我们的公办学校从来没有过经费富足的概念,个个都吼着在过穷日子,从

[①] 杨明:《政府与市场:高等教育财政政策研究》,浙江教育出版社2007年版,第380页。

期限上那简直就是遥遥无期。为什么一定需要公办教育经费充足后才有民办教育的份额，是制度性歧视还是什么？这些追问是这个理论无法言明的。经费不足，意味着要优先安排，史蒂芬·布雷耶曾指出：糟糕的优先安排是良好规制的重要障碍。[①] 从另外一个角度就是说，政府公共财政要"量入为出"，但是凯恩斯论述了财政赤字的经济合理性，冲击了这个古典的原则。他从投资的角度论证了政府投资具有"倍数"扩张社会总需求的作用，可否以一定的赤字投资来扩张整个民间资本的活力，提高收益率是否更合理呢？

"非营利原则论"不否认政府的财政支持，只是需要对民办高校进行分类管理，这是他们基于现实中一些高校行公益之名有投资获利之实，这种营利性的存在对政府财政的公益性质是相悖的，只有做好了区分，才能进行支持，也只能支持非营利性质的学校。那么我们先暂且跳出教育的领域，我们来看经济领域，政府公共财政对于这个以营利为指向的领域就不管不问吗？我们审查很多的招商引资政策，看看国家对于高新技术产业的支持，哪个不是以政府财政予以支持的方式给予的，我们再来看看 2014 年 12 月 8 日大连万达向港交所呈交的上市聆讯材料中，披露了其财务数据，其中备受争议的是从 2011 年到 2014 年上半年，政府给予其财政补贴竟然高达 78.19 亿。对于一个营利性的甚至可以说属于"暴利"行业的房地产企业政府尚可慷慨，对于教育缘何就要如此审慎？当然，这并不意味着笔者说公共财政用来支持营利性的民办高校就一定是合理的，而是说"非营利原则论"在现实中是经不起推敲的。

"私利论"主要在于担心政府公共财政的介入会放大私利的空间，担心营利的空间大了，则更加对公益不利。其实这里面有一个角度的问题，政府的公共财政就是为了保证民办高校的公益性，而且一般政府的公共财政的资助都是辅以条件的，或者给予一定的去向，也有学者指出正是通过政府公共财政来平衡其私利性，来降低其办学成本，来给其减压，提振其办学的信心。也就是说这个"私"是可以调控的，可以通过一定的制度设计来平衡的。关于第二个"私"，是关于教会与世俗的争议，其实在美国很多判决对其已进行了创造性的解决，立教条款、自由活动条款和"平等对待"条款共同构成美国私立学校的财政资助政策的宪法基础。在这个有一定冲突和矛盾的三个条款中，政府的公共财政给予私立学校的拨付需要智慧才能突破，终于形成了政府中立性原

---

① Stephen Breyer. *Breaking the Vicious Circle*：*Toward Effective Risk Regulation*，Harvard University Press，1993，20.

则突破了"莱蒙托准则",即只要"项目是中立性的,平等地对待世俗学校和宗教学校、平等地对待学生就是符合宪法的。"① 第三个"私",是对质量、对公平上的担忧,"私立学校提供个性化和优质教育服务。在许多国家,私立教育往往成为其高质量教育的标志。"② 优质的教育、高昂的学费决定了其生源的组成是特定社会群体,这种分层是公众所诟病的,政府公共财政的资助可能会加剧这种局面。我国恰恰还没有形成这种局面,几乎是相反的局面,民办高校的学生学费高出公办院校,但生源批次、培养质量却还不能称得上是优质,而且其吸纳的群体也并非优越的社会经济地位家庭,政府的公共财政资助恰恰是要促进民办高校质量的提升。第四个"私"是关于公共价值观的形成,因为私校的特定群体,特定的文化环境会阻碍公共价值观念的传授,事实上这就如第一个"私"的回答,正需要政府通过附加一定义务的财政支持进行有效管理和调控。

2. 支持论观点评析

对于支持的观点,其中一个是"贡献论",即是说民办学校及其教师、学生在教育财政的"节省增量"贡献、"直接增量"贡献和"间接增量"贡献等方面做出了巨大的财政与政治贡献,政府应该支持、应该反哺。简单说来,就是我对你有"恩",你应予"回报"。这个理由事实上是让民办高校陷入了"给恩索报""给恩不图回报"的道德困境,其实也让政府在这种困境中"两难",在笔者看来,这不能称得上是特别适切合理的理由。

"危机需要支持"的论点,特别是关于学校经营的信心、教师留不住的困境给予了民办高校不仅仅是办学质量危机,更是生存的危机。民办教育也是我国教育的重要组成,也是具有法律所规定的具有公益性的组织,在法律上也规定了教师与公办教师同等的对待,政府作为执法者应在落实法律上下功夫,政府以公共财政资助落实自己的应有义务,笔者认为这个理论具有一定的合理性。

成本分担理论,或者说公共产品的正外部性理论也是寻求政府公共财政支持的一个重要观点。政府有职责为公众提供公共产品,民办高等教育在性质上属于准公共物品性质,而且其具有着"正的外部溢出性",其不仅给受教育者

---

① 曹淑江:"'政教分离'与美国私立学校的政府财政资助诉讼",载《外国教育研究》2005年第10期,第61页。
② 朱鹏:"私校公助:澳门的视点与问题",华东师范大学博士论文2009年,第61页。

本人带来经济的和非经济的收益，而且可以通过受教育者的个体受益使其家庭受益，还能够使整个社会同时受益。根据"谁受益、谁付费"的成本分担理论，个人理应承担一定成本，家庭也应承担一定成本（体现为学生学费），那么受益的社会作为外部效应或"溢出"的获得者，也应该承担一定的成本，政府作为社会和国家公共利益的代表，至少在公立高校政府给予了财政的拨款分担，体现出了其义务和责任，而对民办教育是否也应该有承担呢？

教育公平理论也是一个能够立得住的理论。多数研究认为，教育程度的提高会降低收入不平等程度，而教育程度的不平等会加剧收入的不平等。[①] 的确，当今时代，政府其中一个重要的也是为世人所公认的职能就是要减轻贫困。政府通过对高等教育提供资助可以使那些有才华但却家庭贫困的学生接受大学教育，给予其一个公平的机会，可以使之甚至使其家庭摆脱贫困。为了帮助穷人，政府对高等教育的支持应成为任何反贫困项目都不可或缺和重要的一部分。而且，无论从道义上还是从社会发展上讲，人们接受高等教育的机会都不应该受制于其家庭财富的多寡贫富。在贫富差距依然存在，而且高等教育主要由私人部门来举办的条件下，相对于穷人，富人则更舍得为子女在高等教育方面支付更多的费用，其也有能力进行支付。但是，在市场作用下，这就容易衍生学费昂贵的现象，从而把穷人子弟拒于学校大门之外。出于再分配的考虑，政府将努力推进机会更平等，使社会成员平等地接受高等教育服务。收入分配不均等密切关联到高等教育投资的不均等，而不均等的高等教育投资又会延续不均等收入的现象，相比之下，高等教育投入分布较为均等会有助于降低收入的不均等。如果政府只通过转移支付方式对贫困阶层进行补助，则只能暂时解决收入不均等的现象，而通过高等教育投资则可为贫困阶层永远摆脱贫困创造很好的机会，可以持久地改变社会的收入水平。[②] 而且政府"决不能让人们贫困到被迫犯罪或危害社会的地步。按照这种贫困观，贫困不仅是穷人的不幸和苦难，更为重要的是，它还导致了社会不安并增加了社会成本。"[③] 政府必须利用手中的公共财政资源给予穷人以均等地接受高等教育的机会。

[①] 教育部教育发展规划与战略研究理事会秘书处：载《人力资本投资与发展方式转型》，教育科学出版社2012年版，第309页。

[②] 杨明：《政府与市场：高等教育财政政策研究》，浙江教育出版社2007年版，第33－34页。

[③] ［印度］阿马蒂亚·森：《贫困与饥荒》，王宇等译，商务印书馆2004年版，第16页。

3. 对支持论的些许补充

笔者认为，政府公共财政资助民办教育还应有一个国家利益的价值取向问题。民办高校也是一个育人的地方，政府需要它将国家意识合理地灌输到每一个学生身上，使之成为合格的公民；而且教育的质量问题也是国家所要关注的，国家需要教育的主体给予受教育者优质的教育；国家需要的一些优先发展的项目也需要有相应的主体来承担，需要高等学校来表达国家的竞争力，这些国家利益需要政府有一个较为有效的干预机制，财政激励便是一个，国家通过一定数量的财政投资来引导或是诱导民办高校来完成国家利益的承担。正如李福杰在分析美国财政支持时所总结的那样：联邦政府财政资助就是为了把联邦的政策渗透到私立高等学校中去，从而影响乃至决定私立高等教育的发展方向。①

通过附加一定条件的政府财政资金资助来实现政府的干预、调控之意图，这已经是国际上多个政府使用公共财政支持私立高校的发展，实现政府战略的一个普遍的做法。我国在《民办教育促进法》等相关法律政策上也对政府公共财政是否支持民办高校给予了回应，尤其是2010年的《国家中长期教育发展规划纲要（2010—2020年）》给予的正面回应，其实这是让政府公共财政惠及民办教育给了样本和至少是法律合法性的依据。但笔者对于学者们所提出的公共财政的资助应以民办高校的分类发展为前提持反对意见。其实，是否营利以及营利多少都不是私校公助问题的症结所在，关键在于如何对私立学校的营利进行管理。分类只是意味着政府公共财政资助的走向、比例设置的更为明确化，并不能成为前提性要件，即使其成为营利性的高校，它也有权利去竞争政府所提供的针对高等教育的竞争性拨款，也有权利接受政府的委托提供一定的服务，更为根本的是他们的学生与非营利性民办高校、公立大学并无根本上的差异，他们的教员与之也并无根本上的区别。政府的公共财政保持一种中立的标准更能利于其效益的最大化。另外，民办教育市场并不是执行的按成本收费的全市场化的模式，政府的学费限价干预是为公民承受能力以及民办高校办学质量并不高的局面下的行为，尽管很有必要，但为了使这些高校更为顺利的发展，通过政府财政补助可消解有可能引发的有学者所言的边际收益递减的可能。

---

① 李福杰：" 美日私立大学发展的若干经验与启示"，载《大学教育》2004 年第 4 期，第 83 页。

(二) 国家公共财政进行激励性政府干预的制度设计

从上文的分析可以看出，政府通过公共财政资金给予民办高校一定的激励性干预不仅具有现实合理性，而且在理论上也能够自证，在法律合法性上也获得了确认。那么，该如何使用政府的公共财政资金让之更有效益呢？毕竟政府公共财政资金是属于全体纳税人的，纳税人不仅有权利知道项目的详细情况，还有权利知道财政经费是怎样使用的，更有权监督政府让公共财政资金除透明公开外还有效率的期待。

1. 政府对私立高校的财政激励的通常做法

政府对高等教育提供资助的方式有两种。第一是把钱给学校；第二把钱给学生。① 杰米尔·萨尔米，阿瑟·M. 赫普曼在《高等教育的资源分配机制：分类与评价》中指出：向学生提供贷款一般是促进私立大学持续发展的主要办法之一，用于补偿学生学费开支的税收优惠政策比家庭补助这类用于补偿学生生活开支的税收优惠政策，更能有效地促进私立大学的发展。很多国家都把财政资助指向学生。菲律宾政府对于私立高校的资助主要是用来对学生和教师的资助；美国政府对私立高校没有像公立高校那样给予一般性的经费资助，公共财政则资助是通过对学校进行科研拨款和学生资助进行支持，向学生提供贷款和津贴，体现教育机会均等，而以竞争为基础的科研拨款则是让私立大学适应当前国际竞争，保证国家之需要。日本和我国台湾则给予了私立高校以一般性的经常经费的支持，如我国台湾地区给学校有整体发展奖助金，其中17%以人头为基数的补助，83%则是根据办学情况带有一定竞争性的奖励性资助。关于学校的资助还可公平地参与针对大学的各项的计划竞争，给学生学费减免、扶弱计划等。因为在前面章节中作了介绍，就不再赘述。对于日本，有学者指出"日本政府对私立高校的财政资助力度相当大，现在占私立高校年收入的15%～20%。"② 日本对于学校的资助主要有两大块，一个是科研设施设备资助，主要根据私立大学所购置的设施设备的价值而给予相应的补助。另一个是经常费的补助，经常费补助包括一般性补助和特别补助。一般性的则是以教职工、学生为基数给予的人均性补助；特别补助具有一定的竞争性，按学校

---

① ［英］玛丽·亨克尔，布瑞达·里特：《国家、高等教育与市场》，谷贤林等译，教育科学出版社2005年版，第151页。

② 肖俊杰：《民办高等教育财政研究》，上海交通大学出版社2009年版，第75页。

的办学情况给予不同资助,即根据学校以往获得补助的使用情况进行区分;根据学校收入状况的不同给予不同的补助;根据学费使用情况特别是应用于教学科研比例的不同在补助上予以调控,应用比教学科研比例高,则增加补助比例,反之则减少。1997年,迪尔瑞委员会向英国政府建议:政府有计划地转变固定的拨款方式,让拨款随着学生走。对高校的表现和政府开支进行评定和审核,以实现将拨款总数的60%根据学生的选择分配给学校。

2. 我国财政公共资金对民办高校的支持情况:以重庆为例

利用公共财政资金给予民办高校予以支持在我国很多省市都在进行着尝试,上海、浙江、广东、陕西等都有着一定的突破和亮点,在笔者看来,重庆作为一个欠发达的地区,在这方面应该说是走在第一方队之中的。

以重庆民办高职院校2012年获得的政府性公共财政收入来看,民办高校专项资金4000万;民办高职院校生均共用经费财政补助资金4027万元;民办高校国家奖助学金10980.6万元。

从这个数据来看民办高校从政府公共财政中获得的经费有三个组成,第一部分是补助,这个补助的政策依据是《重庆市财政局关于下达民办高等职业院校生均公用经费财政补助标准的通知》(渝财教〔2012〕124号),在文件中规定是按全日制学历教育高职学生人数计算补助资金,并以项目方式下达学校。根据国家和重庆市认定的办学水平,给予了不同的补助标准。主要用于教学条件的改善方面,即提高学校教育教学质量和提升学校内涵发展,重点用于教学、实训设备购置、师资队伍建设、教育教学改革、学校正常运转等方面,严禁用于捐赠和基本建设。

民办高等职业院校生均公用经费财政补助标准表

单位:元/生

专业与层次	理工类	文科类
示范(骨干)院校	2000	1700
一般院校	1700	1400

而在同年重庆市财政关于公办高等职业院校生均财政拨款标准(渝财教〔2012〕122号)示范骨干院校理工类的标准为5000元,文科为4800元,一般院校理工科4800元,文科4600元,这个标准已经占到了公办高职的三分之一还要强,尽管从2013年起公办院校的生均拨款在原基础上增加了1000元,

但占比还是超过了25%。还需要明确的是，民办院校学生学费要比公办院校学生学费高出很多，再加上针对民办院校政府的专项基金部分，这样一折算，二者办学上的差距趋于消弭。2014年秋季起开始对民办本科、独立学院进行生均补助。

第二部分是民办高校专项资金主要用于奖励投资较大的、办学规范、特色鲜明、质量较高、用于资助学科专业建设、教职工培训等学校。从特征上是具有一定竞争性条件的，以根据条件申报并进行一定的筛选为基本要件。第三部分则是针对学生的国家奖助学金。

根据民办高校所申报之2015年预算情况来看，国家财政性经费已占到其总收入的20%左右，如果扣除发展基金①，这个比例还要有所提升。

3. 提升政府公共财政资金使用效率

尽管利用政府公共财政对民办高校进行激励性干预有了一定的市场，但更多的是一种地方政府的行为，尤其是以生均经常性费用予以补助性支持还远远没有进入到中央的层面，突出的表现就是在中央财政的转移支付中并没有列支本项。而且在政府的财政预算中关于民办教育似乎还未见踪影②。而"现代国家的财政收入必须通过预算的方式才能使用"③ 预算是整个财政收支的起点，是对全年财政收支的统筹安排，是国家组织分配财政资金的重要载体，是政府实行宏观调控行使干预与约束的重要的手段。甚至"我们免受政府干涉的自由对预算的依赖不亚于获得政府援助的赋予权利。"④ 在2014年修订后的《预算法》中明确提出，政府的全部收入与支出都应当纳入预算，民办教育的财政经费的经常性支持日益成为趋势，在政府预算中应予专款或者专项列支予以反映，以强化政府对民办教育的干预作用，特别是在《民办教育促进法》中提出各级政府应将民办教育列入经济社会发展规划，如果一个规划少了政府预算的支撑与保障则显得就很单薄。明确的公共财政支持政策，如在财政收支活

---

① 根据相关要求，发展基金作为收入列支。
② 根据财政部网站财政数据列表中以2013年的财政支出决算表来看教育属于第五大类，在教育的列支中主要包括教育管理事务、普通教育、职业教育、成人教育、广播电视教育、留学教育、特殊教育、继续教育、其他教育支出。在这些款的各分项中均未见民办教育的踪影。详见 http://yss.mof.gov.cn/2013qgczjs/201407/t20140711_1111874.html.
③ 刘剑文:《高等教育体制改革中的法律问题研究》，北京大学出版社2005年版，第155页。
④ [美] 史蒂芬·霍尔姆斯:《权利的成本——为什么自由依赖于税》，毕竞悦译，北京大学出版社2005年版，第86页。

动中不加以体现，在预决算中不能反应，则政府的激励性干预作用发挥上就可能打折扣。关于年度平衡预算原则虽然一直被看做是公共财政的理想目标，但是平衡年度预算也越来越受诟病，不能够统筹安排财政，发挥其更长远的调控作用，很多人建议在编制年度预算时可同时编制3~5年的中期滚动预算，与国家经济社会发展规划相协调，从而提高其杠杠性作用。

列入政府财政预算后，就要考虑其分项设计的合理性或者说应该开列哪些具体项更能发挥出政府的激励性干预作用，比如以重庆为例现在的三种政府性投入形态是否足够，是否充分？或者说这三类中是否还可以进行科学细分？从学校教与学这一活动的主体来看，充分关注了学生，还兼顾了举办主体，强调了办学条件，而恰恰忽略了教职工这个群体，教师是教学的主体，在当前民办高校中教师问题是一个瓶颈，"呆不长、留不下"，与公办院校的差别消除不是仅仅一纸文件就能一劳永逸，可否在经常性经费补助中分出一块用于教师的工资性补助，比如说这部分费用可用于教师"五险一金"的部分缴纳，用于单位或者承担部分的50％，或者直接给予教师一定的生活补贴或津贴，这样可从整体上提高教师的待遇，而且也给予教师一颗定心丸①。当然，对于民办学校教师的补贴可能在操作上有些困境，比如如果根据办学条件基本要求对教师进行核对规模，但民办教师的流动性大，在人员的核定上是个问题，另外有可能存在虚报之现象，其实这些操作性问题，可以通过加强财务的监督与审计来弥补，通过一定的负激励来消除。

关于生均拨款补助的问题是一直执行这种固定性的拨款机制，还是如日本、我国台湾那样固定性与竞争性并存，而且逐渐以竞争性为常态。在目前我国民办高校整体实力还不强的情况下，还是以固定性的拨款为主体，但要抓好经费使用之绩效，毕竟固定性的生均拨款体制在条件的设置和执行上会产生某种惰性，长久以往使用效率就会产生问题，从公办院校那里就可以看出来，所以一定要加以绩效性的监管，规定条件约束机制，特别是负激励的设置，即如果产生问题，达不到要求，给予3年左右的停发惩罚，则可起到激励性干预之作用。

---

① 这颗定心丸很重要，在笔者所调研的一些民办高校教师，他们内心里缺乏某种公办教师的稳定感，尤其是在身份编制上的一种稳定感，得到国家给予的认可在他们看来很重要，笔者调研的教师由已经在民办高校已任职中层的，工资收入也不低，但却宁愿到公办院校进行重新择业，问之就是想有获得编制的稳定性。

列入预算还意味着否决了"财力不足论",毕竟财政的承受能力是政府考量的一个重要因素,如果政府财政的增幅存在一定的问题,就要面临多方支出博弈之结果,如无列入预算,则连博弈之资格都不存在。建议把民办高校的教育预算在中央与省级政府财政预算中单列,并纳入人民代表大会的审议议程。全国人大和省级人大对教育财政投入的执行情况每年都应进行专题巡视和督察,并作为政府主要负责同志的一项重要考核指标。

另外一个困境是政府财政拨款多少为适当在理论上并未得到解决,尽管有学者提出:"任何一种新的拨款体制都必须实现如下几个目标:它应该使机构摆脱计划体制的束缚,因为计划体制效率低下,而且约束性强;它应该考虑到因经济需要而导致的学生数量增长;它必须提高入学率;如果政府感到必要在某种程度上设法影响人力资源的状况,这种新体制应该为此提供一些有效的措施;它应该允许其他人对体制施加影响。"① 这种原则性的规定并未给出一个合理的比例,张铁明教授给出了一个年度教育经费预算 2%~6% 的区间。包括现在重庆市的民办高校特别是在高职中政府性教育支持的比例已占到 20% 左右是否科学,是否存在过度资助的问题都值得进一步论证。《卡梅尔报告》确定了政府根据私立学校的资源需求水平进行拨款的基本思路。即把对学校的拨款和学校自身对外界经费的需求联系起来,资助额度按照公立学校生均标准经费的百分比进行拨付。但是这个资源需求水平拨款模式也是备受争议。笔者认为,要明确的是政府公共财政资金给予民办学校从本质上是一种"雪中送炭",不是自己投资兴办学校。那么比例多少合适,要根据政府的财力、学校资源需求水平、办学的成本等进行综合核定。

对于政府公共财政的支持是否可用于私立学校的基本建设费用在重庆案例中予以了明确反对。对于此,理论界也持审慎态度,"政府在基本建设费用的资助问题上需要进行慎重的考虑,必须签订附加的接受资助条款,包括这些费用如何进行核算、折旧、转移或退出,私立学校对于这些资助拥有有限的自主权,一旦学校退出或将这些资助用于其他用途时,需要按照有关规定对这些资助进行偿还。"② 其实,笔者觉得在基本建设上大可不必过于保守,无论学界还是实务界在担忧国有资产的流失,从根本上讲既然你都给予他财政资金的支持

---

① [英]玛丽·亨克尔,布瑞达·里特:《国家、高等教育与市场》,谷贤林等译,教育科学出版社 2005 年版,第 174 页。
② 朱鹏:"私校公助:澳门的视点与问题",华东师范大学博士论文 2009 年,第 46 页。

了，这些资金运用于不动产的和动产到底有多少区别呢？都是为提升其质量，帮扶他们成长，而且即使是退出时，难道还能在性质上发生改变吗？

对于公共财政资助要发挥好其功用，除辅以一定的条件让之竞争性获得，或者是通过协议之形式约定外，还应辅以一定的要求。

公共财政资助应实行严格的经费独立的管理办法，与学生学费一样，需要建立专门账户，并采用真实有效的会计核算办法，完整反映每项资金的走向，并且应定期向政府主管部门提交该方面的业务或会计状况的报表。强化财务上的审计与监督，可委托信誉好的会计事务所对其进行审计，亦可尝试派驻监管员或会计师的做法，专事督察公共财政资金的使用情况，监管员的酬劳从划拨之经费中列支。政府主管部门还应对公共财政资金的使用绩效进行考核，当发现成效低下，或与支持之目的有出入时，对受资助民办高校进行必要的劝告使之整改，必要时可中断援助。建立民办高校财务信用档案制度，并定期进行公布，可为金融信贷部门提供参考。

二、民办高校的税收、土地优惠等激励性政府干预

政府通过公共财政资金对民办高校进行扶持很显然是一种政府激励性的干预形式。在现代社会，政府的公共财政资金主要依赖于税收、土地出让金等项收入，史蒂芬·霍尔姆斯非常直接地指出：无税收政府则无财产。如果说土地出让金是国家作为土地的所有者将附着于土地的使用权通过契约等形式进行的出让行为，其形式上的平等含有一定的激励性。但是作为税收，却是通过国家强权向纳税主体强制性的、无偿课征金钱或实物的行为，形成的是一种强制取得的利益分配关系。大卫·休谟指出，私有财产是政府权力用公共经费认可并维护的垄断。财产权依赖于一个乐于征税和花钱的政府。从根本的意义上讲，获得与交易财产的安全性依赖于政府从私人处提取资源，并应用于公共目的的能力。[①] 的确，政府公共权力的保有、行使都需要一定的成本，而这个代价需要找到承担者，恩格斯指出：为了维持这种公共权力，就需要公民缴纳费用——捐税。就如霍尔姆斯所言，税收就是公民为文明社会所付出的代价，这种代价本质上是一种管制性干预行为。张守文指出，"税收存在的必要性在于它是满足公共欲望、提供公共物品的最有效、最重要的手段，它能够在一定程

---

① ［美］斯蒂芬·霍尔姆斯：《权利的成本——为什么自由依赖于税》，毕竞悦译，北京大学出版社 2005 年版，第 40－41 页。

度上缓解在公共物品领域存在的市场失灵问题，对社会收入进行分配和再分配，进而可以成为宏观调控和保障经济与社会稳定的政策工具。"① 所以，如何让税收这种特殊利益分配体系让受体更容易接受，如何让契约性的商谈更具有激励性？则需要挖掘他们本身所有的激励性功能。

（一）税收、土地优惠政策的激励性干预功能

1. 何为激励

如何界定激励，如何激发激励？需要对激励进行一个梳理。在《现代汉语词典》中将激励界定为激发鼓励。从形象的比喻到规范的解释，无不在表明激励就是利用一定的手段或建立一定的机制，从而调动主体的积极性，提高主体利益诉求的达成度，并产生正效应。而在激励机制中最大的刺激因素莫过于利益了。的确，认可激励机制说到底都是围绕着利益内化构建的，"离开了利益，激励是无从谈起的。"② 故而，寻求有效的激励方式一直是"理性人""经济人"所追求的目标，作为有限政府，在其权力的边界范围之内，如何让各利益主体各得其所，并促使主体相互间共赢互惠，使私人利益和公共利益之间达成一种协调与平衡，而不是缔造一种矛盾和冲突。国家通过预先设定一种激励，从而激发行为主体从事某种行为的热情或动机，使之在鼓励下做出国家所期望的行为，实现所预定或预定之目标，取得预期之效果。激励实质上就是推进主体的认知和高度的认同感，毕竟"我们越是清楚地认识到我们正在做的事情以及我们为什么做这些事情，我们的社会工程将越有效。"③ 故而，只有"设立有效的激励机制，使供给中的各个主体按照最优的原则行事，个人和社会总体对公共产品的需求才能真正满足。"④

有学者指出，激励理论的理论预设，大致可以划分为两个致思路向，即成本—效益致思路向和需要—动机致思路向。⑤ "成本—效益"致思路向指向的是利益——社会永恒的诉求——带来理性行为的激发，即是将主体的行为决策

---

① 张守文：《税法通论》，北京大学出版社2004年版，第4页。
② 付子堂，孟甜甜："激励型法的学理探析"，载《河南财经政法大学学报》2014年第3期，第64页。
③ ［美］庞德：《法律史解释》，邓正来译，商务印书馆2017年版，第211页。
④ 李成威："公共产品的需求与供给"，载《财政研究》2005年第5期，第32页。
⑤ 丰霏："论法律制度激励功能的分析模式"，载《北方法学》2010年第4期，第109–110页。

化约为行为主体对自身利益最大化的权衡；"需要—动机"致思路向则指向的是内心的冲动，毕竟"需要本身不能产生行为，动机才是人类行为的直接驱动力。"① 其实"成本—效益"和"需要—动机"这两个致思路向分别对应了格拉斯·麦克雷戈提出激励因素的外附激励和内滋激励的划分。也有社会学家将激励划分为功利型和符号型。所谓功利型激励，是指以实物形式的给予作为激励手段；符号型激励，指以授予某种具有象征意义的符号，或对社会成员的行为方式和价值观念给予认可、赞赏等作为激励手段。② 从本质上看，这两个划分指向的也是利益和动机，功利型激励核心价值取向就是利益最大化的授予与满足，符号性激励就是内在动机的激发与支配，在利益和内在动机方面赋以最优的设计促使主体产生价值认同和自觉的行为，那么才会产生有效的激励。

2. 税收之激励干预功能

"对内在本性的支配，过去是，现在也是通过社会控制来保持的，即通过人们对每个人所施加的压力来保持的，目的在于迫使他尽自己的本份，支持文明社会，并制止他从事违反社会秩序的行为。"③ 应该说，庞德指出了干预需要施加控制性压力的特性，比如直接进入标准设置，强权似的政府许可行为，甚至国家政府背后的惩罚性压力都使主体在这种干预压力下尽本份，履义务。对于税收而言，其首先就是一种直接的干预压力。毕竟如马克思所言："赋税是政府机器的经济基础"，正是基于税的"大部分规范均是财政目的规范（以财政收入为目的的规范）。其乃以满足公共预算所必须的财政需要为目的（原始的功能）。此类规范乃是依据分配的正义的标准，作成具体的课税价值的决定。"④ 通过税收取得公共财政，再用公共财政进行再次的分配和调节。那么为财政目的之税收也具有了鲜明的调控和干预作用。"税收调控就是国家以税收为手段，通过直接调节纳税人的收入和支出，从而间接影响纳税人的社会经济行为，进而引起部分或整体社会经济活动的变化，最终实现国家在一定时期的调控目标。"⑤ 其实，税收之强制性无偿征收的直接调节特性，对主体的行为影响，已经不仅仅是一种间接性的了，毕竟税收制度的设计通过明示税种、

---

① 付子堂："法律的行为激励功能论析"，载《法律科学》1999 年第 6 期，第 23 页。
② 郑杭生等：《社会运行导论》，中国人民大学出版社 1993 年版，第 418 – 420 页。
③ ［美］庞德：《法理学》第 3 卷，廖德宇译，法律出版社 2007 年版，第 6 页。
④ 陈清秀：《税法总论》，元照出版社 2006 年版，第 18 页。
⑤ 张怡，杨颖："论税法的惩罚性规则"，载《西南政法大学学报》2013 年第 1 期，第 71 – 72 页。

税率等，使纳税主体事先知道要让自己做什么。

当然，税收这种制度的设计并不仅仅是一个强制性标准体系，其通常试图通过特别的减税或抵税，来增加收益或者鼓励某种行为。① 从而使税收带上了激励性的特性。的确，现代社会中各种矛盾叠加，各项冲突并存，需要找到一个能平衡（优化）各种因素的制度，包括用于冲突的资源，提供适当的激励，产生弹性结果，并能应对无数的行为主体。这种制度不能只是简单的禁止或许可，而是自身能够具有制约与激励并存，能够在资源配置上和价值目标上获得行为主体某种认同的制度。所有这些都指向使用税收或者以激励为基础的类似制度。② 的确，税收不仅是标准的设定，不仅指向财政目的，其还有社会性之目的规范，不仅要援助无所得或所得甚少的群体，而更多要增进公共的利益或社会的利益、公共的福利、人民的团体生活等。这种非财政性的目的使税收的有些规范并未作成任何课税价值的决定，可能经由各种税捐优惠减轻税负，也可能创设附加的税捐负担或特别税。凡实施"社会上所希望的"行为之人，则在税捐上即被减轻负担，反之，其实施"社会上所不希望的"行为的人，则在税捐上被课以特别税。③ 其实这种税收上的优惠在本质上违反分配正义平等之原则的，毕竟都是市场主体，基于行业之不同或是技术标准上的差异亦或是在产品全过程之不同环节却给予不同的税率会带来关于分配正义是否平等的拷问，正如学者指出的，税收优惠从客观上来说"这种国家为部分纳税人的税收成本埋单以降低这些主体税收成本的做法，直接使其他市场主体税收成本的相对值增加。"④ 但是政府正是通过这种倾斜性的激励或者权利倾斜性配置的机制以达到平衡社会财富、平衡主体间的差异，导引主体行为沿着社会可欲之方向发展。就如布雷耶所言，尽管很难确定什么才是收费的"合适"水平，但哪怕是设计最为粗略的激励体系，可能都比一个完全依赖于标准的体系更有效。⑤ 他分析德国、法国关于防污治污的实践，其结果都表明哪怕是政治上可

---

① ［美］史蒂芬·布雷耶：《规制及其改革》，李洪雷等译，北京大学出版社2008年版，第242页。
② ［美］史蒂芬·布雷耶：《规制及其改革》，李洪雷等译，北京大学出版社2008年版，第388页。
③ 陈清秀：《税法总论》，元照出版社2006年版，第18–19页。
④ 王霞：《税收优惠法律制度研究：以法律的规范性及正当性为视角》，法律出版社2012年版，第39页。
⑤ ［美］史蒂芬·布雷耶：《规制及其改革》，李洪雷等译，北京大学出版社2008年版，第396页。

接受的低于合理程度的损害估量,当其转化成收费时,在防止污染方面,都要比纸面上看似更为严厉的标准来的更为有效。

而且,税收并不禁止一种活动,或者彻底查禁一种产品,这一事实本身就意味着那些具有特别需要和支付意愿的人能够得到其想要的产品。因此,税收就降低了在未知特殊情形中造成严重危害的危险——这种危险正是与标准设定方式并存的。并且,更为重要的是,税收为进行有益的技术变革和创新提供了激励。例如,尽管标准能够确定一个绝对的硫磺排放标准,但它们并不能轻易地为排放更少的硫磺提供激励。① 税、费或类似激励制度无需冻结当下的技术,且还保留了一定的主体选择度,对主体而言,则产生了激励鼓励。

3. 土地政策之激励干预功能

"溥天之下,莫非王土;率土之滨,莫非王臣。"《诗经》中的这一论断道出了土地的国有属性。的确,对于土地这一自然资源而言,虽然随着现代科技、制造的发展,人们可以围海造田,向大海要土地尽管在一定程度上可以缓解土地资源的紧张性,但本身更加证明了土地资源的稀缺性,如果说能源还可找到一定的替代品,但土地却很难寻觅到合适的代替物,其不可替代性也是异常明显。作为一种稀缺性的资源,其具有鲜明的固定性,作为附着于其上的建筑物我们都称为不动产,可想而知作为土地很难想象其具有"移动"的属性,对于主体而言,生于斯、长于斯,在人们生产生活中他是一种重要的资源,具有着不可或缺性。正是因为这些属性,决定了其一旦使用某一种方式,那么就排除了使用其他方式的路径。这在客观上也就要求在整个社会建立一种能最大限度发挥土地资源经济效应和社会效应的合理利用制度②。土地作为人类社会中一项重要的生产资料,"从整个社会再生产的角度来看,乃至从整个社会分配关系的角度来看,生产资料所有制构成调节人们之间利益分配关系的主要经济杠杆。"③ 也许是基于这些特征,马克思指出:"社会的经济发展、人口的增加和集中……将使土地国有化越来越成为一种'社会必然性'。抗拒这种必然性是任何拥护(私人)所有权的言论都无能为力。"

---

① [美]史蒂芬·布雷耶:《规制及其改革》,李洪雷等译,北京大学出版社2008年版,第242页。
② 杨惠:"土地利用规划管制的经济分析",载刘俊主编:《中国农村土地法律制度创新研究》,群众出版社2012年版,第274页。
③ 李太淼:"所有制原理辨析及我国所有制改革趋势",载《中华书刊》2003年第5期,第21页。

土地作为一项自然资源还具有着财产属性，这种财产属性使之能够进入市场，能够按照市场的机制进行商品化，主体通过市场机制取得土地使用权的收益。对于稀缺性的物品而言，随着经济发展、城市化进程，其巨大的市场经济价值会日益呈现。当然，土地使用权的获得，或者基于土地的过度开发利用问题也会随着经济发展成为问题甚至环境污染等问题。学者杨惠指出，通过实施严格的土地用途管制，建构土地利用的秩序框架，使有限的土地资源得以在经济利用与生态保育之间妥当分配，确保今生后代的人类以及各种地球生物都能有一个良好的生存环境，乃是"环境国家"与"行政国家"的当然使命。①

正是在土地用途管制的思路下，经营建设性用地必须以招标拍卖挂牌方式出让政策出台。"任何单位和个人进行建设，需要使用土地的，必须依法申请使用国有土地"等法律规定进行约束土地的使用。我国土地资源目前存在着两种主要形态一是国有土地二是集体土地，正是这种制度上的区分，也导致了现实中的"大产权"与"小产权"，其实正如刘俊教授所言，"集体土地所有权也并非一项私权"②，刘云生等教授则一直在探讨农村土地国有化的必要与可能。国有化有助于统一土地流转市场，实现土地效益优化，也便于统一的用途管制等。事实上，基于土地的效益在政府的管制下越发明显，不管这个效益最终的分配如何，在现实中土地财政的屡见报端便是明证。宪法所规定之"国家为了公共利益的需要，可以依法对土地实行征收或者征用并给予补偿"等，政府拥有着批租土地的权力，也获得土地出让金，甚至成为财政收入的主要来源，土地价格越高，政府收益越大。2010年，土地出让金占地方财政收入的比例达到了76.6%。③ 在土地有限、地价上涨的时代，为"公共利益"之故，政府给予一些公益性事业以无偿划拨或低价优惠成了最大的一种激励，"新建、扩建民办学校，政府应当按公益事业用地及建设的有关规定予以优惠。"这个法律"红包"不可谓不大，通过教育的"圈地"，"不仅不为学校用地使用的巨大经济成本付出分文，还能坐享土地增值的收益。"④ 这种激励为很多学者所反对，认为将国有土地无偿划拨给投资办学为实的民办学校，使之从中渔利，更会衍生一些非理性"圈地"情况，"不仅对公益性民办学校和公

---

① 杨惠：《土地用途管制制度的合宪性分析》，载李昌麒，岳彩申主编：《经济法论坛》（第九卷），群众出版社2012年版，第365页。
② 刘俊：《土地所有权国家独占研究》，法律出版社2008年版。
③ 郎咸平，孙晋：《中国经济到了最危险的边缘》，东方出版社2012年版，第39页。
④ 邵金荣：《公益组织认定与社会公平正义》，中国社会出版社2010年版，第114页。

办学校不公平，而且对整个社会也不公平。"①

当然，话又说回来，从激励本身来看，大额的激励比小额的激励更有效，在小额激励的情况下，激励会有负面作用，甚至与零激励相比都具有负作用，降低人们的行为动机和行为绩效。② 也就表明了激励的额度大小有时候决定了激励的效度。"土地划拨政策步子迈出去，比给民办学校奖励几百万影响更大，一年给民办学校奖励 200 万，也就 200 万，说不定什么时候财政断粮了，政策就会缩水。而土地优惠政策让很多人看到了民办教育改革的春天真正到来。"③

尽管在民办学校还未科学分类的情况下，土地政策的激励会有争议，但粗略的激励体系可能都比一个完全依赖于标准的体系更有效。④ 这并不意味着我们对现有的体系满意，毕竟政府不得不在一个群体和另一个群体的效率提高中做出选择⑤，而是说至少我们能够看得出政府干预的价值取向，故而，在政府价值取向的调整中使之回到公平的轨道且不丧失土地优惠之激励效用为恰当。

（二）民办高校税收、土地优惠政策的基本构成与落实困局

1. 民办高校在税收、土地方面的优惠政策基本构成

民办高校到现有的法律、政策体系下，究竟享有了多少制度性激励，需要进行认真的梳理，其实这也是剖析并研究这些法律政策是否合理适切的一个前提性要件。在税收方面，特别是相对具有操作性的主要以财政部/国家税务总局出台的行政规章为主体，在土地优惠方面则以地方性的法规/政策为主体。

关于民办高校税收的法律与政策设现行计，主要以行政规章为主体，如下表：

---

① 邵金荣：《公益组织认定与社会公平正义》，中国社会出版社 2010 年版，第 114 页。
② 曹敏，ChristopherK. Hsee，吴冲锋："货币激励的非连贯性以及次优性"，载《上海经济研究》2002 年第 12 期，第 34 页。
③ "温州民办教育改革还需突破哪些难点？"，中国经济新闻网，2014-01-10。
④ ［美］史蒂芬·布雷耶：《规制及其改革》，李洪雷译，北京大学出版社 2008 年版，第 396 页。
⑤ ［美］尼古拉斯·麦考罗，斯蒂文·G. 曼德姆：《经济学与法律——从波斯纳到后现代主义》，吴晓露等译，法律出版社 2005 年版，第 170 页。

民办高校税收法律政策一览表

序号	法律、政策名称	基本内容（法条）	颁布或实施年份
1	宪法	国家鼓励集体经济组织、国家企业事业组织和其他社会力量依照法律规定举办各种教育事业。(19-4)	2018年修正版
2	民办教育促进法	民办学校享受国家规定的税收优惠政策；其中，非营利性民办学校享受与公办学校同等的税收优惠政策。(47)	2018年修订
3	民办教育促进法实施条例	民办学校享受国家规定的税收优惠政策；其中，非营利性民办学校享受与公办学校同等的税收优惠政策。(54)	2021年修订
4	企业所得税法	征税收入：财政拨款；依法收取并纳入财政管理的行政事业性收费、政府性基金；国务院规定的其他不征税收入。(7) 企业发生的公益性捐赠支出，在年度利润总额12%以内的部分，准予在计算应纳税所得额时扣除。(9)	2008年1月1日实施
5	增值税暂行条例	免征增值税：古旧图书；直接用于科学研究、科学试验和教学的进口仪器、设备；外国政府、国际组织无偿援助的进口物资和设备（15）	2009年1月1日实施
6	营业税暂行条例	免征营业税：托儿所、幼儿园、养老院、残疾人福利机构提供的育养服务；学校和其他教育机构提供的教育劳务，学生勤工俭学提供的劳务。(8)	2009年1月1日实施
7	关于职业教育等营业税若干政策问题的通知	对"从事学历教育的学校"范围进行了修正（1）	财税〔2013〕62号
8	关于教育税收政策的通知	涉及营业税、增值税、所得税、房产税、城镇土地使用税、印花税、耕地占用税、契税、农业税、农业特产税、关税11个税种的减免税。	财税〔2004〕39号

续表

序号	法律、政策名称	基本内容（法条）	颁布或实施年份
9	关于加强教育劳务营业税征收管理有关问题的通知	对列入规定招生计划的在籍学生提供学历教育劳务取得的收入免征营业税，具体包括：经有关部门审核批准，按规定标准收取的学费、住宿费、课本费、作业本费、伙食费、考试报名费收入。	财税〔2006〕3号

关于土地优惠的法律的现行规定，如下表：

民办高校土地优惠法律政策一览表

序号	法律、政策名称	基本内容（法条）	颁布或实施年份
1	宪法	国家为了公共利益的需要，可以依照法律规定对土地实行征收或者征用并给予补偿。任何组织或者个人不得侵占、买卖或者以其他形式非法转让土地。土地的使用权可以依照法律的规定转让。一切使用土地的组织和个人必须合理地利用土地。(10-3、4、5)	2018年修正版
2	土地管理法	国家为了公共利益的需要，可以依法对土地实行征收或者征用并给予补偿(2-4)	2019年修正版
3	民办教育促进法	新建、扩建非营利性民办学校，人民政府应当按照与公办学校同等原则，以划拨等方式给予用地优惠。新建、扩建营利性民办学校，人民政府应当按照国家规定供给土地。教育用地不得用于其他用途。(51)	2018
4	城市房地产管理法	下列建设地的土地使用权，确属必需的，可以由县级以上人民政府依法批准划拨：（二）城市基础设施用地和公益事业用地；(24-3)	2019

2. 落实困局

其一是存在法律规定不周延现象。无论是税收优惠还是土地优惠在国家层面的法律法规方面规定的不周延，甚至缺位现象，让优惠政策看上去很美，但却在执行上带来了混乱，比如税收优惠方面，在2002年的《民办教育促进法》以及新修订的《民办教育促进法》中虽明确规定，民办学校享受国家规定的税收优惠政策。而国家规定为何？事实上在2004年财政部/国家税务总局才出台关于教育税收的优惠政策，在法律的接口上做不到一个协调，而且在法律中以"合理回报"为界定给出了民办学校以区分，但是相关的优惠是否要区分，该如何区分，标准是什么？两年后的《民办教育促进法实施条例》出台后在税收优惠上做了区分，但对于要求合理回报学校的优惠由国务院财政部门、税务主管部门会同国务院有关行政部门制定。而这个制定似乎直到今天仍然未出台，"面对迅速变化的市场形势，需要有快速变化的税收优惠政策相应对"[1]，法律上留出的政策空间，却在政策的滞后中一再消解着法律的权威性。当然，随着民办教育的分类管理，因"合理回报"引发的困境不再存在，问题是在税收方面一直缺乏一个有效的、统一的优惠指引，这势必导致在实际操作中各地按照自己的理解进行执行，差异也就出现了，不同地方不同的政策，也人为的制造着寻租的空间，事实上这是一种对民办教育的不负责之态度，也加剧了地区间的不平衡，甚至会引发因后期优惠进行统一设定时的更受争议的局面。再比如对于边远贫困山区在法律上规定了享有优惠措施，但具体到细则时确基本上也是空白。这种法律上的不周延现象，使得优惠仅具有宣誓性质，看上去很美而已，如果不消除那么法律的权威性则会逐步丧失，则立法初衷的实现则大打折扣，法律的实际运行也会步履维艰，也起不到相应之激励。

　　其二是存在法律政策间的矛盾与冲突现象。除了法律的不周延外，在实践中已立的法案间也时有冲突。比如在2004年的《民办教育促进法实施条例》中规定，捐资办学与不要求合理回报的民办学校与公办院校享有同等的优惠待遇，也就是说享有着《关于教育税收政策的通知》中所规定的那11项税收优惠，但在第一条第十项中却规定，对学校经批准收取并纳入财政预算管理的或财政预算外资金专户管理的收费不征收企业所得税。对于公办院校而言，因其性质其收费、收入基本上都是纳入财政预算管理的，但民办高校，其收入并没有纳入进来，根据财政部、国家税务总局《关于非营利组织企业所得税免税收入问题的通知》（财税〔2009〕122号）判断，学费收入也并未作为免税收入。如果不做出明确的回应，则民办学校与公办学校的税收优惠在实际上就不

---

[1] 王霞：《税收优惠法律制度研究：以法律的规范性及正当性为视角》，法律出版社2012年版，第44页。

能等同。而且,关于财政部、国家税务总局联合发布《关于非营利组织免税资格认定管理有关问题的通知》(财税〔2014〕13号)的所规定之9项免税资格,对于民办高校而言,在免税资格的进入还是比较严苛的,如果在免税资格上都无法进入,那么在实际中与公办院校平等优惠之规定则会出现矛盾。

其三,存在法律政策的激励性作用尚有待提高的现象。上文提到的非营利组织免税资格的认定方面对于民办学校来说,其进入条件方面的激励性体现不够外,还有在企业所得税方面的激励性也需要商榷,在我国所得税法中所提及的税前扣除比例是比较低的,企业公益性捐赠在利润总额的12%之内,个人的公益性捐赠在年度纳税额度的30%之内。这就导致了一个问题,企业或个人只要超过这个限制额度,则没有优惠,捐赠的数额大了反而享受不到更多的优惠,事实上就不能最大限度地激励捐赠行为。另外根据现有的捐赠制度,在激励上更注重间接捐赠,那么对于捐赠者的积极性又是一个打击,使用效率较高的直接捐赠因得不到税前扣除的激励,便成为一个门槛限制。有学者更不客气地指出,"目前存在的慈善捐赠税收激励法律法规在具体执行时,没有统一的可执行的法律依据,税收激励的内容比较混乱,且缺乏统一支持的法律政策体系,致使慈善捐赠者无法享受到统一的、一致的税收激励,并且在实施捐赠时,政府对具体捐赠数额、办法、落实情况无法统一监管,致使捐赠者无法获得合理的税收激励。"①

其四,法律对特定主体的关注还不够。现有的制度设计虽说对民办学校已经有了一个分类发展的激励雏形,也做了相应的规定,但是对那些要求合理回报的民办学校可否进行一些优惠性激励,在用地上规定其不能享受划拨一途,但在出让方面能否给予优惠,在所得税方面可否给予一定比例的优惠,等等,都未有规定。另外我国在税种上有很多,除目前的这11种之外,还有空间否,也需要思考。在"教育税收优惠政策的对象存在错位现象,主要针对的是教育机构,而面向受教育者的还比较少。"② 政府关注了成本分担,关注了弱势或贫困学生的助学,但对承担着政府税收义务的普遍的纳税主体关注不够,在个人所得税上的教育支出扣除没有关被注,随着高校学费的增长,特别是以学费为收入的民办高校更是如此,就可能出现"供养一个大学生,贫穷一家人"

---

① 鲁伟,刘细发:"我国慈善事业税收激励政策体系的完善",载《江西社会科学》2012年第2期,第82页。

② 杨志宏:"促进教育发展的税收政策取向",载《财会研究》2010年第11期,第15页。

的"返贫"局面,而没有享受到受教育程度提高而带来的生活改善,尽管有很多证据表明,接受高等教育收私人益率很高,但对于具体的个体而言,这又是一个时间很长的活动,而且风险很大,对一部分人来说,可能收益很多,但对另一部分人而言却很低甚至亏损。"税收支出(也可以视为一种负所得税)是增加低收入者收入的有效措施。政府通过对许多项目不予课税、税额抵免和所得扣除等许多特殊规定,增加低收入阶层的实际收入"[1],我国个人所得税对社会公平的负激励已严重"失职"[2],如何激励更多的教育消费支出杜绝这种情况的出现,毕竟国家的干预其中一个任务除了要保持供求平衡外就是要提高教育消费者(需方)相称的购买力。就如坎贝尔所言,"一个成功的制度,无论是大是小,都必须能够协调其个体成员的行动。"[3]

(三)民办高校税收、土地优惠政策激励性政府干预的重构

正如坎贝尔所言:一个恰当的激励体系应该是,即使每个个体在最大化他(或她)的自身福利,也能让所有人的境况都改善。[4]"政治上有这么一句话:'没有武器,何以出击。'的确,仅仅靠指责人家的缺陷和不足,是无法推翻一项措施或击败一个竞选人的。你必须提出一个替代措施或另一个人选。"[5]无论是税收还是土地方面的优惠激励,要关注到利益主体的内在需求,在规范性要求上做到结构均衡,在正当性要求上做到利益均衡[6]。只有这样才能体现出法律的权威性,才能更好地体现出优惠之激励性作用。

1. 民办高校税收优惠政策的调整

"合理的税收政策不仅能有效激发社会力量举办民办高校的热情,促进民

---

[1] 刘穷志:《经济增长与社会公平:财政激励的理论模型与实证研究》,武汉大学出版社2009年版,第142页。
[2] 刘穷志:《经济增长与社会公平:财政激励的理论模型与实证研究》,武汉大学出版社2009年版,第151页。
[3] [美]唐纳德·E.坎贝尔:《激励理论:动机与信息经济学》(第二版),王新荣译,中国人民大学出版社2013年版,第1页。
[4] [美]唐纳德·E.坎贝尔:《激励理论:动机与信息经济学》(第二版),王新荣译,中国人民大学出版社2013年版,第3页。
[5] [美]赫伯特·西蒙:《现代决策理论的基石:有限理性说》,杨砾等译,北京经济学院出版社1989年版,第94-95页。
[6] 在不同位阶的法律间要做到协调,要平衡税收优惠法律关系所关涉的利益主体间的利益冲突,包括国家与纳税人间的利益平衡。可参见:王霞:《税收优惠法律制度研究:以法律的规范性及正当性为视角》,法律出版社2012年版,第51-67页。

办高校持续健康发展,促进教育领域公平竞争环境的形成,而且能通过合理的税率和税收优惠政策把民办教育投资者、办学者引导到合理的区域,从而达到控制区域内民办高校数量和层次的目的,实现民办高校布局的优化调整。"①缔造一个相对合理的税收政策,应考虑如下几个方面:

关于免税主体资格问题。公立院校是较为典型的非营利组织,在民办教育促进法特别是在实施条例中均明确规定了捐资办学与不要求合理回报的同公办院校享有同等的税收优惠,而这两种形态之民办高校也如公立高校般具有很强的公益性,不能因为非营利组织的免税资格确定问题而出现差别待遇的情形,让税收激励落空,有必要在相关规定中对这两类高校免税收入作以明确。

关于企业所得税税率问题。对于营利性的民办高校,在税收优惠方面,特别是在企业所得税方面就少了必要的激励,尽管其具有着明确的企业属性,但也不能否认的是作为承担学历教育的民办高校所具有的公益性特征,特别是在我国民办高校存在的投资办学的实情,为刺激更多的社会资本进入,提高国家的教育发展水平,在企业所得税方面应给予一定的让利,其实在笔者的调研中,有些投资人就表示,交税也是必要的,但在税率上应予一定的优惠。笔者主张这类高校的企业所得税可参考国家需要重点扶持的高新技术企业的税率标准,即减按15%的税率征收企业所得税。对于新设该类民办高校,基于前期投资较大,而招生成本、生均规模较小的问题,再加上要扣除的发展基金,其收益几乎没有,可设定个"免三减二"的五年优惠期,即前三年免税后两年减半征收,五年后按15%的税率执行。除所得税外,其他方面税收也需要明确,如果不能与其他类别的学校享有同等的税收优惠政策,还能否给予一定的优惠,如果有,那么优惠的比例有多大都需要明确,毕竟仅现有的10多种免税的总额也是一笔不小的款项,笔者主张鉴于其公益性质,为给予其更好的激励,给予减半优惠为宜。

关于慈善捐赠问题。在这一点上,我国并没有形成一个良好的慈善捐赠氛围,特别是在制度设计上,我们更多看到的是如何预防企业或个人借此逃税的现象,导致捐赠的激励又不足,应该树立一种"捐的多优惠就多"的机制,至少不能因为制度设计的问题而使捐赠者不愿捐赠或者说对慈善持保留或怀疑态度。我国台湾地区规定个人免税捐赠额度为个人所得额的50%,企业的所

---

① 杨树兵:《民办高校发展战略和政策需求研究——基于核心竞争力理论之视角》,江苏大学出版社2009年版,第194页。

得额的 25%。值得我们借鉴，毕竟目前企业利润 12% 之内的比例实在是太少。如果让捐赠者自己将原本应该交给国家用来办公共事业的应税额，而能积极地在税前就拿了出来作为捐赠，并在捐赠走向、使用要求上具有一定的权利，且捐的钱又因税前扣除而没有使自己收入减少多少，其积极性便逐渐建立。对于接受捐赠的货币性资产计入应纳税所得问题，也应该按分类来处理，不要求合理回报与捐资办学的全额扣除，而要求合理回报的应执行对其的优惠税率，若在新设的前五年办学期仍可在"三免两减"的范畴内，以鼓励投资主体拓宽渠道，积极地筹集办学资金。另外，减少捐赠的程序也比较重要，尤其是应建立鼓励直接捐赠的机制，如果需要一个过渡的话，建议可先建立区域性的或者地方性的专门接受教育捐赠的公益性机构，这些地方性的公益机构在政策面或法律面要进行认定，经由该认定的公益机构并根据捐款者具体的合法合理之要求拨付给受赠学校，并给捐赠者开具相应凭证用于抵扣税负；随着我国学校历史的积淀，校友及所在学校社区民众慈善意识的增强，让捐赠更为便利，故也可鼓励高校成立接受捐赠的公益性基金组织，此基金组织必须得到国家的认定。

关于个人所得税税收扣除问题。笔者主张应对个人和家庭教育支出给予一定比例的税收扣除。即对有子女正在校接受正规教育的纳税人，应允许其将高等教育支出的学费作为特殊项目予以扣除。"对于取得收入所必须支付的有关费用的扣除主要是为了纳税人取得收入所消耗的必要费用和支出扣除掉，如财产转让时按规定支付的有关费用，可采取据实列支的办法进行扣除。"[①] 如何扣除，以及扣除的比例需不需要探讨，毕竟如果全额扣除就又成了免费教育，和成本分担则出现分离，特别是造成富人减少了税负，而工薪阶层或穷人却没有享受到的局面，而使之丧失个税之"劫富济贫"之本意。美国 1998 年生效的联邦学费税收抵免制就被批评没有针对性：钱不会到达非常穷的人手中（他们达不到纳税的起征点收入）。批评者甚至担心学费税收抵免——大学头两年，每年最高 1500 美元——可能只会带来大学学费的提高。[②] 所以，个人所得税的学费税收抵免对消费者而言，尽管是一个很好的激励，但必须要进行

[①] 杨铁山，隋丽："个人所得税——问题与改革思路"，载《改革》2001 年第 2 期，第 95 页。

[②] [美] 约瑟夫·E. 斯蒂格利茨：《公共部门经济学》（第三版），郭庆旺等译，中国人民大学出版社 2013 年版，第 369 页。

公平与效率的考量，特别是在我国目前的个税分类税制体制内尽管也有税前扣除，但基本依托是在个人的基本生活费满足上的扣除，没有考虑也很难考虑赡养老人支出、子女教育支出、住房按揭贷款利息支出等专项扣除项目，毕竟这些项目需要以家庭为单位的综合计税方式，或者相对完善的家庭支出申报制度为依托。改革当前的分类税制则是实行学费税收抵免的关键，即要建立起综合与分类相结合的所得税计税方式，那么则很容易界定出低收入家庭的标准，在对低收入家庭学费开支进行有效补偿的基础上，或者进一步完善国家助学金制度的基础上，对学费税收抵免可试行前两年大学本科每年最高抵免 1000 元的标准，大学专科每年最高抵免 800 元的标准，毕竟大学进入第三年一般要进入实习期，在实习期其学生一般可获得一定的收入则不进行支持，另外标准过高则对学费的成本分担原则造成冲击，标准太低则不利于激励，以不高于每年平均学费的 20% 为基本限度进行尝试为宜。

对于相关税种的优惠纳入问题。比如说车辆购置税，笔者主张给予高校一定的优惠比例甚至是免税，毕竟学校的公共利益属性，尽量减少其成本以体现国家对之的关照，当然这个不只是民办院校应享有，可能会有人担忧学校车辆保有的数量暴增等现象，其实大可不必担忧，公办院校中的基于教学的车辆购置的数量、价位、排量以及审批之详细的程序较好地实现了政府干预，而对于营利性的高校而言更不必担心了，其最大化利益的驱动不会让之在这个成本的增加项上着力，当然给予其用于教学、科研的车辆购置税率减半的优惠予以激励即可。

关于老少边山穷地区的办学税收优惠问题。越来越多的证据表明，教育是让老少边山穷地区脱困的重要途径，鼓励在这些地方办学应该成为一项重要的任务，如果缺乏必要的激励，则很难有资本进入，所以要根据国家所划定的这几类地区在税收方面要予以特别的鼓励。

也有学者指出，应制定对民办高校的财务活动实施监督的有关法律规定，以确保免税减税所产生的收入用于发展教育事业。[①] 笔者也赞同这种观点，有让利就应该有有效的监管。

2. 民办高校的土地优惠激励

土地乃是财富之母。土地问题日益成为我国现代化进程中一个全局性、战

---

① 曹文、陈建成："财政资助民办教育的政策研究"，载《东岳论丛》2007 年第 3 期，第 89 页。

略性的重大问题。特别是要在2020年实现城镇化率58%的目标，土地需求居高不下，在有限的土地上，还要满足2020年15亿左右人口的耕地保障，更加凸显用地紧张的矛盾，国家对土地的垄断权，并通过市场机制进行经营以保证土地效益的最大化，以有偿使用来提高土地的利用率。目前，在土地一级市场，多是通过"招拍挂"的竞争性方式出让土地来最大化出让金的收入。

全国土地出让及收入情况表：①

年份	土地出让面积（万公顷）	招拍挂面积（万公顷）	面积占比	土地出让金总价（万亿元）	招拍挂出让款（万亿元）	收入比
2011	33.39	30.47	91.3%	3.15	3.02	95.9%
2012	32.28	29.30	90.8%	2.69	2.55	94.8%
2013	36.70	33.88	92.3%	4.20	4.04	96.2%
2014	27.18	25.15	92.5%	3.34	3.18	95.3%
2015	22.14	20.44	92.3%	2.98	2.86	96.0%

在财政分权以及政绩考核驱动下，土地虽名义上属于国家所有，但城市土地基本在于地方政府的垄断，其利益的驱动，逐渐形成了土地财政的路径依赖：高价卖地谋求预算外收入和低价出让土地铺摊子求政绩。② 这种状况下，导致了地方公共财政支出结构的偏向和扭曲，造成了"重基本建设，轻人力资本投资和公共服务"。根据2011—2015年国家国土资源公报的数据：2011年全国共批准建设用地61.17万公顷，其中公共管理与服务用地12.8%；2012年全国共批准建设用地61.52万公顷，其中公共管理与服务用地12.2%；2013年全国共批准建设用地53.43万公顷，其中公共管理与服务用地11.8%；2014年全国共批准建设用地40.38万万公顷，其中公共管理与服务用地10.9%；2015年，全国共批准建设用地39.48万公顷，其中公共管理与服务用地12.7%。也就是说公共管理与服务用地基本上呈现年下滑趋势，从反面看就是说公共管理与服务用地这些属于公共事务性的用地对地方政府来言是缺乏激励

---

① 数据来源2011-2015年中国国土资源公报，http://www.mlr.gov.cn/zwgk/tjxx/。
② 孙辉：《财政分权、政绩考核与地方政府土地出让》，社会科学文献出版社2014年版，第7页。

动机的。但是，如何解释"目前土地供应中，低价工业用地所占比例较高"①的现象，工业不同于公共事业，低价给予其土地可以谋求产业的税收效应，带来后期的财政收入，而对于公共事业来说，多是通过划拨，少量的是通过出让，但出让后其建设和发展在税收优惠下带来的后期的财政收入效应不明显，政府少有激励的动机。

在这种现实背景下，如何用土地优惠政策来激励办学？或者说如何来落实土地优惠政策？从经济学角度看，制度变革的过程是这样的：首先有新制度的需求者；还要有新制度的供给者。当新制度的需求者感受到旧制度不如新制度能给他们带来更大的收益时，就产生了对新制度的需求。同时，当新制度的供给者也觉得如果向大众提供这种新制度，比维持旧制度收益更大时，他们也乐于改革旧制度，提供新制度。② 也就是说，无论供给者还是需求者都能从制度变革中，或是新制度中获得收益，才能真正实现制度的更迭。对于提高民办高校用地的激励核心是要提高供地者的激励，即要促使土地的垄断者对人力资本和公共服务的内在动机，毕竟当没有任何外部激励时，人们趋向于用内在动机解释他们的行为。所以，建立如下几个基本的激励方法提供一定的激励。

一是要通过国家中央政府的层面进行在事权上的调控以给予地方政府以激励，通过转移支付的比例调整来消解地方的消极。二是要落实民办高校用地进规划的政策激励，在土地的总体规划中，逐步提高公共服务用地的比例，且通过法律上或政策上严格的土地审计对土地的实际垄断者进行问责来获取激励。三是减少用地者的土地浪费，民办高校用地应有相对完善的校园建设规划予以备案或审批。四是建立土地优惠的负激励或惩罚性激励，防止教育用地上的"圈地"，防止教育用途的随意变更。

浙江省在民办学校用地上的分类探索是一个好的尝试，在承认和适应投资办学寻求合理回报者或者营利性的利己动机的基础上给予的制度或政策回应，当然笔者更主张一种依然是国家无偿划拨的优惠，或者是以零租赁的形式进行，同时规定基于土地产生的溢价不能作为办学者的收入，尤其是其退出时这块土地的使用权不能进行转让，若不改变用途者，接盘者可继续享有土地上的

---

① 孙辉：《财政分权、政绩考核与地方政府土地出让》，社会科学文献出版社2014年版，第17页。

② 崔卫平：《教育的经济学分析》，经济科学出版社2003年版，第293页。

优惠,若要改变用途则需要进行严格审批,原则上只有在民办高校退出之际才允许土地性质变更,土地出让金所得归属政府所有。然而从另一个视角看,制度规范明确也是一种激励,要比制度的模糊减少很多商谈成本。

第七章　民办高校的商谈性政府干预

无论是管制性干预还是激励性干预，从根本上看，其都是建立在政府与民办高校的上下纵向关系之上，即政府与民办高校是一种主动位与被动位的关系，干预者处于一种主动性地位，被干预者是处于一种被动之地位，是建立在政府的强势地位之上的干预，一个是通过强权让你必须为，一个是通过利益激励刺激你去为，就好像是一手拿着大棒，一手露着奶酪。根据金泽良雄的划分，除了权力性的强制性规制外，还存在非权力性规制①。笔者在前文曾经论述了管制性干预也好，激励性的调控干预也好，其都是一种权力性的规制。但是为了达到更好的干预效果，或者让权力延伸，还有一种政府通过平等协商、协同参与的非权力性干预方式。

的确，民办高校也并不是只有处于被动地位，其也有主动之角色，毕竟民办高校并不是以政府财政资金投入或者政府公共财政不是其核心投入主体的办学实体，其自身有着利益最大化的诉求，在教育服务市场中有着很大的自治权，其与政府之间的关系已不仅仅是一种单纯的垂直纵向关系，政府依靠或者主张公共利益进行干预必须承担论证负担，如果其所主张之公共利益不能证成，毕竟通过命令与权力的运作与民众进行沟通，这不是最理想的。"权力是昂贵的，以此建立的秩序是不稳定的，因此对于

---

① ［日］金泽良雄：《经济法概论》，满达人译，中国法制出版社2005年版，第52-62页。

精英也是有风险的"①，故而政府及其精英们就不能以"权力"之态势来处理双方之间的所有关系。那么对于垂直控制关系之外的关系处理问题，就意味着干预策略的变化。那么，在倡导个人权利或利益最大化的基石上，充分认可对话伙伴间自治性与平等，使"所有可能的涉及者作为理性商谈的参与者都能够表示认同"，干预才是合乎理性的，才能达到有效的结果。正如塞尔兹尼克所言：秩序是协商而定的，而非通过服从赢得的。② 所以，针对政府与民办高校之间存在的横向联系，必须要以一种平等的伙伴关系来对待，"行政机关要对市场经济进行规制和介入，'伙伴-平等式'程序是必不可少的。"③，史普博也指出："管制在许多方面是市场参与者之间的一个讨价还价过程。"④ 即意味着要在这种横向关系视域下建立起一种商谈性的干预机制。在笔者看来，政府对民办高校的商谈性干预主要集中在两个方面，一个是信息披露的领域，一个是办学质量评估领域。

一、民办高校信息公开中的商谈性政府干预

通常认为，信息公开针对的的国家行政机关，而且一般是强制性公开，毕竟政府属于公权力机关，拥有着强势地位，如果不强制性地使之公开，人们就无法获知更多的信息。但是对于民办高校能用强制性的手段吗，是一种管制性的干预吗？笔者觉得，还要从信息的内涵出发进行研讨。信息，泛指各种情报、消息、数据等资料。在今天，信息越来越成为决定制约社会发展和进步的关键要素。正如香农在1948年所指出的"信息是用来消除随机不定性的东西"，信息的出现，或者大量信息的占有，可以使人们的生活以及整个社会变得更为稳定、更有秩序，也更具有可控性。也许基于此，控制论者对信息非常的关注，维纳特别指出：信息是人们在适应外部世界，并使这种适应反作用于外部世界的过程中，同外部世界进行互相交换的内容和名称。也就意味着虽然社会中存在着大量的公共信息，但信息从本质上还是具有一种"私"的性质，

---

① ［德］罗伯特·阿列克西：《法 理性 商谈：法哲学研究》，朱光等译，中国法制出版社2011年版，第136页。
② ［美］诺内特·塞尔兹尼克：《转变中的法律与社会》，张志铭译，中国政法大学出版社1994年版，第105页。
③ 王柱国："论行政规制的正当程序控制"，载《法商研究》2014年第3期，第26页。
④ ［美］丹尼尔·F. 史普博：《管制与市场》，余晖等译，上海三联书店1999年版，第512页。

正是这种"私"的性质才产生了交易的可能,交易本身就是协商中完成信息等物质的交换,并在信息交换的完成中实现所要诉求的各自利益。那么,理性商谈与信息有何关联,或者说为什么将信息公开作为商谈性干预的重要组成呢?

(一)政府干预的有效性依赖于充分信息的掌握

人经常不能把握所有正在发生的事情,决策者将不能估计他们所采取路线的全部意义。陷入沙克尔所指称的"人类困境":为了确保采取某种行为后事情发展的结果,就必须了解选择这种行为的结果将是怎样的之后才能做出选择。但是一个人所选择行动的后果是受周围环境影响的。周围的环境包括现在选择的行动和将来他人将要选择的行动。因此,即使选择是有效的,但它仍是不可预测的,因而在某种程度上胜过能保证产生确定结果的选择本身的力量。① 这充分表明了,"人类困境"所带来的政策的不确定性关键还是在于对周围环境信息的把控能力,对市场主体、市场行为等情报、数据的掌握程度,基于此,"未来的政治与行政将要依赖于谁控制信息而不是谁控制财富,而且过去'贪婪的政治'正在被新的'知识政治'所代替。"

信息是否依赖于权力?信息从本质上是为了沟通,一个信息经由信息源生成之后,需要被传递,传递之后需要被理解,如果一个信息不具有可理解性,或者说不能被理解,那么基于这种信息基础上的沟通就是失败的,当然没有传递也就没有了沟通,没有沟通,就没有人的社会。在这种信息传递的过程中,在信息源的生成中,在信息的理解中,权力在其中似乎并无合适之位置。权力依赖于信息的占有,但如果信息发出或者占有信息主体基于权利、偏好等因素而不予之,那么权力又能何为?或者提供虚假之信息,而基于虚假信息的决策必将使公权力置于尴尬境地,所以,通过公权力而形成的强制性信息提供并不一定能得到较为充分的信息。比如在市场要素中,生产者或服务的提供者,他们参与了产品的"全生命周期"过程,如产品设计、生产、流通、甚至产品回收,这个过程也使他们掌握着产品的性能、成本、质量等信息,相对于政府、购买者或者消费者而言,具有鲜明的信息优势地位。消费者需要产品的信息来满足其生产、生活之需要,政府需要了解足够的信息形成质量标准等普适

---

① Shackle, G. S. (1974)'Decision: the human predicament'in Annals of *the American Academy of Political and Social Sciences* 412, 1 – 10.

性的决策，信息的劣势地位需要得到平衡。政府干预的效率在很大程度上就取决于他所掌握信息的数量和质量，但由于信息不对称问题，一个总是要求另一个提供尽可能多的全面的信息，但另一个由于具有着对自身信息的垄断性地位，为了自身的利益可能在比较敏感的方面尽可能提供少的信息，实际上就形成了一种博弈格局。但"如果国家只有不精确的情报，那么国家积极努力地征税、征用军队、缓解城市短缺，以及其他的一些措施，都会导致政治危机。"①

当然，由于政府作为公共机构，是社会的重要主体，基于其公共权力的性质，其也生产着、占有着大量的信息，其作出的任何一个干预决定或决策对于其受体而言，都是需要知情的，公众需要知道干预决策的产生过程、干预的形态及其后果等。那么事实上也就意味着，信息不对称的情况并不是一种单向的，在不同的信息上就可能发生信息优势者的不同或者移转，这种现实现象的存在就使得交易各方有了信息互换的可能。如果没有交换的可能与规则，那么信息的不对称就得不到解决，而"信息不对称越严重，信息劣势者自身获取信息的可能性越小，对信息劣势者和社会整体的危害就越大。"② 对政府来说，是政治危机；对公众而言，可能就是生存风险。

（二）民办高校"私"的性质决定了其对信息的自治权

在阿列克西看来，商谈理论有三大基石论据，一是具有超验基础，商谈规则并不是要界定一种特殊的生活方式，是基于发现人类现实中的理性潜力并用商谈的规则找到人类生活形式的共相。二是个人利益最大化基础。三是对正确性的兴趣的经验前提，这种前提，将纯粹利益最大化足够强地绑定在超验论据的结果上。也就是说，商谈规则有三重意义，首先，它表述了一种属于人类最普遍之生活形式的能力。其次，每个人，当他对于正确性感兴趣时，都必须使用这种能力。最后，对于对正确性不感兴趣的人而言，在个人利益最大化的立场下客观维系商谈规则无论如何从长期来看是有益的。③

也就是说商谈是一种能力，特别是在共同目标指引下对正确性有着共同兴

---

① ［美］詹姆斯·C. 斯科特：《国家的视角：那些试图改善人类状况的项目是如何失败的》，王晓毅译，社会科学文献出版社2004年版，第33页。
② 薛才玲、黄岱：《政府管制理论研究》，西南交通大学出版社2012年版，第91页。
③ ［德］罗伯特·阿列克西：《法 理性 商谈：法哲学研究》，朱光等译，中国法制出版社2011年版，第136页。

趣的利益主体而言，可以利用这个能力进行有效商谈形成各方互守的规则。暴政或专制下，使得人们这些能力很少能够实现，在权利张扬的当今时代，特别是在对个人利益尊重的时代，在政府已经从全能政府退位至有限政府的时代，商谈能力与规则便呈现出来。

尽管说政府对市场主体的干预其中一个重要的因素就在于信息不对称的存在，信息不对称只是其要干预的理由，该如何干预，怎样形成正确可行的干预策略，怎么推进干预的执行，无不依赖于信息的掌握程度，虽然可以通过强制性的收集或者要求信息公开，但是这并不一定能带来好的秩序。比如，在"两会"期间，为了保证代表们出行开会，可以通过一纸"清道"命令得以有效执行，但是"清道"是否是基于相关公众的合意，是否基于充分信息的掌握，看看社会如何诟病官民的脱离，权力的滥用等，就能知晓强权并不一定带来好的效果。对于民办高校而言，在本质上，其并不是一个政府公共财政投入的公共机构，其与公立高校有着明显的不同，它的校长不是由主管机关任命，它的员工不是国家财政发放工资等，其主要是依靠私人的投资和学生的学费来发展的，即使接受了政府的资助，但在性质上其仍然具有鲜明的"私"的性质，其"私权"特性决定了其对利益的追求，决定了其对自身信息的保有，尽管它基于对消费群体的满意可能主动进行信息公开，或者政府基于消费者公益的视角，代理消费者要求其进行信息公开，但政府之要求并不意味着其应该毫无保留地、毫无选择地公开，且政府的公益性要求需要进行证成，需要给出边界，如果超出了基本的边界，便有侵权之嫌。民办高校这种"私"的性质，也使得其与政府间有了商谈的基石，民办高校的"私权"也需要与政府的"公权"在协商中确定目标与其他事项，当然这种商谈在理念上是建立在对双方权利与权力尊重和认同基础之上。

从世界范围看，有些国家的私立高校并不负有和公立高校一样的信息公开义务。如"美国高校信息公开自始至终是建立在公私分离的基础上，即使是接受了政府资助的高校也不一定适用有关政府信息公开的规定。信息公开法律规定适用原则上限于公立高校。"[①] 所以，美国在私立学校适用信息公开的问题上法院态度仍然保持审慎，一般不将信息公开相关法律规范适用于私立高校，甚至对接受联邦政府资助的私立学校也采取保守态度。法院认为州立法机

---

① 姚金菊：ّ"美国高校信息公开研究"，载《行政法学研究》2010 年第 4 期，第 104 页。

关增加对私立大学的财政资助并不能改变大学的私立性质,使之成为接受记录法审查的公共机构。大学必须是州立或市镇或其他类似机构设立,才符合州法中公共机构的定义。①

(三) 商谈性政府干预助推信息公开

对于商谈理论而言,其内在的要求:(1)任何一个能够讲话者,均允许参加商谈。(2)表达想法:a. 任何人均允许对任何主张提出质疑。b. 任何人均允许在商谈中提出任何主张。c. 任何人均允许表达其态度、愿望和需求。(3)任何言谈者均不得由于受到商谈内部或外部之支配性强制的妨碍而无法行使其在(1)和(2)中所确定的权利。②

根据这个商谈规则,我们可以看出,其本质上源于一种契约精神,也是寄希望于一种契约性的协商来达成目的。我们来看民办高校。由于高校是一个较为典型的利益相关者间的"契约"组织,③ 而民办高校更是如此,其与学生及其家长之间的关系,与公办院校相比,由于其没有或者很少有政府的公共财政拨款,学生及其家长承担了主要的办学成本,付费读书使他们之间建立了一种典型的"消费契约"。愈来愈多的证据证明,消费者在决定某个经济体系所经营商品的种类和数量上起着支配和主导作用。④ 特别是在"消费者至上"理念、"消费者主权"原则⑤的提出后,消费者的需求和偏好更为深入地影响着教育服务的提供。"在法学上,消费者主权就其本身来说不是权利,而是法律所追求的价值目标之一,是与消费者利益相关的法律制度设计的基本出发点,其本身虽不是权利,但它是赋予消费者权利、确定经营者义务的基本依据。"⑥ 正如普通消费者所享有的知情权一样,学生和家长,也有权知道教育服务提供者的各方面信息。毕竟学校是服务的提供者,处于信息优势地位,而教育是一个经验性消费的特征,即只有消费了才知道结果,事前的获知要比事后的弥补

---

① 姚金菊:"美国高校信息公开研究",载《行政法学研究》2010年第4期,第100页。
② [德]罗伯特·阿列克西:《法理性商谈:法哲学研究》,朱光等译,中国法制出版社2011年版,第124页。
③ 刘元芳,任增元:"契约理念与现代大学制度创新",《国家教育行政学院学报》2008年第6期,第48页。
④ [美]格林沃尔德:《现代经济词典》,商务印书馆1983年版,第100页。
⑤ 消费者主权原则是指个人是他们自己利益的最好评判者以及消费者的个人偏好应受到尊重原则。
⑥ 李昌麒,许明月:《消费者保护法》,法律出版社1997年版,第75页。

更为关键,另外教育还具有时效性,如果错过了最关键的年龄,是很难弥补的。正是教育服务的这种特殊性,必须要在平等的交易双方建立商谈规则,做到必要的信息公开是一个前提,不然无法进行对话。作为受教育者的学生,他需要知晓:相关的教育政策、学校发展状况、关于学生评价、学生享有的权利和救济途径的信息。作为消费者的学生,他需要知晓学校安全信息、教育服务内容信息、教育服务质量信息、学生权利信息。由于学生一直在校园生活中,鲜有独立的生活来源与基础,那么家长也成了教育的主体,他需要知晓并会要求学校提供:招生信息、学生个人信息、家长权利信息。[①]

另外,随着消费者群体的不断增多,教育服务提供者也随之更多地进入,从民办高校已经成了高等教育的重要组成的论断中可以看出,在高等教育领域已经不是公办高校一家独大,在公办与民办之间虽有互补,但不可避免地会有竞争,尽管公办高校因为体制的原因,相对于民办高校存在着诸多的优势,但政府为了市场竞争的有序,会通过强势干预与商谈性干预,让竞争主体间趋于平等,来缩小这种差距。在民办高校间更是开始了一场不见硝烟的竞争,平等主体间的竞争更需要对等。威廉姆斯提出了政府在高等教育领域中的角色,首先政府可以是一个在供给与需求这两个互斥的力量之间调停的仲裁者,以此来保证公平竞争。其次,政府也可以把自己看作是这场比赛的推动者,它提供设备,建立规则,以此来达到超越市场的某种目的。最后,政府可以支持消费者,或者可以在极端的情况下,它可以作为唯一的代理消费者对高等教育服务实行独家垄断。在供给与需求之间的竞争中其更是可以成为一种超越者。

随着政府的激励性干预,再加上对教育公益性的追求,政府成为了民办高校的一个利益相关者,其对民办高校也有自己的利益最大化诉求,反过来,民办高校在发展期,也有对政府的诉求。但"政府所需的,有时不一定是学校乐于提供的;而学校所需的,有时也不一定是政府乐于提供的"[②],那么在利益相关者的视角上它们之间就有了对等地位,在对等的基础上进行协商信息的公开以及信息公开的程度等。如果说政府对公立高校是建立在所有者理论基础上,而对民办高校则只能立足于公共利益理论以及利益相关者理论。

所以,一则,高校与社会之间存在(教育)产品与服务的"提供者-消费者"关系,高校作为(教育)产品的提供者,有义务公开(教育)产品的

---

① 朱科蓉:《教育信息公开研究》,重庆大学出版社2008年版,第37-53页。
② 颜丙峰,宋晓慧:《教育中介组织的理论与实践》,上海人民出版社2006年版,第7页。

相关信息①，信息公开是市场交易公平的基本体现。二则，基于民办高校衍生的各种竞争的有序化，需要竞争各方对等地提供信息。三则，各利益相关者主体都需要完成自己的利益最大化，在这个利益场中需要提供充分的信息。毕竟信息公开是交易的前提，是商谈的基础，信息公开不仅能为竞争性市场提供更充分的竞争与运作，还可以给实施某种行为的人施加以道德的压力，故而在信息公开的前提下可以让"契约"成员最大限度地实现利益平衡。而且基于民办高校的信息公开，因其"契约"性质，针对民办高校信息公开的诉讼与公办高校有着明显的不同，其主要还是民事诉讼，这也进一步证明了政府商谈性干预的存在。

要求披露一定信息的规制在今天已经如此普遍，以致可以将其看作经典规制的另一种形式。②但信息公开范围界定乃是一种复杂价值平衡的结果。③政府可以基于公办院校的公共机构地位赋予其信息公开的强制性说明义务，但对于推动民办高校信息公开，笔者则认为还是要建立在商谈性干预的主导基础之上才好。

（四）商谈性干预的一个例证：对民办高校"虚假宣传"的干预策略选择

广告在当今日益成为信息传递的一种最为普遍的方式。特别是成为一种大规模传递信息的重要手段。理论和实践均表明，广告密度与行业的利润率存在正相关关系，广告可以为市场竞争者提供强有力竞争手段，在降低消费者的搜寻成本的同时也易于获得消费者的认可，起到节约交易成本作用。一般而言，向市场传递高质量信息的广告多是说服性广告，就是要说服消费者进行购买，而不仅仅是一种广而告之的说明性广告。在广告市场上，拥有优质产品的卖主可以通过广告传递其产品高质量的信息，以促使消费者对其产生偏爱。但是，劣质产品的所有者也可以隐瞒其产品的缺陷，通过虚假广告标榜自己产品的质量。这样，两种不同质量的产品的所有者发出基本相同的信息，消费者在购买

---

① 刘剑文：《高等教育体制改革中的法律问题研究》，北京大学出版社2005年版，第125页。

② [美] 斯蒂芬·布雷耶：《规制及其改革》，李洪雷等译，北京大学出版社2008年版，第237页。

③ 湛保乐，苏宇：论政府信息公开排除范围的界定，载《行政法学研究》，2009年第4期，第44页。

与使用产品时就难以辨别产品的质量水平。①

民办高校由于办学时间短等历史原因,其相对于公办高校而言,为吸引生源,其承担着相对较高的招生成本。而招生则是利用广告的形式将学校的信息传递给消费者,从而使消费者购买自己的教育服务。比如通过报刊等传统媒体对学校进行介绍,甚至通过在报纸上刊登高薪招聘等举措进行宣传,或者通过展览会的形式进行推广,或者通过网络等新媒体进行信息的传递。教育服务的提供者通过广告来传递更多对自己有利的信息让消费者认知,以尽力消除因信息不对称给产品或服务带来的负面效应,从而尽可能多地达成交易。消费者通过广告的接受来扭转其信息的劣势地位,而且以其常识和正常判断能力对所公开的信息进行甄别,在实际生活中"消费者一般认为做广告的产品比一般产品具有较高的质量。事实上,不少消费者正是以广告为指示牌辨别产品的质量,采取购买行为的。"② 消费者也朴素地认为发布广告者愿意投入那么多的精力,那么大的成本,本身就是对自己提供产品或服务的自信。如果让消费者在投放广告的产品与未投放广告的产品中选择,多数会选择有广告的产品。就如提出了绿色产品,便衍生了"漂绿"行为一样,有广告的宣传,也产生了很多的虚假广告。虚假广告传递的是虚假信息或是欺骗性信息,在本质上并没有减少信息的不对称,相反却在加剧着这种信息不对称的局面,使得信息的传递更加模糊不清,或者说在故意混淆视听,损害着交易双方的公平交易权。而且,虚假广告还损害了同类产品或者同业正当竞争的机会或权益。毕竟虚假广告之所以"虚假"就在于其在主观上具有故意欺骗性,在客观上具有误导性。

如何应对民办教育市场上的这种虚假广告宣传?如何治理这种招生市场上的乱象?其实,这也是政府对民办高校信息公开的一种干预。从很多省份的做法来看,基本上都会在招录季节给予专项的督促检查,甚至年年进行发文予以规范。

综合各省的政府干预情况,来分析一下目前之干预策略。一是通常都采取备案审查制,即招生简章、广告、报考指南、入学通知等各种形式的招生及办学宣传信息,均为备案内容,须经备案后方可发布。二是规定了严格的备案程序,网络初审、纸质备案材料初审、备案材料复审、备案材料公示、报送招生简章和广告样刊,还规定了备案的有效期限。三是详细规定了备案的内容,也

---

① 王俊豪:《政府管制经济学导论》,商务印书馆2013年版,第362页。
② 王俊豪:《政府管制经济学导论》,商务印书馆2013年版,第362页。

就是在招生简章和广告内容传递的信息方面进行干预,包括明确具体的学校总体情况,明晰详实的招生专业介绍,并要求根据招生类别明确学业证书类别并说明颁发主体及颁发办法,收退费标准和办法及广告备案编号等。应该说,政府为公共利益尽职尽责,但是我们再考察其内容的规定,却发现,在信息公开的干预设计上,政府似乎强制性多了点,比如有的地方甚至规定在广告中获奖项目主要宣传教育行政主管部门或政府其他行政管理部门组织评选的奖项,非政府部门评选的奖项数量上应不超过所宣传获奖项目总数的50%。如果说要求学校不得对办学条件、师资力量及学生就业前景等做虚假、夸大宣传是合理适当的话,但不得使用"最大""最好""第一""唯一"等描述性用语的规定似乎又过了点,假如说一所民办高校是当地第一所民办高校,在其信息宣传中进行提及又有何不妥?甚至还有的规定在招生简章和广告中不得包含国家领导人及其他国家机关工作人员的照片、题字等内容,如此等等,这种对信息宣传的直接性的干预思路与策略应予转变。这是政府运用强权在行使自己的单边权力。而需要政府强权的地方,比如事后的惩戒机制,却轻描淡写,1—3万元罚款,"较之舞弊所带来的收益要小得多"[①],对于动辄上亿资产的民办高校形不成足够的他律约束,更不会因此而形成一个强烈的自律激励。

  民办学校的招生简章也好,广告也好,真实、准确、客观、合法是基本要求,在对招生简章和广告宣传中,政府应该进行备案,毕竟备案意味着给予其一个责任机制,其要对其所发布之广告中的所有内容负责,而且这个责任并不仅仅是在招生简章备案的有效期之内,是要延续到依据其信息招来之消费者在校的消费终结之后,这才是政府通过备案进行干预之目的。关于信息的审查,英国专门成立了广告业务标准委员会,这是一个完全独立的不带任何偏见的组织,其职责是审查各类广告,保证广告的真实性。这种干预方式值得我们的政府主管部门借鉴。

  的确,任何信息的公开都需要一个规范,但是规范要讲求正当、合理,而不是过多限制,尤其是在我国民办高校的信息公开尚不能支撑政府、学生、教师、家长、投资者和社会捐赠者等利益相关者了解信息和做出决策的需要之时,通过单边的权力,通过规定诸多要件的形式进行公开,甚至对之规定一个模式化的形式进行信息披露,尽管也能够做到公开,却失去了学校的特点和个

---

  ① 任学强:"论民办教育机构诚信机制的构建",载《河南师范大学学报》(哲社科版) 2005年第3期,第168页。

性，成了千篇一律的，千文一面的广告，而广告本身是需要特点，需要迥异于其他才能彰显出作用，这就要给予民办高校以尊重和信任，将强权与协商相结合，将原则与特色相结合，对于要求进行强制性披露的必须应有合理的论证，有合法的支撑，有对其自主权的弘扬。

"对话、商谈过程是一个程序性的过程，是一个程序能够充分满足参与对话者的要求、条件和主张的过程，是一个冲突的利益主张者之间的交涉和妥协过程，是程序对对立利益的宽容、斡旋和容纳过程。"① 所以，政府要特别注重通过协商机制构建起利益相关者之间的平等关系，在制度设计上充分考虑利益相关者的能力和权力，从而保证利益相关者间有用信息的享有。毕竟，"如果委托者可以决定公开哪些信息、对谁公开、何时以及用何种方式公开，那么这一规则明显有利于那些早已掌握这些信息的人，甚至有助于扩大他们的权力，从而剥夺那些相对处于信息劣势的人的权力。"② 通过商谈性干预，让在这个民办教育场域中的所有利益相关者知道其应享有的信息，让不同主体间通过相互沟通商谈谋求共识，相互体认。《政府信息公开条例》对政府信息公开进行了规定；《高校信息公开办法》第29条第1款之规定也表明私立学校也需要进行信息公开。③ 但信息公开到何种程度，信息以怎样的形式公开，需要在商谈性干预中进行逐步完善解决，作为政府，你应该公开什么？应该以什么样的程序进行公开？作为民办高校，你应该公开什么？应该以什么样的程序进行公开？都要做出相应的界定。

商谈性干预内在的要求主体间是平等诚信的，并要求应对主体间交往的有效性问题有个价值判断或者检验。那么，在信息公开方面就要求有两个制度需要进行构建或完善。一个是应建立起信息公开的信用制度，一个是信息公开的利益相关者评议制度。

信用制度意味着信息公开的主体对自己公开之信息承担主体责任，但凡"契约"所规定之双方权利和义务不是当时交割的，存在时滞，那么就意味着存在信用问题。但所要指出的是，信用本身从来不是通过强迫来实现的，而是通过自觉自愿来实现，其依赖于期望与担心这样一些感情。在政府的商谈性干

---

① 谢晖：《西方法学家的法律诠释观（下）》，载《法学论坛》2001年第6期，第88页。
② ［美］埃贡·G. 古贝，伊冯娜·S. 林肯：《第四代评估》，秦霖等译，中国人民大学出版社2008年版，第10页。
③ 马怀德：《公立高校信息公开研究》，中国法制出版社2012年版，第61页。

预中，要建立起双方的信用机制，在公开所涉及的利益上应以均衡为基本原则，不能一个基于信任，公开了自己的信息，而另一个却遮遮掩掩，毕竟信用是交互的。特别是"在'经济'的领域里，私人经济的有关利益者的专业知识，优于官僚体制的专业知识，因为精确的实际知识直接成为他们在经济上的生存问题：职务上的统计错误对于有过失的官员没有直接的经济后果，一个资本主义企业计算中的错误，会给企业造成损失，也许可能危及企业的生存。'保密'作为权力手段在一个企业家的总账簿内保存，比在一个政府机关的档案里保存，无论如何还要保险得多。"① 信息的保密有利于掌握信息的主动权，可以带来更多的控制力和寻租机会。另外，保守信息可以为其推卸或逃避责任提供便利。② 所以，建立起基本的信用，建构起有效的商谈契约规则，构建起基本的信任，才能使得民办高校安全、安心地"解密"，信任是商谈的情感基础和润滑剂，没有信任谈不上商谈。学校透明度的程度与社会对学校的信任程度有相当紧密的联系。③ 另外，信用是以问责为基本依托的，尽管信用本质上依赖于交互主体的自觉自愿，但还必须要建立起支撑信用体制的社会问责机制，在政府、民办高校、公众之间以问责联结起主体间的信任。

评议制度，则意味着政府可以通过联合民办高校的利益相关者来对民办高校的信息公开情况进行一个评议，评议其是否公开了必要的信息，特别是依法要求的强制说明是否公开及时、公开到位，对一些公开主体在强制说明之外的信息的真实性或者是否存在误导性进行审查，对于一些足以影响利益相关者利益的重要信息是否进行了回避等事项进行评议，作为被评议对象在商谈机制下可以依法依理地说明理由，从而在商谈中达成一致，对于政府的信息公开也应该有个评议，比如政府核定的民办高校的预算是否也应及时地向公众公开，比如民办高校每年的新生录取率或报到率，办学过程中的学生流失情况，办学质量的预警信息④等，评议既是一种检验，也是一种监督，这种监督不是政府自上而下地进行，而是基于平等主体间的对话。当然，对于这些政府可以掌握到

---

① ［德］马克斯·韦伯：《经济与社会》（下），林荣远译，商务印书馆1997年版，第316页。
② 朱炜："论信息公开的宪政基础"，载《理论月刊》2005年第2期，第94页。
③ 孙建荣："教育质量之内涵：对本科教学工作水平评估后整改的思考"，载《教育发展研究》2006年第10期，第22页。
④ 教育部的红黄牌制度及该信息的公布起到了较好的干预效果，应该建立起一个针对民办高校办学预警信息的定时发布制度。

的，理应予以公开，而且公开主体应该尽可能地实行整体性的公开、公布，只有置于阳光下才能防止任性，从而起到或者说引导其他利益相关者依照预算等有的放矢地行使监督，督促民办高校予以改善状况。

二、民办高校质量评估中的商谈性政府干预

质量问题是高等教育不能回避的，特别是在进入大众教育之后。"没有质量保证的数量增长只会导致高等教育的劣质。"① 但是，由于教育本身的经验性产品及其消费持续时间较长的特质，高等教育消费服务不像其他服务或商品那样有着质量的"三包"制度，或者有消费者协会这样的代表消费者权益监督质量问题的维权组织，鉴于教育服务的受众面较大，几乎要普及到每一个适龄儿童，特别是高等教育的普及化逐渐到来，关乎公共利益的质量问题必须被关注，甚至被问责，有学者就指出，高等教育质量问题实质上是一个社会问责的问题，是人们对高等教育有效性的一种质疑，实质上是高等教育的信任危机。② 关于教育质量问题，在《国家教育中长期发展规划（2010—2020）》中得到了反映，在规划中将提高教育质量视为教育改革与发展的核心任务。无论是对于民办高校还是公立院校，对教育质量进行干预或保障都成了一项基本的任务。

（一）质量评估是提高民办高校办学质量的重要手段

随着高等教育的大众化进程，高等教育精英时代的人们对于大学教育质量无条件的那种信任已经一去不复返。③ 在大众化的背景下，在成分—分担理论在高等教育中的广泛推行和应用的背景下，高校需要向学生、家长、纳税人等外部公众证明自己已经达到或保持一定的质量水准。④

高校如何证明自己的质量水平？换句话说，政府如何督促高校展现和提升

---

① 杨晓明：《高等教育政策问题研究》，大象出版社2011年版，第81页。
② 周光礼：《中国高等教育质量评估体系有效性研究》，湖南人民出版社2012年版，第27页。
③ 程星："市场竞争中的高校评估及其范式的更新"，载《高等教育研究》，2008年第9期，第34页。
④ 张文静："美国高等教育质量评估体系：市场运作模式及其有效性"，周光礼主编：《中国高等教育质量评估体系有效性研究——基于社会问责的视角》，湖南人民出版社2012年版，第191页。

质量水平？如果说政府通过规定了基本的办学条件这样一个进入标准，满足基本条件就是一种最低质量的认定，但这种质量条件上的基本界定已日益得不到公众的认可。因为，基本条件的满足并不能代表质量水平的全部，质量水平判定的合理性毕竟不是来自于政府权威认定的门槛标准，而是来自于整个社会对高校教学水平的广泛认可。

政府还必须思考，除了基本条件的强制性规定保障基本质量的达成度之外，还要考虑如何对高校的具体办学行为进行有效的干预，以达到教育服务质量的保障。学者指出，20世纪80年代起，世界高等教育进入一个评估的时代。[1] 国际高等教育的评估经验也证明其两大核心功能，一是可以监测质量状况，二是可以督促被评主体提高质量水平。目前，在发达国家基本形成了四种比较有代表性的评估模式：美国模式、英国模式、荷兰模式和法国模式。美国是通过非官方性质的综合性的评估中介机构统摄分散的多个专业评估中介机构进行评估；英国，是由亲官方的中介机构（"高等教育基金委员会"）与亲民间的机构（"高等教育质量委员会"）并存评估的双轨格局；荷兰，是由两个非官方的中介机构——"荷兰大学协会"和"荷兰高等职业教育学院联合会"负责教育评估工作，而官方机构——高等教育督导团，则负责对这两个评估机构进行元评估；法国，主要是由官方的"国家评估委员会"进行评估，但需要指出的是，这是直接向总统负责的独立于教育部和高校的官方机构。[2] 应该说，美国所形成的由联邦教育部对认证机构进行认可、州政府进行许可证评估、非官方认证三方面协调和合作的"三元组合"评估，引领着国际发展的潮流。

第一，联邦教育部的作用。教育部不具有法定的权力为高等学校制定标准和定义质量，其主要是有以下作用：一是对认证机构进行认可，其认可的认证机构在认证或评估的标准上要符合联邦教育部认可的一些要素才被认可，通过这样间接干预高校的质量评估。二是建立高等教育综合数据系统（IPEEKS），要求高校提供信息，信息公开供分析、研究、评估之用。三是对于政府财政资助提出最低的财政责任，需要受资助学校遵守联邦资助项目所指定的规章和准

---

[1] 周光礼：《中国高等教育质量评估体系有效性研究》，湖南人民出版社2012年版，第7页。

[2] 颜丙峰、宋晓慧：《教育中介组织的理论与实践》，上海人民出版社2006年版，第14–15页。

则，尽到学校的财政责任。

第二，州政府进行的高等教育质量评估（quality review），这是政府对于私立高校最直接的质量评估，对其主要是进行许可证评估（review forstate licensure），通常包括财政稳定性、管理能力、院校发展的可持续性，以及一般的消费者保护等几个方面。

第三，非官方的认证。即主要是由非政府的同行专家组对院校和专业所进行的评估。认证机构可分为地区性认证机构（regional accreditor）、全国性认证机构（national accreditor）和专门职业性认证机构（specialized and professional accreditor）。认证机构必须是获得授权的机构，认证机构的质量鉴定标准依据是院校或专业自定的准则和认证机构的鉴定准则。鉴定周期以不频繁为要件，不给受评估高校带来负担，一般为3年或5年的，也有10年的。

第四，直接面向消费者群体的大学排行榜评估。新闻媒体代表着社会的"良心"，日益成为"第四种权力"，政府要合理地认识媒体的深度介入，新闻媒体因直接面向公共消费市场，其对公众的价值判断起到了很重要的作用，毕竟质量在本质上就是依据社会的需要对高等教育活动的"社会价值"进行判断的活动。每个排行榜都有自己特定的指标体系，根据其指标体系对学校或者专业进行评价排名。如《美国新闻与世界报道》等权威机构或媒体进行的大学排行有力地促进着大学的竞争，提升着大学的质量。德里克·博克指出：不管是学生、家长，还是公司、政府，大家都紧紧盯着权威媒体推出的这些大学排行榜，因此各学校也都使出浑身解数提高自己的综合实力。[①] 英国的《泰晤士报·高等教育副刊》进行的大学排行榜则是代表官方的大学拨款委员会（现称大学基金会）组织评定，实质上是引导各方对高校实施监督。

（二）民办高校质量督导与评估中存在的问题

我国高等教育领域也充分认识到质量评估的有效干预，《民办教育促进法》对之也进行了规定，即加强日常监督，并定期组织和委托社会中介组织对民办学校办学水平与教育质量进行评估，并将评估结果向社会公布。也就意味着，从法律与政策层面，政府主要依靠督导和评估来对高校办学质量方面进行干预。但仔细考察，目前我国政府对办学质量方面的干预还是存在着很多

[①] [美]德里克·博克：《高等教育中的质量与问责》，毛亚庆译，北京师范大学出版社2008年版，第64页。

问题：

在民办高校的督导方面。主要通过派驻督导专员进行自上而下的督导，被法律所认定，具有"合法性"，而且也是政府代表公共利益行使一定的监督权，也体现了一定的合理性。但是这个督导不管其在实际中的操作如何，从制度层面是为民办高校所诟病的，诟病的理由不在于其合理性、合法性问题，而在于其不对等性：目前政府对公办学校的教育督导制度在大多数省份是没有覆盖到公办高校的，而却要求在民办院校进行专门设置，在他们看来是一种"歧视"，或者说是对公办高校的一种"过度信任"与"溺爱"。从体制上看，民办高校的自主性应该要多于公办高校，但在督导方面却是公办院校的自主性更灵活，这是一种不公，这种制度设计是否经过了有效的协商，或者说在制度面上有无进行一定的统一之后再确定，需要得到一些回应。在市场竞争的体制下，一个真正自治、自由平等的市场主体，"它不阻止某些人取得特权地位，但只要有自由，就能阻止特权地位的制度化，使它处于其他有才能、有野心的人不断攻击之下。"① 而且，我们要充分尊重这种平等主体的利益差异再进行决策和干预，"如果我们能认识到这种利益的差异并尊重他人追求自身利益的权利，改革过程中的冲突可能会缓和一些，因为这时人们会把更多的精力放在与别人协商找到更可行的出路上，而不是放在相互攻击对方和阻挠改革上。"②

关于高校的质量评估。有学者在对我国已开展的本科教学评估有效性进行实证调查，结果显示：认为有效性"一般"及"一般以下"的达到了76%，这充分说明了中国认可型评估的有效性不容乐观。③ 在教学评估中，教育部聘请的评估专家曾被质疑只关注教育部的立场，漠视社会的主张和期待。④ 的确，这种政府推行的评估，评估者处于一种无权的地位，一旦出现分歧，最后的决策权掌握在管理者手上。评估者唯一的对策就是在自己不愿意的情况下可以拒绝参与评估。⑤ 管理者权力过大，也致使高校对评估的客观性质疑"声声

---

① ［美］米尔顿·弗里德曼，罗斯·弗里德曼：《自由选择：个人声明》，胡骑等译，商务印书馆1982年版，第152页。
② 樊纲：《渐进改革的政治经济学分析》，上海远东出版社1996年版，第123页。
③ 周湘林："中国高校问责制度重构——基于本科教学评估的新制度主义分析"，华中科技大学博士学位论文2010年，第96页。
④ 周光礼：《中国高等教育质量评估体系有效性研究》，湖南人民出版社2012年版，第9页。
⑤ ［美］埃贡·G.古贝，伊冯娜·S.林肯：《第四代评估》，秦霖等译，中国人民大学出版社2008年版，第10页。

不息"。单纯由政府组织的质量评估倍受诟病,有时对高校而言成了负担,对民众来说没有给之带来信赖感,实际上也没有真正反映好监督作用。而且"中国目前的评估人员多是高校的教育专家、管理人员及教育部门的管理人员,彼此之间较为熟悉,很难保证评估工作公平、公正、客观。"① 我们对评估结果的公布往往就是一个"优秀""良好""合格"的结论,究竟为什么优秀,为什么合格,这些结论的公布并不透明。

关于大学排行榜。"自1987年至今,中国已有近20个单位发布了30多个不同类型的大学排行榜,目前影响最大的有三家:网大,广东管理科学研究院和中国校友会。"② 上海交通大学的排行榜也逐渐发挥影响,在我国台湾教育部向其立法院进行的教育部业务概况报告中就进行了应用,但是政府对于排行榜的态度却是表现出反对,特别是在"成都理工事件"③之后的态度:大学排行榜是一些民间机构的民间行为,教育部从未组织过大学排行榜的活动,也不支持搞大学排行榜,不赞成对高校进行简单的综合排名。④ 面对这一事物,不搞、不赞成、不支持的政府表态明显是一种"堵"的姿态。利用自己的手段干预高校质量得不到认可,对于非政府机构存在的评估问题就是简单地反对,我们不禁要问:政府的干预该何去何从?

(三) 商谈为基础的民办高校质量评估政府干预体系构建

在当今时代,政府已不是一个全能政府,"原本为社会成员所共享的社会价值系统已经崩溃,一元论的世界景象消失了,随之而来的是价值的多元化。社会成员之间在许多重大社会行动方面都存在着'信念上的缝隙'。⑤ 在这种情况下,社会成员间更多地要通过"商谈"这种机制来解决多元价值给社会带来的困难和冲突,即通过公民之间在理性、反思以及公共判断之中,共商公

---

① 李树谋:"高校本科教学评估存在的问题与对策",《高教论坛》2007年第6期,第124页。
② 周光礼:《中国高等教育质量评估体系有效性研究》,湖南人民出版社2012年版,第161页。
③ 所谓成都理工事件,就是人民日报2009年5月5日以《大学排行榜真有"潜规则"?》为题报道了成都理工大学曾于2004年和2006年两次邀请"中国大学评价课题组"负责人来校讲座,随后两次给其方面汇款数万元,此后,该校在《中国大学排行榜》中名次进行了上升。
④ 赵亚辉、张炜、赵婀娜:"大学真的需要排行榜吗?",载《人民日报》2009年5月6日。
⑤ 雷磊:"法律程序为什么重要?反思现代社会中程序与法治的关系",载《中外法学》2014年第2期,第330页。

共议题的解决方案。① 正如罗尔斯所指出的那样："社会是一个公平的合作体系",所有相关的人都明显认识到,如果没有与他人的合作,他们不可能获得自己想要的东西。②

这种情况下,政府对民办高校的干预则必须由直接控制转为间接调控,特别是在重大行动上,要在充分尊重民办高校的"私权"基础上,协调公共利益与私人利益的有机平衡,民办高校的办学质量便是一个重大行动,须建立起以商谈为基础的质量评估干预机制。法国学者皮埃尔·卡蓝默提出了公共权力进入合作伙伴关系的流程:渐入清晰、进入对话和导入方案。③ 渐入清晰意味着打破原来的层级观念,贡献出自己的信息并接受共同行动者的信息,让信息大致对称。进入对话,意味着消除分歧,相互尊重,真诚以待,公平协商。导入方案,就是通过协商,制订出可能的解决方案。以商谈为基础的干预机制的设计也应该体现这些过程,通过不断商谈,从而强化主体间的平等对话,在注重信息的清晰透明的基础上,公开地陈述理由,尽可能排除"私利",以达成共识。

第一,要强化评估主体的多元化。因为参与者的参与才形成了世界。④ 政府要充分认识到高校的利益相关者的地位和价值,引导利益相关者参与到民办高校的评估中来,应该认识到评估不是一种政府行为,尽管说"质量验证越难的产品,信息越不对称,就越需要政府颁布专门的质量标准。"⑤ 但是,颁布标准并不意味着你是制定标准的主体,就如美国,联邦政府对认证机构进行认可,不同认证机构的鉴定标准是不同的,其关注的侧重点是不同的,但其主旨只要符合政府所要达到的目的即可。在这种认证评估体系中,由于政府不承担学校质量保障的责任,为了向社会证明自己的质量与水平,高等院校不得不

---

① 雷磊:"法律程序为什么重要?反思现代社会中程序与法治的关系",载《中外法学》2014年第2期,第332页。
② [印度] 阿马蒂亚·森:《正义的理念》,王磊、李航译,中国人民大学出版社2012年版,第189页。
③ [法] 皮埃尔·卡蓝默:《破碎的民主:试论治理的革命》,高凌瀚译,生活·读书·新知三联书店2005年版,第167-170页。
④ [美] 埃贡·G.古贝,伊冯娜·S.林肯:《第四代评估》,秦霖等译,中国人民大学出版社2008年版,第64页。
⑤ 薛才玲,黄岱:《政府管制理论研究》,西南交通大学出版社2012年版,第102页。

自发组织起来结成认证团体，向社会表明自己的教育和研究水平。① 那么，政府就具有一种超然的地位，甚至能以利益相关者的身份要求民办高校进行质量的评估鉴定。

为防止政府的不当干预，避免民办高校在质量上的市场机制的失灵，政府和民办高校就可通过商谈选定第三部门来进行质量评估。其实，第三部门这一概念最早由列维特于1973年提出。② 之后，风行全球，被称为"全球结社革命"。关于其存在的原因，萨拉蒙在《美国的第三部门》中认为至少是有"两个回应"：市场机制局限中对公共需求的回应，政府机制局限中作为另一种独立的对市场缺陷的回应。第三部门从根本上是对"政治国家－公民社会""国家－市场""公－私"的二元格局扬弃，是力图在私人自治－国家强力控制之间找到平衡，按照科特勒的观点：第一部门是企业，旨在根据公民需要组织经济资源，开展经济活动，强调的是"私"的领域，是自治。第二部门是政府，负责执行法律维护社会秩序及政治稳定。第三部门则是介于企业与政府之间的以推进社会公益为目的的非营利性组织。对于政府权力而言，缺少监督的权力必然导致腐败。政府为了防止自身权力的扩张，在私人自治的运动中，向市场向公民进行放权，或者说叫作一种"回归"。获得权力的市场，张扬个体权利的公民也容易发生权利的滥用。正如对于个人一样，对于组织而言，独立或自治也创造了作恶的机会。③ 故而，依靠单一结构提供一切公民物品和服务的基本供给，都会产生一种"致命的自负"，但如果仅仅依赖于"政府－市场"的二元格局，特别是在政府－市场的博弈中，双方都不愿参与的领域则会在两种不停的调适中浪费更多的资源和成本。第三部门的产生，便是在国家及市场之外，但又与之共同发生联系，相互支持，以摆脱"非此即彼"的选择困境，走出第三条道路，超越权力和权利的垄断。

当然，尽管我国目前许多教育评估中介机构在业务来源上还不是通过市场竞争而是依赖关系的施舍，在业务发展上还不能靠自身的能力和信誉去拓展市场而是靠对受评主体或者委托主体的迁就、姑息、纵容等"旁门左道"去争

---

① 周光礼：《中国高等教育质量评估体系有效性研究》，湖南人民出版社2012年版，第8页。
② 转引自王建华：《第三部门视野中的现代大学制度》，广东高等教育出版社2008年版，第14页。
③ ［美］罗伯特·达尔：《多元主义民主的困境——自治与控制》，周军华译，吉林人民出版社2006年版，第1页。

取市场份额。这种依附性并不意味着政府要对其"不支持、不赞成",恰恰相反,更应该给予其应有的支持,对之进行规范、培育、引导,毕竟这是与民办高校进行商谈的一种重要介质。可能有学者会言,这里面可能出现共谋现象,问责主体很容易对问责对象产生妥协,从而影响到问责功能的发挥。但是,只要公民社会具有足够的自治性,第三方参与组织被"收买"的可能性会大大降低。① 所以,引入第三方评估组织对民办高校进行评估的制度要落实,必须要对教育评估中介组织给予足够的信任和支持。对于大学排行榜,因为其对公众的影响深远,更要充分发掘其价值,政府应与之进行适当的合作,从而更好地评估民办高校的质量。也许会有学者指出,应保持中介结构的独立性,与政府、民办高校都应该远离,但事实上,那些试图将自身与政府和社会分开的独立问责机构,最后往往以无成效而收场。只有考虑不同利益主体的需求,将其纳入评估的队伍中来,才能真正全面反映高等教育教学质量,多元化的教育质量观才能真正得到落实。根据不同评估主体的利益需求进行评估任务化界。②

第二,强化质量评估的信息发布与反馈。政府基于公共利益,应着力与民办高校及评估组织进行商谈,推进评估信息的公开化,首先应公开评估的标准及基本的程序,其次评估的过程也应该有对利益相关者满意度的评价,还有评估结果必须进行公开,不仅是对结论性意见的公布,而且对评估中发现的亮点、特色、不足、改进意见也应该予以公开,这样利益相关者甚至公众不仅能对民办高校的水平有个直观的了解,更能监督评估者的客观性。

政府要与民办高校进行商谈,推进民办高校的自我评估,并每年定期公布学校的年度质量报告。尤其是要在关键指标上进行约定,必须披露的信息,以及这些自我评估的信息,应让普通公众都能理解,并要以简单的方式进行公开。只有公众理解被披露的信息,或能以信息为依据进行自由的选择,或者相信信息与选择之间具有实质的关联性时,披露就有可能起作用。披露标准提供了一个带来更少限制的实现规制目标的进路。③

第三,推进质量契约的签订。契约指在政府和大学间构建起一个正式的、

---

① 世界银行:《公共部门的社会问责:理念探讨及模式分析》,宋涛译,中国人民大学出版社2007年版,第34页。
② 余天佐,谢安邦:"本科教学工作水平评估研究述评",载《评价与管理》2008年第4期,第50页。
③ [美]斯蒂芬·布雷耶:《规制及其改革》,李洪雷等译,北京大学出版社2008年版,第241页。

外在的合同，在合同中建构起一种信任关系，一种责任关系。正如哈贝马斯所言：监管型国家寄希望于非等级的谈判系统对社会子系统进行调试。① 政府的商谈性干预，意味着政府以商谈为手段，联合民办高校的利益相关者，与民办高校进行商谈，来调试这个社会的子系统，通过合作共同拟定民办高校的质量最低标准，特别是要推进以专业为切入点的民办高校相关专业的国际专业认证，毕竟这个时代，认证成了质量的代名词。政府代表利益相关者推动民办高校与之签订教育质量契约，约定院校发展年度目标，约定专业的发展目标，约定质量责任。霍姆斯指出：契约的全部意义在于它的正式性和外在性。② 正式性和外在性意味着赋予了双方明示的责任，不能随意违约，意味着这种约定的基础是信任，如果连基本的信任都无法做到，那么社会的基石也就出了问题。契约关系为政府和大学间构筑信任提供了一种形式。美国的《莫雷尔赠地法案》就是在政府和大学间建立一种协议，约定和规范双方的权益，实现二者关系上的对等与平衡，既尊重了大学的自主权，又促使高校满足政府的国家利益诉求，在政府与大学间建立了一种对话和协商机制。我国已逐渐进入市场经济社会，民办高校的市场性愈发明显，"市场在中国的出场，使得社会的运行机制由过去的以身份为主导转变为以契约为主导，形成平等契约性关系和开放性社会结构。可以说，一个契约社会正在我国显现。而契约关系本身就蕴含和体现着协商和合作价值。"③ 由于契约是一个"邀约、签约、履约"的过程，每一个阶段都需要双方的深度参与，第一个阶段的对话、协商机制如果没有构建起来，那么签约就是"水中月""镜中花"。而签约意味着对内容、合意的把控，对责任权利的认可，意味着真正对等的条件成熟，或者说至少在形式上对等的条件成熟了。最后一个阶段则是履约，是考证双方的守约承诺，履约能力。当然，如果不建立一套让双方信服之规则，或者这个规则若没有一个强制力作为保障，契约的完成就会很难。如霍布斯所言：不带剑的契约不过是一纸空文，它毫无力量去保障一个人的安全。在没有对某种强制力量有所顾虑的情况下，一纸契约就太软弱无力了，不足以制约人们的野心、贪婪、愤怒和其他种种激情。④ 当然，协商合作并不否认国家或政府的权威，而是表明协商合作

---

① [德] 尤尔根·哈贝马斯：《在事实与规范之间：关于法律和民主法治国家的商谈理论》，童世骏译，生活·读书·新知三联书店2003年版，第428页。
② [美] 霍姆斯：《普通法》，冉昊等译，中国政法大学出版社2006年版，第227–300页。
③ 许杰：《政府分权与大学自主》，广东高等教育出版社2008年版，第219页。
④ [英] 霍布斯：《利维坦》，黎思复等译，商务印书馆1995年版，第97页。

所体现的自主行为在合作协商的合意下予以约束,即契约的达成还意味着契约一旦达成,对缔约各方就具备了同等的约束力,谁都没有权利违约,否则就要付出代价;也只有各方都努力践行,各自的利益才有保障。①

总之,商谈是交换理性的对话性过程,在对话合作中达成解决问题的共识。商谈隐含着"每个参与者可以合理接受,而且有时只要所有其他人接受,自己也应该接受。"所以,政府应将商谈性干预作为干预的一种重要形式或手段,充分认定利益相关者在商谈中的主体角色,发挥其自主权,这样一是能够降低商谈中的"机会主义"或"共谋现象",二是也能节约成本,有很多人对立法或者法律规则有着盲目的崇拜,其实立法或法律规则固然在干预中是一种必不可少的,但也要充分认识到政府干预的立法成本、执法成本、司法成本都是相当高的。"在公众看来,立法是政府颁布某项法律法规,不会发生多少成本,但实际上,立法的过程复杂得多。以 2002 年 12 月审议通过的《民办教育促进法》为例,从 1996 年 10 月列入立法规划,到 2002 年审议通过,6 年时间,经历了两届人大才完成这一工作,成立立法组织、调研摸底、座谈研讨、出台草案、征求社会各方面意见,经过人大常委会的四次审议,法律委员会的审议以及人大党组和委员长会议审议等,通过对关键问题的模糊折衷处理方才通过。② 而立法上的模糊处理,或者利益的妥协与折衷又造成了执法上的混乱,带来了后续的复杂与成本。

---

① 刘元芳,任增元:"契约理念与现代大学制度创新",载《国家教育行政学院学报》2008 年第 6 期,第 48 页。
② 程化琴:《〈民办教育促进法〉制定过程研究》,北京大学出版社 2012 年版,第 111 页。

结语：以责任制约民办高校政府干预的任性

曾任美国副总统的蒙代尔在其《掌权者的责任》中指出，当年美国制宪者所致力于解决的一个基本问题，正是想通过制度的设计，使各种权力的主体都能够切实地负起行使权力的责任，以避免不负责的权力。即权力必须与责任相对等，让责任始终不懈地跟随着权力，附加在权力身上，否则，就无法对每一个具体的权力实施随时随地的周密制约。

民办高校需要政府干预，政府提供适度干预也具有着当然的合法性、正当性。政府的干预应在适度、公平正义、效益最大化、正当程序、利益均衡及风险最小化的原则下进行干预，并且政府的干预权还要关在三个限度的笼子里，即止于法律之规定、止于民办高校的办学自治权、止于民办高校办学主体的私权利益。无论是政府直接的管制性干预，还是激励性干预以及商谈性的干预方式，其所内含的政府干预权力既不能越权，也不能弱权。越权则会过度干预，弱权则干预供给不足。民办高校也不能以促进为由、以私益至上为由而拒绝干预甚至构成利益团体通过私权扩张、游说甚至一些不正当手段而对政府权力进行"俘虏"。守住各自的底线，这一底线便是责任，才能更好地发展民办高等教育。

经济法作为国家干预之法，尽管其核心是规约市场主体经营者的责任，但是为了防止政府干预权的任性，也必须基于经济法之特性给政府干预权限定责任机制予以规约。目前经济法视域下的政府责任的规约建设，其比重可能不会像对经营者的责任设计那么丰富，但由于其关系着社会经济秩序和社会公共利益的实现，关系着经营者责任承担的主动性，关系着政府干预的合法性基石的稳固性。就如学者所言，"一个部门法如果缺乏有个性的责任形式，其地位必然受到质疑。"①那么，经济法意义上的具有个性的责任形式又为何呢？国外学者很少对政府责任进行直接界定，从表述看，一般从两个角度研究：一是政府应该承担何种责任；二是如何对政府不当或者违法行为问责。②前者指向政府的职责，后者指向政府问责。事实上，在国内，对责任的理解主要是后者。"政府在市场经济中的法律责任大致包括三种：一种因市场监管违法的责任，如放弃监管、监管不力的责任；二是在宏观调控中违法的责任，如擅自改变预算或擅自增减税收的责任；三是在参与经济活动中的责任，如滥用行政权实施排斥或限制竞争行为和政府非法出让土地所有权。"③

民办高校的政府干预，从本质上讲，就是要寻求公共利益与私权利益的平衡。但这往往是一种理想状态，在现实中常常充满着利益冲突，在实践中存在着一个利益失衡——利益平衡——利益失衡——利益再平衡的博弈，在这种利益的协调中共同寻求着合适的度，也调适着政府干预权力的范围与边界。应该说，经过多年的努力，民办高校政府干预的制度供给有了长足的进步，但还是存在着很多不足：在直接的管制性干预中，关于"入口"进入的设置标准还不够细化，如对于办学资金的要求、对内部治理的要求、对于关系生命安全的规范等都需要进一步具体化；在退场的风险预警的规范供给不足，在退场的相关法律接口也有失明确。在商谈性干预中，没有提供给利益相关主体相对平等的协商的规范与程序，促进信息公开的商谈机制还没有形成；在激励性干预中更因具体规范的缺位而没有享受到实际的激励，如法律规定"出资人要求取得合理回报的民办学校享受的税收优惠政策，由国务院财政部门、税务主管部门会同国务院有关行政部门制定。"而这个法律要求制定的规范性文件却迟迟没有出台。的确，在民办高校领域，很多需要促进的地方还缺少具体的规范支撑，需要约束的规范也有失确切。

特别需要指出的是，我们在制度的设计中对于干预权的越权干预、过多干预、错误干预以及干预不足的情况，提供的责任规范还未达到权责对等。如在

---

① 薛克鹏：《经济法基本范畴研究》，北京大学出版社2013年版，第287页。
② 杨欣：《公共服务合同外包中的政府责任研究》，光明日报出版社2012年版，第92页。
③ 薛克鹏：《经济法基本范畴研究》，北京大学出版社2013年版，第294页。

政府干预的决策方面①。我们尽管规定了民事、刑事、行政等法定责任,在政府问责上,行政法的控权方式虽然起到了约束权力的作用,但也使得干预机制变得僵化。需要探索形成具有经济法个性的责任机制以避免这些缺陷。"我国当前主要将监管不力或滥用监管权的责任几乎归咎于公务人员个人,对监管机构没有设置任何责任。"经济法意义上的责任不能将这种内部责任外部化来回应社会公共利益,在个人责任之外,作为监管机构甚至政府还应担特定的责任。在责任的实现上,依照传统的规则,控权方式很难追究干预者所谓的"法律责任"。在诸如宏观调控问题上,政府承担的更多的是政治责任而非法律责任。②

"一个部门法如果缺乏有个性的责任形式,其地位必然受到质疑。"③ 作为经济法意义上的政府责任设计,就是要从社会整体利益的视域,在传统责任规则框架下进行超越,也就意味着了个体责任外,还必须加强机构责任的建设,特别是要推进政府政治责任的法定化。

关于政治责任,在现有的法律责任设定框架内没有得到很好的体现,甚至成为个体规避责任的一个避风港,一是集体决策逃避对个体的责任追究,而现实中鲜少有对集体的问责,例如对于以长时间的调研或其他理由来怠于决策和行政④等;二是对个体责任的追究,也往往因为政治责任的法定化供给缺乏,没有起到相应的惩戒作用,甚至连既定的"法律责任"都侥幸逃避。这些现象,在公共利益领域越来越多地彰显出来。

笔者认为,基于民办高校领域政府干预权的制约之考虑,必须推进政治责任的法定化,一来对机构问责,二来对个体的责任进行丰富。那么何谓政治责任?首先就要明确政治的含义,政治乃"是在共同体中并为共同体的利益而

---

① 比如我们有些地方在给予财政支持时,为做好公共财政性资金的使用,设置了一些强制性的规范条件,比如要求单笔超过一定数额的需要报告后方能使用,甚至沿用到其他的财务监管中,应该说意图很好,也是防止民办高校主体通过化整为零的方式转移、抽逃资金的较为有效方法,但这个约束性规范的适切性却需要论证,再比如实习期学生住宿费是否收取的规范性调整也应在整个高等教育服务行业内进行思考,而不能贸然实施干预政策,造成干预不当之后果,提前的沟通商谈尤为必要。

② 刘剑文、杨君佐:"关于宏观调控的经济法问题",载《法制与社会发展》2000年第4期,第17页。

③ 薛克鹏:《经济法基本范畴研究》,北京大学出版社2013年版,第287页。

④ 笔者认为,法律规定之行政部门出台相应规定而迟迟不出台使法律的立法本意得不到彰显,破坏了法律应有的权威;使相对人享受不到法律所赋予的权利,并且造成损失的,就属于一种干预权的怠于行使。

做出决策并将其付诸实施的活动。"① 民办高校是一个利益相关者组织,政府与民办高校事实上就构成了一个利益共同体,政府的任何决策,包括对民办高校的干预都应符合这个共同体的基本利益,这本身就是一种政治。不同的利益相关者对高校有着不同的利益要求,这些要求对这些利益相关者而言在某种程度上也可以理解为是其政治意图。不能脱离政治范畴的利益体就应该有政治责任的承担。《现代政治学小辞典》对"政治责任"进行了解释:"政治家必须对自己的言行之结果负责。对于行政官员来说,首先重视的是法律责任;对于政治家而言,即使没有法律责任,但仍要求他对于自己言行之结果负责。因此,不允许政治家在强调该言行的动机和个人心理的前提下逃避责任。韦伯在《作为职业的政治》中认为,政治家最为重要的资质,除了热情、洞察力之外,还应有强烈的责任感。为此他提出了动机意图伦理和责任伦理的区别。在一般意义上,为了与法律责任相区别,人们使用了道义上的责任这个概念。它对于政治家的要求,并不是指每位个别的政治家的道德性问题,而是不允许用目的来论证手段的正当化以及用意图来论证结果的正当化问题。从这个角度看,它不仅要求政治责任的制度保障,而且更强调政治文化在社会生活中的重要作用。"② 台湾学者萨孟武认为:"就政治上的责任而言,行政是否合理法律上没有任何标准。在民主制度下以公意为衡量标准,公意认为是就是,公意认为非就非。"③ 那么,政治承担责任的方式就显而易见了,其最严厉的形式就是使干预者失去行使政治权力的资格,让干预机构承担通报批评、公开道歉的不名誉或财产上的不利后果,甚至要承担不当监管机构可能被撤销等责任。一般而言,法律责任的基础是强制性的法律规范,属于较重的责任承担,而政治责任的核心在于公众的信任,是对公益的一种回应。笔者倾向于在法律规范中将政治责任纳入,规定严格的规范与程序,设置违反这些规范和程序的责任形式如限期改正、警告等,并采取政治责任优先追究的原则以规范干预权的行使,从而避免不当干预。

关于追责机构,立法机关对政府违法行为进行问责是世界的通识,但如果所有的政府违法行为均由权力机关追责,成本较高,还将弱化其职能,权力机关的追责需要有所取舍。所以,政府干预权的追责机构除了立法机关之外,还

---

① 《布莱克维尔政治学百科全书》,北京:中国政法大学出版社 1992 年版,第 583 页。
② [日]《现代政治学小辞典》,有斐阁 1978 年版,第 158 页。
③ 萨孟武:《政治学》,三民书局 1986 年版,第 161 页。

有上一级行政监管机构。

　　总而言之,政府干预与民办高校需要在不断调适中寻找到各自的"边界",在集权与放权的交叠中管控好权力与权利,在利益博弈中协同共进,推进我国的民办高校在规范中发展,在规范中进步,愿我们的民办高等教育在政府合理的干预下发展更好!

参考文献

一、中文文献

1. ［美］维托·坦茨：《政府与市场：变革中的政府职能》，王宇等译，商务印书馆2014年版。
2. ［美］唐纳德·E. 坎贝尔：《激励理论：动机与信息经济学》（第二版），王新荣译，中国人民大学出版社2013年版。
3. ［马来西亚］陈爱梅：《马来西亚私立高等教育：全球化、私营化、教育转型及市场化》，钟海清等译，广西师范大学出版社2012年版。
4. ［德］罗伯特·阿列克西：《法 理性 商谈：法哲学研究》，朱光等译，中国法制出版社2011年版。
5. ［英］约翰·密尔：《代议制政府》，汪瑄译，北京：商务印书馆1982年版。
6. ［美］理查德·斯格特：《组织理论：理性、自然和开放系统》，黄洋译，华夏出版社2001年版。
7. ［美］斯蒂芬·霍尔姆斯：《权利的成本——为什么自由依赖于税》，毕竞悦译，北京大学出版社2005年版。
8. ［美］史蒂芬·布雷耶：《规制及其改革》，李洪雷等译，北京大学出版社2008年版。
9. ［美］庞德：《法理学》第3卷，廖德宇译，法律出版社2007年版。
10. ［印度］阿马蒂亚·森：《正义的理念》，王磊，李航译，中国人民大学出版社2012年版。

11. ［印度］阿马蒂亚·森：《贫困与饥荒》，王宇等译，商务印书馆 2004 年版。
12. ［美］尼古拉斯·麦考罗，斯蒂文·G. 曼德姆：《经济学与法律——从波斯纳到后现代主义》，吴晓露等译，法律出版社 2005 年版。
13. ［美］赫伯特·西蒙：《现代决策理论的基石：有限理性说》，杨砾等译，北京经济学院出版社 1989 年版。
14. ［美］约瑟夫·E. 斯蒂格利茨：《公共部门经济学》，郭庆旺等译，中国人民大学出版社 2013 年版。
15. ［美］诺内特·塞尔兹尼克：《转变中的法律与社会》，张志铭译，中国政法大学出版社 1994 年版。
16. ［美］丹尼尔·F. 史普博：《管制与市场》，余晖等译，上海三联书店 1999 年版。
17. ［美］詹姆斯·C. 斯科特：《国家的视角：那些试图改善人类状况的项目是如何失败的》，王晓毅译，社会科学文献出版社 2004 年版。
18. ［美］埃贡·G. 古贝，伊冯娜·S. 林肯：《第四代评估》，秦霖等译，中国人民大学出版社 2008 年版。
19. ［德］马克斯·韦伯：《经济与社会》，林荣远译，商务印书馆 1997 年版。
20. ［美］德里克·博克：《高等教育中的质量与问责》，毛亚庆译，北京师范大学出版社 2008 年版。
21. ［美］米尔顿·弗里德曼，罗斯·弗里德曼：《自由选择：个人声明》，胡骑等译，商务印书馆 1982 年版。
22. ［法］皮埃尔·卡蓝默：《破碎的民主：试论治理的革命》，高凌瀚译，生活·读书·新知三联书店 2005 年版。
23. 世界银行：《公共部门的社会问责：理念探讨及模式分析》，宋涛译，中国人民大学出版社 2007 年版。
24. ［德］尤尔根·哈贝马斯：《在事实与规范之间：关于法律和民主法治国家的商谈理论》，童世骏译，生活·读书·新知三联书店 2003 年版。
25. ［美］伯顿·克拉克：《高等教育新论——多学科的研究》，王承绪等译，浙江教育出版社 1988 年版。
26. ［英］马丁·阿尔布劳：《全球时代》，高湘泽等译，商务印书馆 2001 年版。

27. [美]迈克尔·麦金尼斯等:《多中心治道与发展》,毛寿龙译,上海三联书店2000年版。
28. [美]莱斯特·M. 萨拉蒙:《公共服务中的伙伴——现代福利国家中政府与非营利组织的关系》,田凯译,商务印书馆2008年版。
29. [美]朱莉·费希尔:《NGO与第三世界的政治发展》,邓国胜等译,社会科学文献出版社2002年版。
30. [英]安东尼·吉登斯:《第三条道路》,郑戈等译,北京大学出版社2000年版。
31. [法]卢梭:《社会契约论》,何兆武译,商务印书馆1963年版。
32. [美]霍姆斯:《普通法》,冉昊等译,中国政法大学出版社2006年版。
33. [英]霍布斯:《利维坦》,黎思复等译,商务印书馆1995年版。
34. [美]罗伯特·达尔:《多元主义民主的困境——自治与控制》,周军华译,吉林人民出版社2006年版。
35. [美]小贾尔斯·伯吉斯:《管制与反垄断经济学》,冯金华译,上海财经大学出版社2003年版。
36. [法]让-马克·夸克:《合法性与政治》,佟心平等译,中央编译出版社2002年版。
37. [英]凯恩斯:《劝说集》,蔡受百译,商务印书馆1962年版。
38. [英]亚当·斯密:《国富论》,郭大力等译,商务印书馆2014年版。
39. [美]约瑟夫·E. 斯蒂格利茨:《政府为什么干预经济——政府在市场经济中的角色》,中国物质出版社1998年版。
40. [美]弗里德曼:《资本主义与自由》,张瑞玉译,商务印书馆1988年版。
41. [美]戴维·奥斯本:《改革政府:企业家精神如何改革着公营部门》,周敦仁译,上海译文出版社1998年版。
42. [美]托马斯·K. 麦格劳:《现代资本主义——三次工业革命的成功者》(第二版),赵文书译,江苏人民出版社2000年版。
43. [美]查尔斯·沃尔沃:《市场或政府》,中国发展出版社1994年版。
44. [美]道格拉斯·C. 诺斯:《经济史中的结构与变迁》,陈郁等译,上海人民出版社1994年版。
45. [美]西奥多·W. 舒尔茨:《论人力资本投资》,吴珠华等译,北京经济学院出版社1990年版。

46. ［英］加文·凯利等：《利害相关者资本主义》，欧阳英译，重庆出版社 2001 年版。

47. ［美］费正清：《剑桥中华民国史》（上），中国社会科学出版社 1993 年版。

48. ［加拿大］许美德：《中国大学——一个文化冲突的世纪》，许洁英译，教育科学出版社 2000 年版。

49. ［美］亚瑟·M. 科恩、卡丽·B. 基斯克：《美国高等教育的历程》（第 2 版），梁燕玲译，教育科学出版社 2012 年版。

50. ［美］米切尔·B. 鲍尔森，约翰·C. 舒马特：《高等教育财政：理论、研究、政策与实践》，孙志军译，北京师范大学出版社 2008 年版。

51. ［德］卡尔·拉伦茨：《法学方法论》，陈爱娥译，商务印书馆 2003 年版。

52. ［古希腊］亚里士多德：《政治学》，吴寿彭译，商务印书馆 1996 年版。

53. ［美］加里·S. 贝克尔：《人类行为的经济分析》，王业宇等译，上海三联书店 2011 年版。

54. ［美］乔迪·S. 克劳斯，史蒂文·D. 沃特：《公司法和商法的法理基础》，金海军译，北京大学出版社 2006 年版。

55. ［美］迈克尔·贝勒斯：《程序正义：向个人的分配》，邓海平译，高等教育出版社 2005 年版。

56. ［美］本杰明·N. 卡多佐：《法律的成长 法律科学的悖论》，董炯，彭冰译，中国法制出版社 2002 年版。

57. ［英］珍妮·斯蒂尔：《风险与法律理论》，韩永强译，中国政法大学出版社 2012 年版。

58. ［英］哈耶克：《自由秩序原理》，邓正来译，三联书店 1997 年版。

59. ［俄］C. 谢·弗兰克：《社会的精神基础》，三联书店 2003 年版。

60. ［美］庞德：《通过法律的控制 法律的任务》，沈宗灵，董世忠译，商务印书馆 1984 年版。

61. ［美］大卫·科伯：《高等教育市场化的底线》，北京大学出版社 2008 年版。

62. ［美］德里克·博克：《走出象牙塔——现代大学的社会责任》，徐小洲，陈军译，浙江教育出版社 2001 年版。

63. ［英］玛丽·亨克尔、布瑞达·里特：《国家、高等教育与市场》，谷贤林等译，教育科学出版社 2005 年版。
64. ［美］凡勃伦：《学与商的博弈》，上海人民出版社 2009 年版。
65. ［美］范伯格，索尔蒂斯：《学校与社会》，教育科学出版社 2006 年版。
66. ［美］詹姆斯·博曼：《公共协商：多元主义、复杂性与民主》，中央编译出版社 2006 年版。
67. ［美］曼瑟尔·奥尔森：《集体行动的逻辑——公共物品与集团理论》，上海三联书店 1995 年版。
68. ［美］彼得斯：《政府未来的治理模式》，中国人民大学出版社 2001 年版。
69. ［美］约翰·E. 丘波、泰力·M. 默：《政治、市场和学校》，教育科学出版社 2003 年版。
70. ［英］杰夫·惠迪、萨莉·鲍尔、大卫·哈尔平：《教育中的放权与择校：学校、政府与市场》，教育科学出版社 2003 年版。
71. ［美］凯斯·R. 桑斯坦：《权利革命之后：重塑规制国》，中国人民大学出版社 2008 年版。
72. ［日］金泽良雄：《经济法概论》，满达人译，中国法制出版社 2005 年版。
73. ［法］阿莱克西·雅克曼，居伊·施朗斯：《经济法》，宇泉译，商务印书馆 1997 年版。
74. ［德］沃尔夫冈·费肯杰：《经济法》，张世明译，中国民主法制出版社 2010 年版。
75. ［英］安东尼·奥格斯：《规制：法律形式与经济学理论》，骆梅英译，中国人民大学出版社 2008 年版。
76. ［德］莱茵哈德·波克：《德国破产法导论》，王艳柯译，北京大学出版社 2014 年版。
77. ［美］J. 格里高利·西达克、丹尼尔·F. 史普博：《美国公用事业的竞争转型：放松管制与管制契约》，宋华琳等译，上海人民出版社 2012 年版。
78. ［英］莱恩·多亚尔、伊恩·高夫：《人的需要理论》，汪淳波等译，商务印书馆 2008 年版。
79. ［德］谢林：《对人类自由的本质及其相关对象的哲学研究》，邓安庆译，商务印书馆 2008 年版。
80. ［英］格雷厄姆·沃拉斯：《政治中的人性》，朱曾汶译，商务印书馆 2009 年版。

81. ［美］莫妮卡·普拉萨德：《过剩之地：美式富足与贫困悖论》，余晖译，上海人民出版社 2018 年版。
82. 李昌麒：《经济法》，中国人民大学出版社 2011 年版。
83. 李昌麒，许明月：《消费者保护法》，法律出版社 1997 年版。
84. 种明钊：《国家干预法治化研究》，法律出版社 2009 年版。
85. 李昌麒：《经济法理念研究》，法律出版社 2009 年版。
86. 李昌麒：《经济法学》，中国政法大学出版社 2002 年版。
87. 单飞跃、卢代富等：《需要国家干预：经济法视域的解读》，法律出版社 2006 年版。
88. 岳彩申：《论经济法的形式理性》，法律出版社 2004 年版。
89. 刘俊：《土地所有权国家独占研究》，法律出版社 2008 年版。
90. 张怡：《衡平税法研究》，中国人民大学出版社 2012 年版。
91. 樊纲：《市场机制与经济效率》，上海三联书店 1995 年版。
92. 沈宗灵：《现代西方法理学》，北京大学出版社 2000 年版。
93. 黄茂荣：《法学方法与现代民法》，中国政法大学出版社 2001 年版。
94. 肖俊杰：《民办高等教育财政研究》，上海交通大学出版社 2009 年版。
95. 杨红霞：《民办中小学政府干预问题研究》，华中师范大学出版社 2012 年版。
96. 郭秉文：《中国教育制度沿革史》，商务印书馆 2014 年版。
97. 闵维方：《高等教育运行机制研究》，人民教育出版社 2002 年版。
98. 曲绍卫：《大学竞争力研究——基于新制度经济学分析框架》，教育科学出版社 2008 年版。
99. 朱新梅：《政府干预与大学公共性的实现：中国大学的公共性研究》，教育科学出版社 2007 年版。
100. 董云川：《论中国大学与政府和社会的关系》，云南大学出版社 2004 年版。
101. 卫志民：《政府干预的理论与政策选择》，北京大学出版社 2008 年版。
102. 许章润：《民族主义与国家建构》，法律出版社 2008 年版。
103. 张乃根：《西方法哲学史纲》，中国政法大学出版社 2002 年版。
104. 王建华：《第三部门视野中的现代大学制度》，广东高等教育出版社 2008 年版。

105. 许杰：《政府分权与大学自主》，广东高等教育出版社 2008 年版。
106. 俞可平：《治理与善治》，社会科学文献出版社 2000 年版。
107. 吴开华、安杨：《民办学校法律地位》，江苏教育出版社 2011 年版。
108. 苏力等：《规制与发展——第三部门的法律环境》，浙江人民出版社 1999 年版。
109. 马长山：《法治进程中的民间治理》，法律出版社 2006 年版。
110. 胡建华：《中国大学制度的原点》，南京师范大学出版社 2001 年版。
111. 陈桂生：《中国民办教育问题》，教育科学出版社 2001 年版。
112. 樊纲：《渐进改革的政治经济学分析》，上海远东出版社 1996 年版。
113. 颜丙峰、宋晓慧：《教育中介组织的理论与实践》，上海人民出版社 2006 年版。
114. 杨晓明：《高等教育政策问题研究》，大象出版社 2011 年版。
115. 周光礼：《中国高等教育质量评估体系有效性研究》，湖南人民出版社 2012 年版。
116. 马怀德：《公立高校信息公开研究》，中国法制出版社 2012 年版。
117. 王俊豪：《政府管制经济学导论》，商务印书馆 2013 年版。
118. 朱科蓉：《教育信息公开研究》，重庆大学出版社 2008 年版。
119. 刘剑文：《高等教育体制改革中的法律问题研究》，北京大学出版社 2005 年版。
120. 薛才玲、黄岱：《政府管制理论研究》，西南交通大学出版社 2012 年版。
121. 孙辉：《财政分权、政绩考核与地方政府土地出让》，社会科学文献出版社 2014 年版。
122. 崔卫平：《教育的经济学分析》，经济科学出版社 2003 年版。
123. 杨树兵：《民办高校发展战略和政策需求研究——基于核心竞争力理论之视角》，江苏大学出版社 2009 年版。
124. 刘穷志：《经济增长与社会公平：财政激励的理论模型与实证研究》，武汉：武汉大学出版社 2009 年版。
125. 邵金荣：《公益组织认定与社会公平正义》，中国社会出版社 2010 年版。
126. 张博树、王桂兰：《重建中国私立大学：理念、现实与前景》，教育科学出版社 2003 年版
127. 重庆市教育委员会、重庆市教育科学研究院：《2013 重庆教育发展报告》，

重庆出版社 2014 年版。

128. 卢彩晨：《危机与转机：从民办高校倒闭看民办高等教育发展》，广东高等教育出版社 2009 年版。

129. 陈清秀：《税法总论》，元照出版社 2006 年版。

130. 王霞：《税收优惠法律制度研究：以法律的规范性及正当性为视角》，法律出版社 2012 年版。

131. 郎咸平、孙晋：《中国经济到了最危险的边缘》，东方出版社 2012 年版。

132. 程化琴：《〈民办教育促进法〉制定过程研究》，北京大学出版社 2012 年版。

133. 张守文：《税法通论》，北京大学出版社 2004 年版。

134. 韩兵：《高等学校的惩戒权研究》，法律出版社 2014 年版。

135. 杨明：《政府与市场：高等教育财政政策研究》，浙江教育出版社 2007 年版。

136. 高晓杰：《美国营利性私立高等教育与资本市场》，广东高等教育出版社 2008 年版。

137. 李文成：《国外私立高等教育发展研究》，郑州大学出版社 2007 年版。

138. 马镛：《传统与再生－中国私立和民办中小学的本土成长》，山东教育出版社 2007 年版。

139. 肖甦：《生存与发展：国际视野下的私立教育》，高等教育出版社 2011 年版。

140. 陶西平：《中国民办教育》，教育科学出版社 2010 年版。

141. 李钊：《民办高校风险管理：理论与实践》，教育科学出版社 2012 年版。

142. 明航：《民办学校办学模式——产权配置与治理机制研究》，教育科学出版社 2008 年版。

143. 黄藤：《中国民办教育思考与实践》，西安交通大学出版社 2012 年版。

144. 张铁明：《中国民办教育的财政贡献及政策建议：以广东省的民办教育现状及政策创新的实证为例》，暨南大学出版社 2012 年版。

145. 陈峰：《民办教育创新：区域和学校的探索》，暨南大学出版社 2011 年版。

146. 宋光辉：《中国民办教育供给与需求经济学分析》，西南财经大学出版社 2010 年版。

147. 柯卫：《我国民办高等教育的规范化管理研究》，法律出版社 2010 年版。
148. 纪宝成：《中国高等教育散论》，中国人民大学出版社 2012 年版。
149. 罗崇敏：《教育的智慧》《教育的逻辑》，人民出版社 2010 年版。
150. 席桓：《公与私：公共事业运行机制研究》，商务印书馆 2003 年版。
151. 劳凯声：《变革社会中的教育权与受教育权：教育法学基本问题研究》，教育科学出版社 2003 年版。
152. 张守文：《经济法总论》，中国人民大学出版社 2009 年版。
153. 漆多俊：《经济法基础理论》，法律出版社 2008 年版。
154. 吕忠梅等：《经济法原论》，法律出版社 2008 年版。
155. 张菀洺：《教育公平：政府责任与财政制度》，社会科学文献出版社 2013 年版。
156. 薛克鹏：《经济法基本范畴研究》，北京大学出版社 2013 年版。
157. 张江莉：《反垄断制度与政府管制》，北京师范大学出版社 2011 年版。
158. 钟杏云：《国际化教育市场调研报告——中国民办高校的挑战与出路》，光明日报出版社 2014 年版。
159. 张卫国：《跨国高等教育市场准入制度研究》，中国财政经济出版社 2014 年版。
160. 黎文靖：《基于政治干预视角的企业社会责任研究》，东北财经大学出版社 2013 年版。
161. 靳文辉：《经济法行为理论研究》，中国政法大学出版社 2013 年版。
162. 侯怀霞、张慧平：《市场规制法律问题研究》，复旦大学出版社 2011 年版。
163. 姚海放：《经济法主体理论研究》，中国法制出版社 2011 年版。
164. 杨欣：《公共服务合同外包中的政府责任研究》，光明日报出版社 2012 年版。
165. 赵韵玲、刘智勇：《市场主体准入制度改革研究》，中国人民大学出版社 2010 年版。
166. 管斌：《混沌与秩序：市场化政府经济行为的中国式建构》，北京大学出版社 2010 年版。
167. 刘永林：《民办学校独立董事制度研究》，中国政法大学出版社 2019 年版。

168. 肖浩：《政府干预、政治关联与公司价值研究》，中国地质大学出版社2016年版。

169. 方芳，钟秉林：《我国民办高等教育财政支持制度研究》，北京师范大学出版社2016年版。

170. 李虔：《民办高校分类管理政策的可接受性研究》，广东高等教育出版社2019年版。

171. 王一涛：《民办高校的内部治理与国家监管》，中国社会科学出版社2019年版。

172. 董圣足等：《民办学校分类管理推进策略研究》，华东师范大学出版社2020年版。

173. 郝艳萍：《美国联邦政府干预高等教育机制的确立》，浙江教育出版社2015年版。

174. 周海涛等：《民办教育分类管理政策实施跟踪与评估研究》，经济科学出版社2019年版。

175. 付子堂、孟甜甜："激励型法的学理探析"，载《河南财经政法大学学报》2014年第3期。

176. 范高阳、刘剑虹："台湾私立高校的退场机制及其启示"，载《教育探索》2014年第7期。

177. 张怡、杨颖："论税法的惩罚性规则"，载《西南政法大学学报》2013年第1期。

178. 王柱国："论行政规制的正当程序控制"，载《法商研究》2014年第3期。

179. 雷磊："法律程序为什么重要？反思现代社会中程序与法治的关系"，载《中外法学》2014年第2期。

180. 周海涛："民办学校与政府互动合作关系的基础和路径"，载《北京大学教育评论》2012年第2期。

181. 吴华、胡威："公共财政为什么要资助民办教育"，载《北京大学教育评论》2012年第2期。

182. 邱本："论市场竞争法的基础"，载《中国法学》2003年第5期。

183. 史秋衡、闫飞龙："日本私立高校面临倒闭危机"，载《教育发展研究》2008年第2期。

二、英文文献

184. Shackle, G. S., (1974). "Decision: The Human Predicament", *Annals of the American Academy of Political and Social Sciences*, 412, 1–10.
185. Pilippe C. Scchmitter and Gerhard Lebmbruch, eds., (1998). *Trends toward Corporatist Intermediation*, Beverly Hills Saage, 9–13.
186. Wm. Theodore De Bary, (2000) *Asian Values and Human Rights*, Harvard University Press.
187. Shackle, G. S., (1974). "Decision: the human predicament", *Annals of the American Academy of Political and Social Sciences*, 412.
188. Tan Ai mei. (2002). *Malaysia Private Higher Education: Globalization, Privatization, Transformation, and Marketplaces*, Asian Academic Press.
189. Eaton, J. S., Almanac of External Quality Review 2003. Washington, D. C.: Council for Higher Education Accreditation, 2003.
190. The World Bank, (2001). *China Higher Education Reform*.
191. National Commission on the Cost of Higher Education, (1998). Straight Talk about, *College Costs and Prices*, Phoenix, AZ: Oryx Press.
192. Philip. G. Altbach, (1999) Private Prometheus: Private Higher Education and Development in the 21st Century, Greenwood Publishing Co.
193. The World Bank, (1999). Strategic Goals for Chinese Education in the 21st Century. Document of the World Bank.
194. Gordon C. Winston, (1997). "College Costs: Subsidies, Intuition, and Policy", Eastern *Economic Journal*, Vol. 23, No. 2.
195. David P. Calleo, (1966). *Coleridge and the Idea of the Modern State*, New Haven and London: Yale University Press.
196. Richmond, (2000). "Public and Private school Differences Go Deeper than Dollars", *The Education Digest*.
197. Daniel A. Farber and Philip P. Frickey, (1991). *Law and Pubilic Choice*, The University of Chicago Press.
198. J. K. Bluntschli, (1921). *The Theory of the State*, Oxford at the Clarendon Press.

后 记

　　自博士毕业后，虽然一直有心要把论文再提高再挖掘后出版，甚至为了对民办高校有更多的了解，我有过被主管教育部门借调的工作经历，还深入到一所民办院校挂职工作并深入调研了两年多的时间，但越深入越担心自身研究水平有限，力有不逮，无法全面系统地进行论证问题。另外，缺乏把论文持续完善的信心和毅力，自身的惰性比较大，每次想进行修改，但总被自己找些冠冕堂皇的理由给推后；且试图忘却当初写论文时的辛苦，每次翻阅，总难忘却那些挑灯夜战的艰辛日子，便将论文便束之高阁，一放就是多年。近两年，逐步提振信心，开始对论文的修改，除补充最新的数据外，也结合国家最新的修法历程进行了有益的补充，对论文中的有些观点也进行了一定的修正，从而让论文更成熟些，也希望有助于促进我国民办高校规范发展。

　　本书在撰写和出版过程中得到了山东建筑大学、西南政法大学、重庆能源职业学院等院校和重庆市教育委员会等教育行政部门的支持、指导和帮助，特别是获得了重庆市教委科技项目"民办高校政府干预问题研究"（编号：KJ1501108）的资助，并纳入到山东建筑大学人才启动资金的出版计划（编号：XNBS20123），为进一步修订完善和持续开展研究提供了动力。还要衷心感谢我的导师岳彩申教授，给予博士论文悉心细致的指导，衷心感谢卢代福教授、张国林教授、杨春平教授等博士论文答辩老师及相关论文盲评老师给予的指导和建议；衷心感谢西南大学法学院张新民教授，把我纳入由其牵头的教育部政策法规司—西南大学教育立法基地做兼职研究员，让我参与了《民办教育促进法实施条例》修订的研讨，受益良多；还要特别感谢原重庆市教委副主任牟延林教授，让我获得了更多的到重庆有关民办高校调研了解的机会，获得了接触重庆相关教育政策研究出台的机会；特别感谢重庆能源职业学院雷杰董事长给了我两年深入解剖一所民办高校的机会，让我获得了大量一手经验材料。还有许多不能一一提及的博士同学、同事和朋友，正是你们给予的不竭帮助和支持，为散漫的我提供了不竭动力。衷心感谢研究出版社张立明编辑认真负责的审校书稿，让本书见之于众！